臺灣歷史與文化研究輯刊

二五編

第8冊

華語、臺灣閩南語及日語身體詞研究（上）

鄧孟倫 著

花木蘭文化事業有限公司

國家圖書館出版品預行編目資料

華語、臺灣閩南語及日語身體詞研究（上）／鄧孟倫 著 --
初版 -- 新北市：花木蘭文化事業有限公司，2024〔民 113〕
目 16+258 面；19×26 公分
（臺灣歷史與文化研究輯刊二五編；第 8 冊）
ISBN 978-626-344-698-4（精裝）
1.CST：詞彙 2.CST：漢語 3.CST：閩南語 4.CST：日語
5.CST：比較研究
733.08 112022559

臺灣歷史與文化研究輯刊
二五編 第八冊 ISBN：978-626-344-698-4

華語、臺灣閩南語及日語身體詞研究（上）

作　　者　鄧孟倫
總 編 輯　杜潔祥
副總編輯　楊嘉樂
編輯主任　許郁翎
編　　輯　潘玟靜、蔡正宣　美術編輯　陳逸婷
出　　版　花木蘭文化事業有限公司
發 行 人　高小娟
聯絡地址　235 新北市中和區中安街七二號十三樓
　　　　　電話：02-2923-1455／傳真：02-2923-1452
網　　址　http://www.huamulan.tw 信箱 service@huamulans.com
印　　刷　普羅文化出版廣告事業
初　　版　2024 年 3 月
定　　價　二五編 12 冊（精裝）新台幣 36,000 元

華語、臺灣閩南語及日語身體詞研究（上）

鄧孟倫 著

作者簡介

鄧孟倫，臺灣台中人，國立臺灣師範大學臺灣語文研究所博士，曾任職於高中、專科學校，現為彰化師範大學進修學院兼任講師。

對於日語及韓語有著濃厚興趣，並教導過日韓學生華語。曾至大阪留學一年，期間常與日本學者交流日語語言學及探究日本文化，並通過日語及韓語語言檢定。

主要研究興趣及專長領域為：認知語言學、臺灣語言比較、身體詞研究、日語語義及其文化、構詞語義學及網路流行語等。本書收錄作者博士論文，部分篇章經過改寫曾發表於《輔大中研所學刊》及《慈濟科大學報》等學報期刊之中。

提　　要

臺灣語言中，華語、閩南語及日語關係密切，研究來看，當前臺灣乃以華語、閩南語為主要語言，日語則因歷史上臺灣曾受日本統治五十年，當時推行的「國語」即為「日語」，而今日臺灣語言當中的華語、閩南語更沉澱不少日語外來詞，因此本文選擇此三語做一共觀研究。

本文以華語、閩南語及日語三種語言中最常用的「身體相關語彙」為探究對象，由「認知語言學」角度分析身體詞彙中的認知隱喻表現，藉由統括式的整理及理論運用，期望能歸納出華語、閩南語及日語三種語言的語義特徵、認知隱喻類型，語言結構以及其中暗涵的語言文化特點，也由認知隱喻探討臺灣人群思維過程及其背後所隱涵的文化。

本文探討以華語為主，閩南語及日語為輔，以辭典收錄的詞彙作為研究語料，大量蒐集三語當中身體詞相關詞語，進一步分析它們在認知隱喻方面的表現，各章節探討詞語包括：（一）「頭部」身體詞：「頭」、「首」；（二）「五官」身體詞：「眼」、「目」、「耳」、「鼻」、「眉」；（三）「口部」身體詞：「口」、「嘴」、「舌」、「牙」、「齒」；（四）「四肢」身體詞：「手」、「掌」、「腳」、「足」；（五）「內部器官及其他」身體詞：「心」、「肝」、「髮」等，其中包含二字詞三字格及四字格語彙，日語則包含慣用語。由於日語並非像臺灣語言一樣是方塊字，能夠完整以「漢字」呈現，當中夾雜平假名、片假名，無法清楚歸納出二、三或四字格詞彙，因此本文裡華語、閩南語以部份身體詞「詞彙」當作研究語料；日語方面則是以身體詞「慣用語」中出現的身體詞語作為探討對象。

「語義」表現部份，本文著重在「認知語義學」當中「隱喻」及「轉喻」兩方面的探討。身體詞在語言上的隱喻應用情形可以說是無所不在，身體詞各部位名稱常用以隱喻人情事物，尤其在現在科技發達的社會，各國語言互相交流，網路詞彙也不斷創新，使得身體間的隱喻表現應用更加廣泛。

概念「隱喻」及「轉喻」是認知思維的兩大類型，透過身體詞語料的分析可以讓我們更加了解身體詞當中的思維內涵，為何同樣的概念，在不一樣的國家及語言當中會以不同的身體器官來表示一樣的概念。本研究不僅揭示身體詞語對人體認知世界的重要性，還進一步凸顯它在語言隱喻思維背後的文化價值，從中探討蘊藏在語言當中的文化瑰寶，最終期望深具特色的臺灣語言文化能夠永續傳承。

謝　辭

回顧研究語言學的路上，從完全未接觸過「認知隱喻」的研究到現在可以完成學位論文及受到肯定發表期刊，期間添購了大量的書籍和看完不少文章，一直以來自以為日語程度已不錯，但在作研究時查詢日語文獻及了解其背後生成文化和語義時，才自知學海無涯。

首先在此要把論文獻給在天的三位祖父母，您有位博士孫！要感謝我的雙親及祖父，在求學期間提供不餘匱乏的環境，讓我能在無經濟壓力下做研究、完成論文。本篇論文能夠完成，受到了太多人的幫助，從一進入師大就讀時賀安娟教授就一直照顧我，更引薦我成為捷克教授 Mgr. Táňa Dluhošová, Ph.D.的研究員至今，尋找指導教授時遇到非常多困難，期間完全無修讀巾力教授的課程或互動的情況下，巾力教授幫助仍收願意收我，孟倫才能過「過關斬將」獲得「博士學位」。

很感謝在求學階段聘請我的學校，讓我能有機會擔任教職且取得講師證，很開心能有一群天使般的學生，於準備資格考非常聽話且不時給予溫暖、關心。

最重要的功臣莫過於湘雲教授，從碩士至今已認識將近十載，在教授的指導之下明顯感到做學問的功力大大提升，博士期間也陸續發表了四篇論文，也很感謝輔大中研所收錄兩篇，雖研究功力連湘雲教授的「車尾燈」都追不上，由於教授鞭策及提攜，讓我的論文能夠更加完整呈現。

原本於論文中僅探討「認知隱喻」的研究，但在本書當中加入了「構詞」的探討，起初因為自身程度不足使得構詞研究部分整章刪除，也讓我有所體悟，對於不熟悉的領域要在更加努力，才能使得研究更深、更廣，於是在論文完成後至完成該書時，將華語及閩南語的構詞部分增添於書中。

口試時很榮幸邀請到六位重量級且在各方研究領域都占有舉足輕重的口試委員：賴惠玲教授、姚榮松教授、江敏華教授、王錦慧教授以及指導教授林巾力教授、邱湘雲教授，從博士計畫口試起給非常多寶貴意見點出論文盲點，讓我能於口試完後精確的修正，當時還在疫情期間且尚未完全解除的情況下出席實體口試真的感激不盡，在未來的日子中也會更努力做研究，不辜負多位教授及湘雲教授給予的厚望，更嘗試多方面的領域研究，希望早日能在大專院校中開始新的旅程。

回顧過去在大阪的時光中是我一輩子忘記不了的美好時光，在這一年多中不僅結識許多日本友人及老師，尤其感謝大阪 YMCA 日本語學校裡常與我討論日語語言學的大北まき先生、池田真貴先生、青木良江先生、喜家村麻美子先生、中村佳絵先生……等，對於我提出較為深入、細膩的日語詞彙及文法，非鑽研日語的的日本友人無法解答，而諸位老師們都會耐心地解釋，讓我受益良多，不僅是日語的底子增加，口說的方面亦進步神速。

大阪での時間は、僕にとって忘れられない楽しいひとときでした。この一年間で、多くの日本友達や先生ができただけでなく、特に大阪 YMCA 日本語学校の大北まき先生、池田真貴先生、青木良江先生、喜家村麻美子先生、中村佳絵先生等々に感謝しています。僕はよく日本語について話し合いましたが、日本語の専門家ではない日本の友人は詳しい日本語の言葉や語彙の質問には答えられません。先生方は、丁寧に説明し、教えてくださいました、とても勉強になりました、日本語の基礎学力が向上しただけでなく、コミュニケーションもだんだん上達してきました、ほんまに感謝しかないです。

感謝之意難以言喻，仍有許多在人生中陪我走過的貴人及朋友、學生們，和師大幫我的許慧如教授、助理佩臻、孟珈，協助我修改論文格式現任於臺中科技大學的吳美玉教授，以及時常關心我陪伴我如親兄的柏豪哥，若沒有大家的協助下無法順利完成，還有協助我出版該書的**花木蘭文化事業有限公**

司及其編輯們，最後也將這本由博士論文和改寫成書當作是我自己的「生日禮物」，對於人生陪伴我的人們，在此獻上最深的謝意，「謝謝大家來過我的故事裡」。

ありがとう、僕の青春にいてくれて、ありがとう

2023 年 10 月 22 日　鄧孟倫

目　次

上　冊

下　冊

表　次

第一章　緒　論

臺灣是一個多元的社會，也存在著多樣性的語言，從歷史角度來看臺灣的語言類型，若依照族群來分，可以分為：原住民、老住民（閩南語、客家語、華語）及新住民〔註1〕三大語言類型。追溯自日治時期開始、國民政府來臺，不同階段所實行的國語政策皆因當權者不同而有所差異，由於統治者統治以國家、民族及文化統一為理念，語言政策上也將不同的語言制定為官方語言。

洪惟仁提到〔註2〕：

> 臺灣曾經存在過南島語系、閩南語、客語、日語、華語（國語或普通話）等。在日治時期及戰後時期，日語和華語屬於官方語言，是高階語言，對低階的臺灣傳統語言造成極大影響。

自有漢人來臺的明清時期直至日治末期，閩南語是臺灣最強勢的語言。日治時期官方語言以日語為主，但民間仍以說閩南語為主。日語曾對臺灣語言有很大的威脅，但隨著日本殖民時期的結束，國民政府時代臺灣官方語言換成的國語也就是現在臺灣人正使用的「華語」。洪惟仁〔註3〕：

〔註1〕參見古國順：《臺灣客語概論》，（臺北：五南出版社，2005年），頁1。邱湘雲：《臺灣華、客、閩語彙研究論集》，（臺北：聯合百科電子，2015年），頁2。

〔註2〕洪惟仁：〈臺灣的語言戰爭及戰略分析〉，（第一屆臺灣本土文化學術研討會，1994年），頁1。

〔註3〕洪惟仁：〈臺灣的語言政策如何規畫〉。收於施正鋒：《各國語言政策——多元文化與族群平等》，（臺北：前衛出版社，2007年），頁6。

> 1950 年以來國民政府半個世紀的統治，「國語運動」的偉大成就已經使得華語在臺灣的佔有率超過本土的閩南語，客語、原住民語，使臺灣語言沒落的情形更嚴重。

經過半世紀以上的華語文教育，華語已經變成臺灣的官方正式語言，而且是新一代的新母語，在國民政府推動下華語成為臺灣最有勢力、活力的語言，但相對而言所有臺灣傳統語言，包含：閩南語、客家語、原住民語則受到很大的生存威脅，其語言使用場合受到限制，使用人口日漸流失，使用者的語言能力衰退，更有語言衰亡的危機。閩南語因為人口眾多略有抵抗力，客語及南島語使用人口則每況愈下，岌岌可危，正待搶救，也因這樣的緣故，臺灣近十年來積極努力推行母語運動，除了開始制定文字之外，在國民教育當中融入了母語教學，希望藉由文字保存及口語傳遞，將臺灣原有的語言能永續保存下去。

另一方面來看，在語言傳承的過程中，「認知學習」在語言學習過程中佔有重要地位，因此有所謂的「認知語言學」，其中「概念隱喻」被認為是人類認知形成中的重要機制。美國認知語言學家 Lakoff & Johnson〔註 4〕指出：隱喻在生活中普遍存在，遍佈語言、思維及行為當中，幾乎無所不在。我們用以思維與行為的日常概念系統，其本質在基本上是隱喻性的。邱湘雲提及〔註 5〕：

> 「概念隱喻」是人類認知世界，建立概念的主要方式，人們往往借助「隱喻」用具體的、熟悉的事物以指稱抽象的事物，以承接嶄新的概念，且認知是以個體身體或文化經驗為基礎。

由上可知，隱喻的運用隨處可見。舉例而言，我們所熟知的常用語彙如：

華語：「撕破『臉』」〔註 6〕

閩南語：「規『腹』火」〔註 7〕

〔註 4〕Lakoff & Johnson 著，周世箴譯：《我們賴以生存的譬喻》，（臺北：聯經出版社，2006 年）。

〔註 5〕邱湘雲：〈漢語足部動作詞的空間隱喻〉，《國立彰化師範大學文學院學報》，（2012 年第 6 期），頁 227。

〔註 6〕比喻感情或關係破裂。《教育部重編國語辭典修訂本》http：//dict.revised.moe.edu.tw/cbdic/。

〔註 7〕滿腔怒火。整個肚子都是火，表示非常生氣。《臺灣閩南語常用詞辭典》https：//twblg.dict.edu.tw/holodict_new/index.html 檢索日期：2021 年 05 月 19 日。

客家語：「青『面』鳥」〔註8〕

英語：「Foam at the『mouth』」〔註9〕

日語：「『腹(はら)』の虫(むし)が収(おさ)まらない」〔註10〕

以上所舉出的五種語言當中，不但與身體詞相關，並且和人的情感方面（生氣）有關聯，這其中便是運用了「認知隱喻」中概念映射的機制所造成，對上述華語、閩南語、客語、英語及日語中的身體詞熟語舉例，再逐一分析如下。

1. 華語：「撕破『臉』」

一般我們看人先視其「臉面」，人會隨著心情起伏而將自身狀況投射到臉上，人平日臉上隱藏自己的感情，但生氣的時候就把自己的情感表現出來，因此撕破臉就是表示已經不顧情面，直接與對方講明，比喻感情或關係破裂，用「尊嚴」隱喻臉，因「臉」最具有一個人的辨識性，尤其是長相姣好「顏值」高的人也能靠「臉」吃飯；故在打架鬥毆時人的臉被毆打時便會覺得難堪且不舒服。以具體的身體詞——「臉」隱喻抽象「尊嚴」，屬於「實體隱喻」中性質相似喻。

2. 閩南語：「規『腹』火」

「規『腹』火」，從小生活在閩南語環境的我們時常能聽到，與人爭吵時往往會說：「逐擺聽伊講話，我攏會『規腹火』」，此熟語在閩南語常出現，就是一肚子的火，但「一肚子的火」亦是抽象、看不見的，在概念上是把「腹」當作盛載怒氣的容器，表示滿腔怒火、非常生氣形成了實體隱喻中「容器隱喻」。

3. 客語：「青『面』鳥」

這裡以人的面部的顏色發青「轉喻」情感域中的「發怒」，因會將內心的

〔註8〕形容喜怒哀樂變化無常，動不動就易生氣變臉的人。例：頭家係一隻青面鳥，莫惹佢較贏。（頭家是一個容易變臉的人，不要惹他較好。）。《臺灣客家語常用詞辭典》https：//hakka.dict.edu.tw/hakkadict/index.html 檢索日期：2021 年 05 月 19 日。

〔註9〕be in a state of uncontrolled anger.《Idioms and phrases》https：//idioms.thefreedictionary.com/。

〔註10〕どうしようもなく腹が立つ、怒りが込みあげてくる、立腹してやまない、などの意味の表現。《日本語表現辭典》https：//www.weblio.jp/cat/dictionary/jtnhj 檢索日期：2021 年 05 月 19 日。

情感藉由外在的表情特徵或動作來表示，否則他人無法輕易看出對方的心境情況；又此處生氣的對象不直說「人」而是先以「鳥」暗諷喻，故此則生氣的表現是屬於先「轉喻」再「隱喻」表現。

4. 英語：「Foam at the『mouth』」

在字典當中的釋義為「be in a state of uncontrolled anger」，意指處於無法控制的憤怒狀態，foam 是「泡沫」的意思，因為太生氣使得嘴裡開始冒出泡沫，用以隱喻怒火、情緒類屬抽象看不到的狀態，故在此為「實體隱喻」。

5. 日語：「『腹』の虫が収まらない」

字典解釋為：「とても腹が立っていて我慢できない状態。」意思為：非常容易生氣，且沒有辦法忍耐的狀態。

日本傳說在江戶時代時，人們相信自己的體內存在著九種蟲存在〔註 11〕，這些蟲會影響人的心情，因此平常代表人各方面情緒的狀態，加上日本人的民族性有為人著想的傾向，當心情不好時不敢責怪對方，而會歸咎於對方身體裡面的「蟲」將肚子當成一個空間存在著蟲，「蟲」所處的位置為「腹」，同上述閩南語之例的「容器隱喻」；又因為「蟲」的關係作祟使得人感到「發怒」，屬於因果相代的「轉喻」，故此日語的慣用語詞彙屬兼具隱喻及轉喻。

藉由上述華、閩、客、英、日舉例，可以發現一個有趣的現象，光是人的情感當中的「生氣」來看，在臺灣的三種語言及兩種外語都有不一樣的說法，華語使用「臉」來隱喻情緒，當生氣時自然而然表現最真實的自我；閩南語則將怒火隱喻在「腹」部中，感到憤怒時彷彿肚子的怒火聚集；謝瑞珍提到〔註 12〕：

> 「青面鳥」有人指臉部帶青色的火雞，習性較急躁易怒而「咯—咯—咯—」地叫；也有人指若某人暴躁動怒，臉部頓成青色，便以來比喻喜怒哀樂變化無常，動不動就生氣變臉的人。

客家語以面部顏色及動物面部的顏色，隱喻到人的身上，英語中同樣是實體隱喻，當人在憤怒的時候，情緒提高、造成血壓上升，最典型能看到的是憤怒者滿臉通紅、如頭上冒煙的情形，與「火冒三丈」意思相似。英語當中因為

〔註 11〕 オトナのコクゴ：https：//usable-idioms.com/1073 檢索日期：2021 年 05 月 19 日。

〔註 12〕 謝瑞珍：《客語動物固定語式的譬喻形象色彩與文化意涵》，（新竹：國立新竹教育大學臺灣語言與語文教育研究所碩士學位論文，2013 年），頁 30。

生氣使得體溫上升，嘴巴當中的口水就像是被煮沸了一樣開始冒泡，藉由這個實體的隱喻來表達看不到、抽象的情感；再看日本文化更是禮貌而不擅長將自己內心當中最真實的情緒表現出來，心中的想法如何，都不輕易透露出來，即使是對人有著不好的情緒也會想盡辦法打圓場，在日語的諺語中直譯為「肚子裡面的蟲（因為某些原因）無法適應」，蟲子在肚子裡面無法安分，導致身體狀況不是很好，進而影響情緒而生氣，在善解人意的日本文化中，便認定是肚內蟲作怪影響了情感，錯誤在於蟲〔註 13〕而不是人，是為對方著想，幫他人找個臺階下〔註 14〕所造出的隱喻詞語，將導致人生氣的蟲隱喻於「腹」中進而影響人的情感。

筆者在此舉了五種不同語言（華語〔註 15〕、閩南語、客家語、英語、日語）為例，涉及了三類種性（華人〔註 16〕、歐美人〔註 17〕、日本人），因每個國家都有屬於自己的文化，認知取捨不同，在使用隱喻的時候，會造就出不同的隱喻表現方式。

在我們所處的生活中，類似這樣以具體來表示抽象的例子屢見不鮮，而最好用來表示這些經驗所形成的體驗及感受莫過於使用自身的經驗來表達，透過自己的身體各個部位影射到所處周遭環境以及擴大到整個世界，因而這些例子便逐漸形成了「身體隱喻」。由於人體及器官都是我們出生以來到現在與我們最為密不可分的部分，各個語言當中，小至詞彙、句子，大至俗諺語、慣

〔註 13〕デジタル大辞泉（小学館）https://dictionary.goo.ne.jp/jn/ 檢索日期：2021 年 05 月 19 日。腹立ちなどの感情を腹の中にいる虫によるものとした、その虫。中翻：憤怒等情緒是由腹部的蟲所引起。

〔註 14〕在不損傷自己顏面的情況下，找個解開僵局的辦法。如：「這件事總得自己找臺階下，否則無法收場。」《教育部重編國語辭典修訂本》http://dict.revised.moe.edu.tw/cbdic/

〔註 15〕「華語」則可簡單的定義為「華人的共同語」，或複雜的定義為「接受漢語為母語的中國人及不具備中國人身份但以漢語為母語的中國人後裔的共同語」，或更複雜的定義為「接受漢語為母語的中國人及不具備中國人身份但以漢語為母語的中國人後裔的共同語，其語音以中國大陸普通話或臺灣國語為標準，其書寫文字以簡體或繁體漢字為標準」。張從興：〈「華人」「華語」的定義問題〉，《香港：語文建設通訊，第 74 期。頁 19～25》。

〔註 16〕《臺灣客家語常用詞辭典》https://hakka.dict.edu.tw/hakkadict/index.html 檢索日期：2021 年 05 月 19 日。在本文中指母語為華語的人，包含了臺灣、中國、香港、澳門、馬來西亞、新加坡……等，或是華裔旅居在外國的人，為避免離題，便不再多贅述有關族群及人種之問題。

〔註 17〕be in a state of uncontrolled anger. 《Idioms and phrases》https://idioms.thefreedictionary.com/。在本文中指母語為英語的人，因母語為英語的國家眾多，在此同樣不贅述。

用語……等，如上述所舉出臺灣語言有許多以身體詞為喻的例子。除了臺灣語言外與臺灣有著密切關係的日語亦同。

運用認知隱喻來了解其他未知事物不僅能夠省事、省時、省力，更能夠幫助我們了解新的和抽象的事物，除此之外，更是人類用來發展認知以及傳達思想情感時，最符合經濟效益的方法。語言學專家曹逢甫指出〔註18〕：

> 用自己身體經驗去理解或傳達其他的經驗是非常合乎經濟效益的，因身體是與生俱來的，而且是人人都有的，人人都有類似的基本感受，以這麼好的共同經驗為基礎去認識或傳達另一種經驗是最基礎也是最直接的方式。

語言與思維有著密切的關聯性，人們如何去看待事態及物象，誘發與自身所處的環境與身體經驗，造就出隱喻詞語言，可以說身體譬（隱）喻是認知語言的「首要介面〔註19〕」。對於認知隱喻的看法，賴惠玲也指出〔註20〕：

> 隱喻及轉喻是認知語言學最重要的兩個研究範疇，也是用來理解抽象事物的最重要認知機制，傳統的研究認為隱喻及轉喻是修辭的手段，隱喻用來類比，而轉喻用來取代。

使用自己的身體經驗隱喻其他的事物，能夠幫助我們了解未知及抽象的事物，相較於傳統教學，運用「認知教學法」教導學生時更能加深學生的印象，達到事半功倍的效果。

以自身為出發點來認識這個世界、傳達抽象情感，更進一步擴展我們的視野，經常都是廣泛地運用人類自己的身體經驗，在身體詞當中「頭」、「手」、「足」更是最常拿來當作隱喻的本源，取其具特色的部分為喻：因為「頭」我們才能有源源不絕的思想，創造力無限，有了想法才能夠與他人對話、傳達情感；因為有「手」，我們才能以雙手打造世界，並且記錄、寫下語言文字，讓我們的想法能夠流傳後世；因為「腳」我們才能行動而藉此認識遠方的世界〔註21〕，古人才會說：「讀萬卷書不如行萬里路。」這其中都有「隱喻」在

〔註18〕曹逢甫、蔡立中、劉秀瑩：《身體與譬喻——語言與認知的首要介面》，（臺北：文鶴出版社，2001年），頁110。

〔註19〕曹逢甫、蔡立中、劉秀瑩：《身體與譬喻——語言與認知的首要介面》，頁110。

〔註20〕賴惠玲、劉昭麟：〈客家象徵符碼「硬頸」之演變：臺灣報紙媒體縱剖面之分析〉，《傳播與社會學刊》，（2017年第39期），頁35。

〔註21〕邱湘雲教授之《語義學研究》課堂上所舉例，筆者進一步提出運用於此。

運作。

當然我們的身體並不僅只有這些部位，其他部位也有不少來隱喻表現。筆者碩士論文以研究「手」、「足」三字格詞語為範圍，完成《華語與閩南語手足三字格認知隱喻研究〔註22〕》，本篇論文則更進一步擴展至更多的身體熟語詞的探討，且增加了日語部分，希望以此進行身體詞概念隱喻及構詞更為全面性的探究。

第一節　研究動機與目的

本論文以探討臺灣語言中身體詞的認知隱喻與構詞表現，研究動機主要有以下幾點：

一、探討臺灣語言的關係

邱湘雲指出〔註23〕：

> 「方言關係」是漢語研究中最重要的一個環節，再加上臺灣是一個「多元化」的社會，想要看到這個「多元」的情形，在「語言」方面就能夠一目了然，從「歷時」角度來看，臺灣曾經過西班牙、荷蘭、明鄭、滿清及日本等不同政權的殖民統治，每一段的歷史都會為臺灣語言增添了許多顏色；由「共時」角度來說，在臺灣生長的臺灣人，都能夠感受到，我們是在臺灣各大族群語言共處的環境下所成長，臺灣自己的語言包含了——華語、閩南語、客家語以及原住民語……等多種語言。

再加上近二十年，臺灣慢慢地引進外籍移工，根據勞動部統計資料指出〔註24〕：泰國移工最多、菲律賓次之、印尼、越南；內政部移民署與戶政司則顯示出〔註25〕：外籍配偶以越南最多、印尼次之、泰國、菲律賓、柬埔寨又次

〔註22〕鄧孟倫：《華語與閩南語手足三字格認知隱喻研究》，（彰化：國立彰化師範大學，2014年）。

〔註23〕邱湘雲：《海陸客家話和閩南語構詞對比研究》，（高雄：國立高雄師範大學國文學系博士學位論文，2006年）。

〔註24〕中華民國勞動部全球資訊網：https：//www.mol.gov.tw/statistics/2452/2457/ 檢索日期：2021年05月19日。

〔註25〕中華民國內政部移民署全球資訊網：https：//www.immigration.gov.tw/ 檢索日期：2021年05月19日。

之；又因吹起華語熱之故，臺灣許多高等教育學校，華語文中心也如雨後春筍般成立，根據教育部統計〔註 26〕：來臺學習華語的外國學生，以日本人最多數。不管是臺灣內部就有的臺灣語言，或是因為外在因素而逐漸進入臺灣所使用的外國語言，臺灣語言越來越多樣化，是你我都不能否定的事實〔註 27〕。在臺灣我們不得不注意到臺灣的外籍人口越來越多，尤其到了假日時，臺北、中壢及臺中火車站周圍的外籍人士，可是與臺灣本國人不相上下，日本友人來臺灣遊玩時，更開玩笑問我說，這裡是臺灣還是東南亞？這些特殊的「時」及「空」交織形成了現在臺灣成為一個「多語言」的社會，在語言接觸及新詞彙不斷地融合、接觸下，使臺灣語言歷經深刻的文化洗禮，更讓臺灣展現出多種「語言」和「文化」之美。

除了現在所使用的華語為官方語言外，屬於臺灣自己本土的方言有閩南語、客家語及原住民語，而臺灣經歷日本殖民時期，甚至有部分老一輩的祖父母們還會說日語，雖說近十年臺灣開始走韓流風，但在筆者小時候臺灣哈日的情形更為風靡，也因這樣對日語有著極大興趣，自己開始自學日語，對日本語言及文化有所著墨，故本論文最終選擇國語（華語）、臺灣語言中的閩南語，以及外語中的日語三種語言，試圖從中最基本的身體詞看起，探悉這三種語言在身體詞當運用表現的異同。

二、凸顯語言中概念隱喻的重要性

本文所研究主題為「概念隱喻（conceptual metaphor）」亦稱做「認知隱喻（cognitive metaphor）」，主要是基於美國認知語言學家 Lakoff（G · Lakoff）雷可夫及哲學家 Johnson（M · Johnson）詹森兩人，在《我們賴以生存的譬喻（Metaphor We Live By）》一書當中所提及〔註 28〕：「譬喻在生活中普遍存在，遍佈語言、思維及行為當中，幾乎無所不在。我們用以思維與行為的日常概念系統（ordinary conceptual system），其本質在基本上是譬喻性的。」認知研究

〔註 26〕國際及兩岸教育司——華語教育：https：//depart.moe.edu.tw/ed2500/Default.aspx 檢索日期：2021 年 05 月 19 日。

〔註 27〕筆者曾在桃園的大專任教過，大多的學生以桃園在地人為主，外地學生的數量約十分之一。令人印象深刻的是在請學生做簡單自我介紹時，有學生說過自己來自「勞力士」，當下並未馬上反應過來學生才解釋：中壢的外籍移工眾多，便被稱為「勞力士」。

〔註 28〕Lakoff & Johnson 著，周世箴譯：《我們賴以生存的譬喻》，（臺北：聯經出版社，2006 年），頁 9。

範圍主要圍繞在「範疇化」、「原型理論」、「概念化」、「構式」、隱喻、轉喻、概念合成……等問題，但近年來認知隱喻的研究也延伸至各學科領域，如：心理學、廣告學、語言學……等跨領域中，特別是隱喻與轉喻的研究，使得認知語言學有更了大的擴展。

束定芳曾提及〔註29〕：

> 隱喻原本被看作一種修辭現象。但在認知語言學家看來，隱喻首先是一種思維方式，是人類認知事物的一種不可或缺的工具，這種思維方式構成了人類概念系統中非常基本的概念隱喻，如「生命是旅行」。這些概念隱喻會直接或間接影響人類的思維，反映在人們的日常語言表達中。

上述可得知，語言學家從認知角度來探討語言與人類認知活動之間的關係，從出身環境、國家文化、語言習慣……等不同的認知思維，探討人類生活經驗所形成認知過程，由這些形成的語言，探討背後深入解釋語言現象產生的理由。

概念隱喻在大腦中並非孤立運作，要理解需要依賴各種相關領域的知識背景組織成複雜的認知結構，這些概念來自於人們日常生活經驗，經過思維高度概括後，以各種意象儲存在大腦中，為我們認知世界提供了一個新的視野。

不論是古代漢語詞彙、現代臺灣語言或日語當中，「身體詞」的使用現象皆十分常見，這些身體部位，從頭到腳都可充當認知隱喻中的基本源域，以下先以華語《重編國語辭典修訂本〔註30〕》、閩南語則以《臺灣閩南語常用詞辭典〔註31〕》、日語《Weblio 辭書：辞典・百科事典の検索サービス〔註32〕》所見與例如下。

（一）頭

華語：「蠅頭、拜碼頭〔註33〕、豹頭猿臂」……等。

〔註29〕束定芳：《認知語言學研究方法》，（上海：上海外語教育出版社，2013 年），頁 2。

〔註30〕http://dict.revised.moe.edu.tw/cbdic/ 檢索日期：2021 年 05 月 19 日。

〔註31〕https://twblg.dict.edu.tw 檢索日期：2021 年 05 月 19 日。

〔註32〕https://www.weblio.jp/ 檢索日期：2021 年 05 月 19 日。

〔註33〕新到一個地方，為求人和，先去拜會當地有勢力的人。如：「今日來到貴寶地，先來拜碼頭。」

閩南語：「風頭〔註34〕、後頭厝、炭頭炭面」……等。

日語：「頭に入れる〔註35〕、頭の黒い鼠〔註36〕、頭を丸める〔註37〕」……等。

上述詞彙中，華語用「頭」搭配隱喻詞語構成的詞彙如「蠅頭」以動物的身體「頭」隱喻微細的事物，因為「蒼蠅」體積小，則「蠅頭」更是小而不易看見，因此用「蠅頭」來表示事物「渺小微不足道」之意。閩南語方面如「後頭厝」隱喻娘家，將娘家隱喻為背後的道路，且該道路能夠延伸至回到原生家庭，能躲避一切外來傷害的「房屋空間」，屬「空間隱喻」。日語則如「頭を丸める」指將頭髮剃掉使頭變成如「圓」形狀，因頭髮剃光推知其結果而轉喻為「出家」，這邊的「頭」則轉喻為「人」。

（二）手

華語：「槍手、白手套〔註38〕、袖手旁觀」……等。

閩南語：「重手〔註39〕、楔後手〔註40〕、跤尖手幼〔註41〕」……等。

日語：「手が長い〔註42〕、手のひらを返す〔註43〕、火の手が上がる〔註44〕」……等。

上述華語如「槍手」喻古時持槍的兵士，這邊的「手」代替擅長的事情或職業，又身體小部位的「手」轉喻為大部位「人」，屬部分代替整體的「轉喻」。

〔註34〕一、指上風處，也就是風的源頭。二、言行表現特別活躍或出色，格外惹人注意。例：伊真愛出風頭。I tsin ài tshut-hong-thâu.（他很喜歡在外人面前表現自我。）

〔註35〕記憶にとどめる、よく理解して、しっかり覚えておくという意味。中譯：裝入頭腦、記住之意。

〔註36〕頭髪の黒い人間を鼠に準えていう、物がなくなった時に、身近にいる人間が盗んだのだろうということを暗にいう言葉。中譯：以「頭の黒い鼠」為喻，當物品不見時，可能是身邊的人所偷取，有這樣的一種暗示說法詞語。（指家賊、身邊手腳不乾淨的人。）

〔註37〕頭髪を剃そる、出家して僧侶になる。中譯：剃光頭、削髮為僧。

〔註38〕替行賄者與受賄者充當中介的人。

〔註39〕一、指手用力、粗魯。二、慷慨、大方。出手闊綽，不吝嗇。

〔註40〕指賄賂、以財物買通別人。

〔註41〕為熟語，指細皮嫩肉、玉手纖纖。

〔註42〕盗癖がある、手くせが悪い。中譯為：有著偷東西的習慣，指好偷東西、三隻手。

〔註43〕急に態度を変え、従来とは正反対の対応をする様子などを意味する言い回し。中譯為：突然改變原本的態度，指判若兩人、翻臉不認人。

〔註44〕火（炎）が勢いよく燃え出す、火柱が立つ勢いで燃える、といった意味で用いられる言い回し。中譯為：一是指非常生氣的樣子，生氣到手中都冒出火焰。

閩南語如「跤尖手幼」轉喻「人」的外型指細皮嫩肉、玉手纖纖外表。日語如「手が長い」一慣用語，該詞直譯指「手很長」，正常的人手能伸展的長度有限，倘若手能夠異於他人伸長至較長、較遠之處取得想要的物品便變得更加容易，這邊將人的手是「長」的形容詞，以手長的「特性」隱喻喜歡偷竊的人，屬於性質相似「隱喻」。

（三）足、腳

華語：「牆腳、抱佛腳、評頭論足」……等。

閩南語：「鬢跤、跤尾飯〔註45〕、勼跤勼手〔註46〕」……等。

日語：「足を洗う〔註47〕、二の足を踏む〔註48〕、足元から鳥が立つ〔註49〕」……等。

上述華語如「牆腳」，因「腳」處於人體最下方位置，以其在空間中位置居下，以下方、開始的「特性」進而隱喻為「基礎、根基」，此屬空間方位「隱喻」。閩南語方面如「鬢跤」指頭旁邊兩側的頭髮，就如同人的雙腳一樣，雙腳跨坐於頭上兩腳由臉龐兩側垂下之「外型」用以隱喻鬢角，此屬形狀相似「隱喻」。日語如「足元から鳥が立つ」指腳邊的小鳥突然飛起了來，因動物相較於人警覺性更為強，只要有風吹草動就會有所動作，用來指「事出突然」屬於「轉喻」中原因或結果的類型。

由以上所舉身體部位詞彙就能夠簡單明白，運用認知隱喻形成的語彙非常之多，「人體」為人類世界的起點，人類基於對本身認識的了解最多，而後推及對外在世界的理解，人們以自身的體驗來喻知外在世界、傳達情感及思想，進而理解複雜的概念，由此擴展了認知的視野，這其中有不少都是以身體詞為喻。

又如在華語與閩南語中，都有用「三隻手」隱喻小偷，一般人只有兩隻手，對想做壞事、偷取他人財物的人，我們用「三隻手」的概念隱喻這類的人，以伸出第三隻手來進行偷竊之事，以「手」來轉喻「人」，屬於以「手」代替「人」

〔註45〕指倒頭飯、人往生的時候，供祭在往生者腳尾的飯。

〔註46〕讀音：kiu-kha-kiu-tshiú。為熟語，指縮手縮腳、畏首畏尾。

〔註47〕悪事やよくない仕事をやめて正業につく。中譯為：指金盆洗手、改邪歸正。

〔註48〕決断がつかず実行をためらう。しりごみする。中譯為：指人猶豫不決、優柔寡斷。

〔註49〕比喻自分の身近で思いも寄らなかったことが起こること。中譯為：日文直譯為腳附近的鳥都站立、飛了起來。自己的附近好像發生了什麼事情一樣，指事出突然。

的轉喻。日語當中一樣使用手來隱喻小偷，但日語卻是用「手が長い」一詞，意思是將手伸得很長，藉此來做不好的事情，因為正常人運用手都在自己身體能夠觸及的範圍下使用，只有在少數情況下才可能將手伸得很長，在此隱喻為把手盡力伸長而去奪取他人的東西，是以「手」此為實體來隱喻。

華語、閩南語及日語當中都有用手來隱喻小偷的情形，兩者差別在運用不同性質、說法來隱喻小偷，這是用同一部位指涉同一事件者，但上述例子中，還出現了一組使用不同身體部位，卻指同意義的詞。華語「金盆洗手」、閩南語「收跤洗手」、日語為「足を洗う」，臺灣語言概念當中，用「洗手」來表示改邪歸正，從此不再做不好的事情，但日文卻使用「洗足」。華語「金盆洗手」為江湖人物宣布退隱的儀式，使用「金盆」以示決心的堅定；日語「足を洗う〔註 50〕」指在江戶時代妓女贖身離開花街柳巷時，在門外的水井洗腳（足洗い），隱喻為改邪歸正，從上述舉例中就能看出不同語言中隱喻運用及文化的差異性。

雖說認知隱喻的研究論文已越來越多，但對於表示此概念身體詞的認知隱喻方面卻未有較「系統性」的研究，最多只有散見的單篇論文，對某一器官所做的研究，且語料採集較無完整性，如只單純針對手、腳、頭……等單一身體詞部位所作隱喻探討，或單純講述隱喻或轉喻概念，在論文當中所舉的語料例子與詞彙多是隨機舉例，或是談隱喻而未論及轉喻，若無一同探討會使其不夠全面，本文延伸擴大探討層面，全面研究更多常見身體詞，期許自己能夠更進一步探究，使筆者對身體隱喻詞的了解能更具全面性。

第二節　研究範疇與方法

本論文主要探討的是常用辭典當中「身體詞」相關的詞彙，從這些語料對所見身體詞進行深入探究，並分為認知隱喻及構詞兩大表現來探討。

認知語義表現中，包含了認知隱喻及轉喻兩方面，身體詞各部位名稱在語

〔註 50〕NHK 放送文化研究所：https://www.nhk.or.jp/bunken/research/kotoba/20161001_2.html 檢索日期：2021 年 10 月 10 日。「足を洗う」は、はだしで外を歩いたあと、建物の中に入るときに「足を洗う」ことから出てきたことばです。一説には、修行僧が汚れた足を洗い、俗世間の煩悩を洗い清めることに由来すると言われています。（指光著腳在外面走路的人，進入屋內時要清洗雙腳的說法。也有一說指該慣用語的由來是修行僧清洗雙腳，隱喻為塵緣斬斷。）

言上的隱喻應用情形可說無所不在，日常生活中身體詞各部名稱常用以隱喻人情事物，尤其在現在語言交流無界限的空間中，如現今網路上創造出許多「網路流行語」，裡面就有很多是與身體詞相關的詞彙，如：「人魚線」、「冰塊肌」、「鮪魚肚（啤酒肚）」等，但它們皆未進入真正的詞，但實際方式為「新詞」的一部分，屬於是近年來才創造產生的，可惜目前辭典當中是尚未收錄。

現代人隨著生活品質逐漸提高，對於健康的問題十分重視，用上述這兩個詞彙來隱喻、表人的身材，「人魚線」又名人魚紋，正式學名為「腹外斜肌[註51]」，指的是男性腹部兩側接近骨盆上方的組成 V 形的兩條線條，因其形似於魚下部略收縮的形態，故此會以「人魚線」隱喻，如下圖 1-1；又腹肌明顯者又稱「冰塊肌」，其外型如同製冰盒一樣（屬形狀相似隱喻），如下圖 1-2。

「鮪魚肚（啤酒肚）」則與前者相反，用來隱喻人的身材較胖，肚子就像鮪魚一樣大，又或因長期飲用啤酒，導致肚子又大又圓的結果，屬於因果相代關係的轉喻，如下圖 1-3。

圖 1-1 人魚線

來源：韓星蘇志燮[註52]

圖 1-2 冰塊肌

來源：日星平野紫耀[註53]

圖 1-3 鮪魚肚

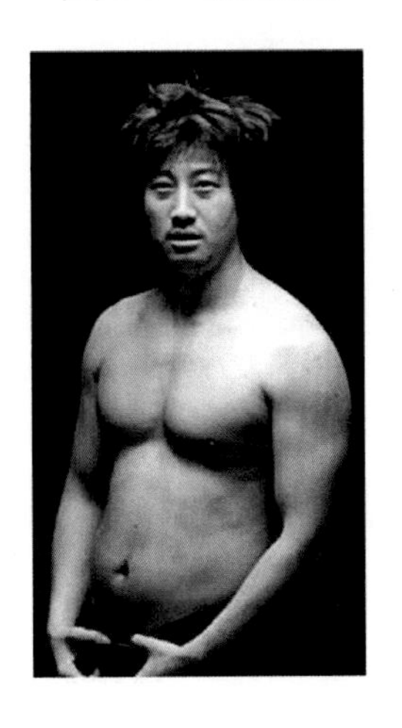

來源：韓星李勳[註54]

[註51] 腹外斜肌是使腹部緊束的斜肌，兩塊腹外斜肌從最低的肋骨延伸到身體前面的中線。在這裡，他們連接成薄而堅固的纖維層。這些肌肉輔助腹直肌和更深的一組斜肌——腹內斜肌——將腹部器官維持在正常位置。資料來源：Richard Walker：《人體學習百科》，（臺北，貓頭鷹出版社，2004 年）。

[註52] 피프티원케이 http://51k.com/so-ji-sub/ 檢索日期：2021 年 05 月 19 日。

[註53] ポポロ 2019 年 4 月号。

[註54] EPG https://goo.gl/mEPnfE 檢索日期：2021 年 05 月 19 日。

這幾個網路新詞彙，皆屬於實體隱喻中「形狀相似」的部分。若以構詞的角度來看則三個詞彙的分類形式都是屬於「2＋1」的名詞＋名詞，是以在前為限定修飾語來修飾後面的中心語，是運用「隱喻」來形成我們對於這些身材類型的概念；若以句法構造來看，則屬偏正結構，「人魚線」為人魚＋線；「鮪魚肚（啤酒肚）」則為鮪魚＋肚；「冰塊肌」是冰塊＋肌，所組成的而成的，凸顯的都是最後的那個身體詞部位，使用前面的詞來修飾後面的詞、用前面詞彙的性質來隱喻後面的部位。可知新的詞彙並非突如其來產生，而是日積月累經過人的思維及使用程度，還有現代文化影響等因素才發展而成，倘若沒有具備這些條件，那麼新創的詞彙就會變得曇花一現，很快就會被社會給淘汰。

由近年來的流行語中可以知道，人的身體詞常運用隱喻來指稱其他各種事物，不論是哪個部位的詞彙、動作，都時常出現在我們的日常生活當中，以下將針對本文會運用到的認知隱喻相關理論與研究方法作一概述

一、研究理論

關於研究理論方法在束定芳一書中有詳細介紹〔註 55〕，以下將本文運用到的理論介紹，包含「認知隱喻理論」、「概念整合理論」、與「圓形範疇意象圖式理論」，本文將透過這些理論基礎探討並分析華語、閩南語及日語辭典當中身體詞的概念隱喻語義現象。

（一）認知隱喻理論

關於認知隱喻的研究，最早可以推回到兩千多年以前西方亞里斯多德時期，但那時傳統的隱喻理論認為「隱喻」是一種語言現象、一種用於修飾話語的修辭格。直到二十世紀的八〇年代 Lakoff & Johnson 所做的《我們賴以生存的譬喻（Metaphor We Live By）》一書把「隱喻視為是一種語言現象」由此使得隱喻研究擺脫了文學和修辭學的傳統隱喻理論框架，正式發展出屬於認知語言學的研究方向，相較於傳統的文學修辭來看則是新的學科領域。

Lakoff & Johnson《我們賴以生存的譬喻》（Metaphor We Live By）揭示隱喻

〔註 55〕束定芳：《認知語言學研究方法》，（上海：上海外語教育出版社，2013 年），頁 15。

與認知兩者之間的關聯性，並說明其現象遍佈在我們所使用的語言、思維與行動中，其中指出：我們用以思維與行為的日常概念系統，其本質在基本上是具有隱喻性的。文中並指出：「普遍性」、「系統性」、「概念性」是隱喻思維的三大特性〔註 56〕。以上的發現有助於了解人類思維運作的方式以身體經驗為基礎更有助於了解不同文化語言表現的特性與共性，同一事物在不同語言當中，就會因為語言本身及該國家的文化差異，而創造出不一樣的隱喻現象。

Lakoff & Johnson 指出：人類概念系統的建構與定義多屬於隱喻性，其中隱喻包含了「實體隱喻」、「方位隱喻」及「結構隱喻」三部份。而隱喻又包含了「隱喻」和「轉喻」兩大類。

「概念隱喻」借用一事物來描述另外一事物的認知過程，是以事物間的「相似性」為基礎，如下圖 1-4。圖中清楚表示出「屠夫」與「外科醫生」兩者之間的概念映射模式，從最初兩者之間的職業開始，到使用工具、所處地點甚至是方法手段都有相對應之處，雖「最終結果」有所差異，兩者由於職業的關係，採取的角度有所不同，「外科醫生」動刀的目的是「治療病人」救回生命；相較之下「屠夫」則是「肢解動物」結束生命；兩者在概念整合的隱喻映射模式上會產生不對應的情形，但為凸顯兩者之間的相似性，可以使用「整合空間模型」從兩邊輸入空間接收後的訊息統整，延伸出「外科醫生」表面雖「治療病人」，但手段卻與「屠夫」在屠宰場「屠宰動物」，故有「外科醫生無法勝任其職務〔註 57〕」的諷刺義涵。

以下「概念隱喻理論」指出：透過輸入空間不同的源域及目標域，兩者彼此的概念連結後，再將其部分概念結構投射到合成空間，進而衍生出不同的思維空間過程，此即「概念隱喻」運作的認知過程。

〔註 56〕Lakoff & Johnson 著，周世箴譯：《我們賴以生存的譬喻》，（臺北：聯經出版社，2006 年），中譯導讀頁 65。三大特性為：譬喻的普遍性、譬喻的系統性及譬喻的概念性。

〔註 57〕Lakoff & Johnson 著，周世箴譯：《我們賴以生存的譬喻》，（臺北：聯經出版社，2006 年），中譯導讀，頁 93。

圖 1-4　概念認知隱喻模式圖

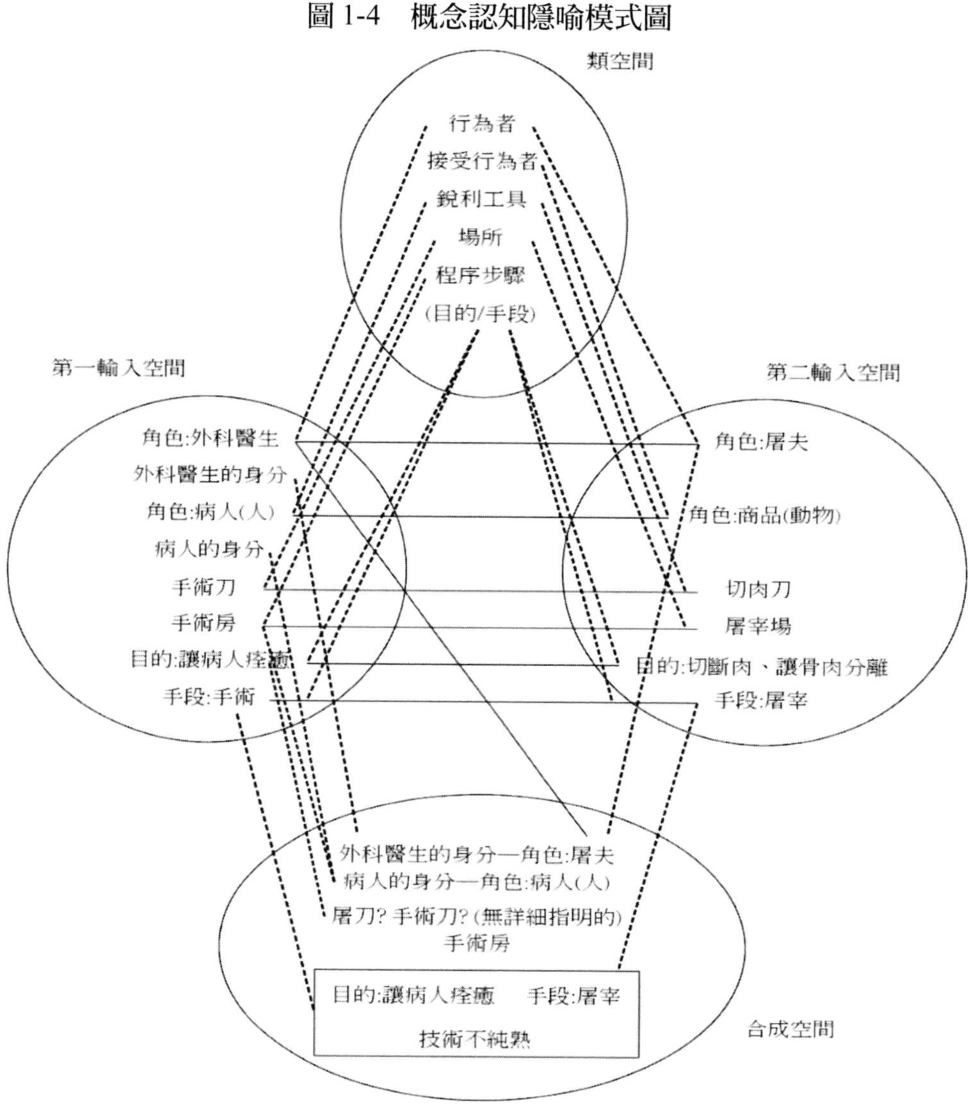

來源：Lakoff & Johnson 著，周世箴譯：《我們賴以生存的譬喻》〔註 58〕

謝健雄指出〔註 59〕：

概念隱喻理論將隱喻、轉喻定位為無所不在的認知思維模式。譬喻的認知思維模式塑造我們習用的語言。概念隱喻理論學者從人類語言中習用之譬喻辭來推斷或證明若干譬喻模式在概念認知層面上的

〔註 58〕 Lakoff & Johnson 著，周世箴譯：《我們賴以生存的譬喻》，(臺北：聯經出版社，2006 年)，中譯導讀頁 95。

〔註 59〕 謝健雄：〈漢語成語情感譬喻之概念模式與語言結構〉，《UST Working Papers in Linguistics》，(2006 年第 2 期)，頁 43。

存在與運作。

賴惠玲也指出〔註60〕：

> 具體而言，隱喻的過程是跨概念界限的推論，一般又叫「映射」。這樣由一個範疇連接到另一個範疇的過程是藉助類化及相似關係來完成。另一方面，由於語境相鄰而導致的語意改變叫轉喻改變，經常是藉由情境中之一個意義轉而表示另一個意義。

認知隱喻可以分為「隱喻」和「轉喻」兩部分，皆由「本體」與「喻體」構成，兩者最大的差異在於「域」的不同。「隱喻」發生在兩個不同的認知域之間，透過事物間的「相似性」來使人達到理解的功能。

「轉喻」則是在「同一個認知域」中進行，通過事物本身特徵凸顯而來指稱該事物。認知隱喻包含隱喻與轉喻兩種不同思維的方式，都是人類重要的認知手段，這使得詞義延伸成為可能，隱喻擴展起詞語表現，進而建構身處複雜的語言世界。

（二）概念整合理論

由於 Lakoff & Johnson 所提出的「認知隱喻」理論太過於簡單，且無法指出其中的動態表現，隱喻與轉喻理論皆指出事物相似性，靜態的映射卻不足以詮釋具動態性的新興語詞，因此 Fauconnier & Turner（1996）再提出概念整合的認知處理模式剖析詞彙或語句，因而又發展出「心理空間理論（mental space theory）」，之後又發展成為「概念整合理論（conceptual integration theory）」或稱「概念合成理論（conceptual blending theory）」，這裡所指的「概念整合理論」就是從 Lakoff & Johnson 的「源域」及「目標域」兩個域發展到四個心理空間〔註61〕，如下圖 1-5：

以輸入空間 1（input 1）、輸入空間 2（input 2）、類屬空間（generic space）及整合空間（blended space），透過兩個輸入空間（input space）的跨空間映射（cross-space mapping）將訊息壓縮至整合空間（blended space），隨後形成新的概念。

〔註60〕賴惠玲：〈身體、認知與空間：以客語的身體部位詞為例〉，《行政院客家委員會獎助客家學術研究計畫》，（2006 年 12 月 25 日），頁 12。

〔註61〕束定芳：《隱喻學研究》，（上海：上海外語教育出版社，2000 年），頁 21。

圖 1-5　概念網絡與概念融合運作圖

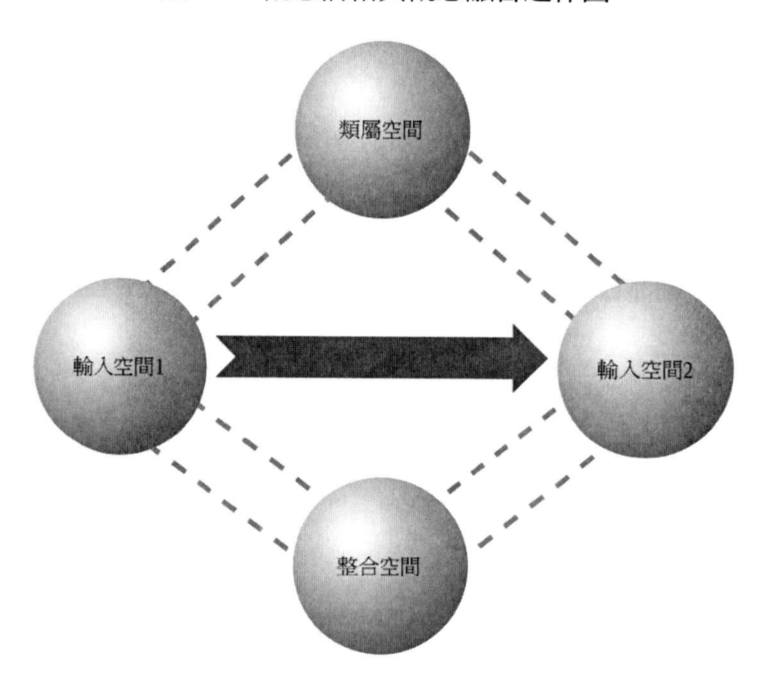

資料來源：Fauconnier & Turner 〔註 62〕

張榮興教授對於概念整合理論則說〔註 63〕：

> 在心理空間理論中，所謂的心理空間（mental spaces）是一種概念結構（conceptual structures），其主要目的是用來探討語言形式背後錯綜複雜的認知過程。

心理空間理論中都會談到「圖形」與「背景」，因為體現了認知語言學的一個重要的觀點，也就是「凸顯性」，可透過以下兩張常出現的圖來說明之〔註 64〕：

圖 1-6 為 1915 年丹麥完形心理學者 Edgar Rubin 所提出的「魯賓之杯」，因有時呈現的是白色的花瓶，有時候有會感覺到兩個相對的黑色側臉，因視網膜同時感知刺激花瓶和側臉，但是大腦卻無法同時辨認出兩種圖案，造成觀看者必須選擇其中一張圖當作主題，故造成視覺上的錯位現象。邱顯能提及〔註 67〕：

〔註 62〕Fauconnier, Gilles & Mark Turner.（2002）*The Way We Think: Conceptual Blending and the Mind's Hidden Complexities*. New York: Basic Books. P46.

〔註 63〕張榮興、黃惠華：〈從心理空間理論看「最短篇」小說中之隱喻〉，《華語文教學研究》，（2006 年第 3 期），頁 118。

〔註 64〕邱湘雲教授之《語義學研究》課堂上所舉例，筆者進一步提出運用於此。

〔註 67〕邱顯能：《錯視圖形運用於兒童圖畫書設計創作研究》，（臺北：國立臺灣師範大學設計研究所在職進修碩士班學位論文，2006 年），頁 26。

完形心理學家考夫卡，在 1922 年證明了「圖」與「地」的關係是模稜兩可、難以區分。認知心理學家認為，代表主體的稱之為「圖形」，「主體」以外的區域稱之為「背景」，兩者是不能同時存在的對立圖形。「圖」與「地」的分辨有幾個特徵：「圖」比較像是「物體」容易被特別關注及記憶，也會被看成在背景前面；「地」會被視為在圖的背後延展，通常無固定形狀、易被忽略。

圖 1-6　The Rubin Goblet 魯賓之杯〔註 65〕

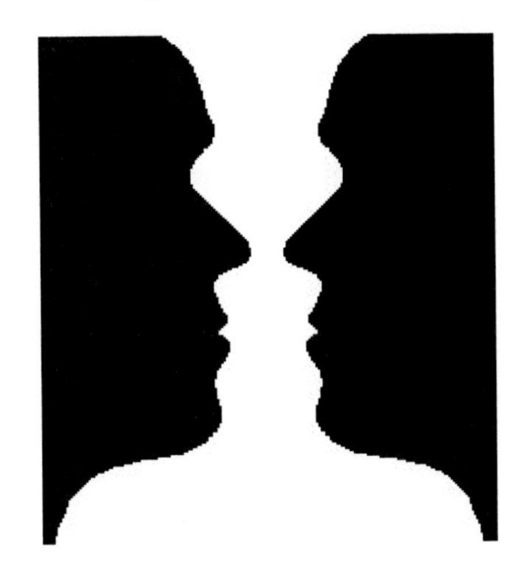

圖 1-7　少婦與老太婆〔註 66〕

上圖 1-6 及 1-7〔註 68〕，為「格式塔」心理學先驅丹麥心理學家魯賓提出，看待在研究視覺感知與背景的關係時，會因為認知著重的事物不同而有了不一定的結果，如上圖 1-6 來說明圖像感知與背景的關係，我們受到圖像上的圖案可能有兩種情形：一是相對的臉（背景為白色來看）；二是一個花瓶（背景為黑色來看），但通常我們一次只能看到一個圖案。因此可以得知，看到臉或花瓶是相對於背景的凸顯性，例如在圖案與背景的結構當中，只能有一個圖形被凸顯出來，當圖形與背景關係的確立，如果花瓶為圖形便以黑色為背景。

人的認知在日常生活當中，對事物的想像、假設及未來的期許、過去的回

〔註 65〕Edgar Rubin, Synsoplevede Figurer, 1915. https://ppt.cc/fgSyDx 檢索日期：2021 年 05 月 19 日。

〔註 66〕《我的妻子與我的岳母》（My Wife and My Mother-In-Law），是於 1888 年的德國的明信片上面描繪的隱藏畫。作者姓名不詳。檢索日期：2021 年 05 月 19 日。

〔註 68〕筆者於邱湘雲教授課堂《語義學研究》中所言，在此將其概念引用於論文當中。

憶，甚至是對事物的信念，對影像中所看的到事物看法，都很常被拿來當作心智運作模式。換句話說在「概念整合」理論當中，主要探討的是兩個看起來完全沒有關係的事物，但透過概念空間中的映射及空間融合後，可使兩者的內容能夠融合在一起，產生隱喻的意義，就像日常生活中許多詞彙都有生成背後的意義，有時還會涉及當時時代的文化。當我們去看外語時，也有不少詞不是指表面的意思，其中有「隱喻」關係存在，倘若無母語者加以解釋，未能明白認知隱喻在其中運用的機制，有時就無法明白語言其中深層的意涵。

（三）意象圖式理論

意象圖式是認知語義學中廣泛使用的概念之一，對於未知的事物，我們會在腦中形成某種意象，並且通過與已知且具相似的事物連結，形成圖像來了解外部的世界，陸儉明、沈陽〔註69〕：「這種意象就是人們在對事物的認知過程中，對一個客觀事物或情形由於識別和理解方式的差別——凸顯的部分不同、採取的視角不同、抽象化的程度不同……等，形成不同的心理印象。」

人類作為認知和語言的主體，不但可以藉由身體經驗形成各式各樣具體的意象，更能夠將身體經驗進行具體意象擴展，通過「意象圖式」的擴展來理解未知的事物，認知語言學家山梨正明提到〔註70〕：

> 人們透過這種具體意象來理解和認知複雜概念的過程當中，至少包含著三個階段：一、對某一個事物形成具體意象的過程；二、將對某一個事物的意象擴展到其他事物上的過程；三、從多個角度對某一個事物的意象進行重新認識的過程。

李福印也說〔註71〕：

> 意象圖式有著許多不同的表達，但是其核心是相同的。人類具有自己的身體，我們無時無刻不處於各種各樣的活動之中。我們舉手投足、觀察周圍的環境、走路、吃東西……等，身體始終處於和外部客觀世界的接觸與互動之中。意象圖式一般可以定義為「空間關係和空間中運動的動態模擬表徵」。

〔註69〕陸儉明、沈陽：《漢語和漢語研究十五講》，（北京：北京大學出版社，2003年），頁439。

〔註70〕山梨正明：《認知文法論》，（東京：ひつじ書房，1995年），頁95。

〔註71〕李福印：《語義學概論》，（北京：北京大學出版社，2006年），頁237。

黃翠芬也說〔註 72〕：「Lakoff & Johnson 認為詞義的衍生，其擴展靠的不是共有屬性，而是某種動因，它可通過意象轉換、隱喻、轉喻方式與中心發生聯繫。」意象圖式理論在一詞多義的擴展中最為普遍運用。歐德芬說明〔註 73〕：

> 隨著人類文明進步與發展，新的概念相繼出現，有些新義由既有詞彙的義項延伸而出，此即一詞多義現象。Lakoff 更提出「理想化認知模式」（ICM），欲透過命題模式、意象——圖式模式、隱喻模式及轉喻模式研究語義概念範疇；Sweetser（1990：9）認為多義詞義項間具有之相關性即為隱喻映射。

因為這種「意象圖式」形成我們概念的圖式，當具體意象被抽象化、規範化及模型化之後，形成了一種複雜的認知結構圖式，在隱喻中同一事物會因不同概念而形成不同圖式、不同的隱喻映射，形成多種解釋進而形成「多義詞」，因而有了多義詞般的多種解釋，這對在人類認知未知世界過程當中發揮著重要的作用：認知的擴展。

（四）原型範疇理論

E. Rosch〔註 74〕提出「原型範疇理論」，其中指出範疇成員之間具有「家族相似性」，即「原型範疇理論」主張每個範疇中的所有成員裡，通常都會有一個最典型的成員，然而，處於邊緣地帶的成員是模糊的，但是這些所有成員之間彼此仍有相似的特徵。一些討論多義詞的文章，都會提到「原型理論」。因為在多義詞的多個義項之間，常常會有最核心、最典型的意義（有時可指使用情況較多的用法），同時也可能有較邊緣的意義或用法（有時可指使用情況較少或較侷限的用法）。「原形範疇」理論所形成的意象圖式如下圖：

〔註 72〕黃翠芬：〈從意象圖式探測詞義發展——以《詩經》方位詞「下」為例〉，《朝陽人文社會學刊》，（2011 年第 9 期），頁 253。

〔註 73〕歐德芬：〈多義感官動詞「看」義項之認知研究〉，《語言暨語言學》，（2014 年第 15 期），頁 159。

〔註 74〕E. Rosch（1975）Family Resemblances: studies in the internal University Press.

圖 1-8　原形範疇意象圖式（引自邱湘雲〔註 75〕）

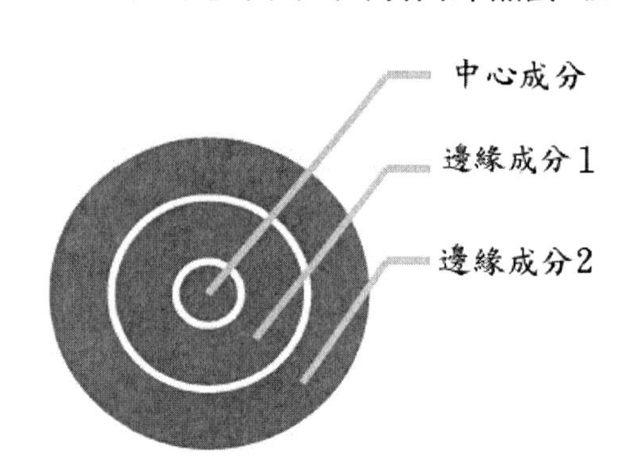

束定芳談到原型研究一開始有兩個方向〔註 76〕：

> 一是認知心理學的方向，主要研究概念的結構和心理表徵的方式：另外一個方向就是從語言學的角度來研究範疇化，其重點不在概念本身，而在語言符號的語義端的結構上面，即語言符號的意義上。如今這兩個方向的研究互相交叉。

趙艷芳指出〔註 77〕：

> 認知語義學最重要的兩個概念是意義和理性，而語言的意義在於如何對世界進行範疇化和概念化，範疇指的是認知中的分類，概念指在範疇基礎上形成的詞語的意義範疇。

李福印書中提到〔註 78〕：

> 範疇的邊界是模糊的，相鄰範疇互相重疊互相滲透。讓我們以色彩這個範疇為例，在眾多的色彩中，中心色彩，比如經典的紅、黃、黑色容易被辨識，但紫紅屬於紅色或黑色範疇，答案就會因人而異。

因此可以了解，原型和基本範疇並非固定不變的，而是隨著語境變化而改變，並依賴人類腦中的認知模型和文化模型。例如以古代與現代做為區別，古代人心中「家畜範疇」的原型是「馬」，但現代人心中的家畜代表為「雞、豬」；以小吃美食範疇為原型，美國人想到的「原型」是「漢堡」、日本人是

〔註 75〕邱湘雲：〈客、閩、華語三字熟語隱喻造詞類型表現〉，《國文學誌》，第二十二期，2011 年 6 月，頁 262。

〔註 76〕束定芳：《隱喻學研究》，（上海：上海外語教育出版社，2000 年），頁 51。

〔註 77〕趙艷芳：《認知語言學概論》，（上海：上海外語教育出版社，2001 年），頁 238。

〔註 78〕李福印：《語義學概論》，（北京：北京大學出版社，2006 年），頁 231。

「壽司」、臺灣人則可能是「滷肉飯〔註79〕」。世界萬物進行分類的過程即為範疇化過程，在過程中起關鍵作用的就是「原型」，因認知與文化的不同，藉由原型範疇理論可提供跨文化的研究佐證。

就本文而言，以身體詞「手」為例，以「原型範疇」理論來看其所形成的意象圖式，可如下圖所示：

圖 1-9 「手」範疇意象圖式

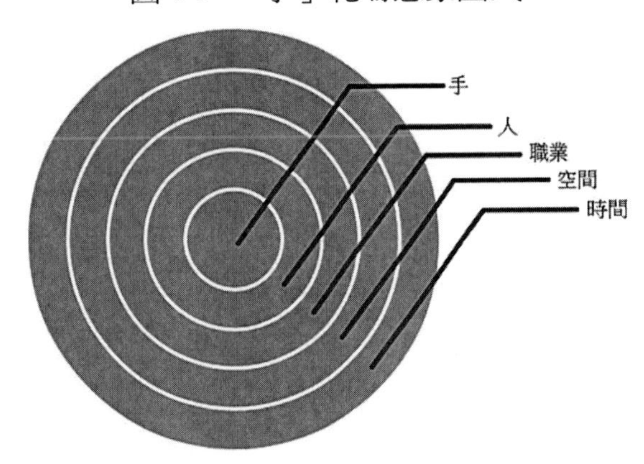

本論文所探討的詞語，如上圖可以「手」當作中心成分，由內向外慢慢擴展的邊緣成分，分別以人、職業、空間、時間……等為範疇，如以部分手代替整體人的情形有「重砲手」、「射鵰手」；人成長後因興趣或工作，再而延伸至職業如「丹青手」、「運轉手」；往外在擴充，在生活中涉及到空間的情形如「留後手」、「落尾手」。

（五）構詞學理論

對於「詞」的定義，學者們的想法大多一致認同，劉月華說〔註80〕：「詞是最小且能獨立運用的有意義的語言單位」。竺家寧說〔註81〕：「詞素就是構詞要素，或造詞成分。它是語言中最有意義的最小單位」，如再將詞分割得更小，只有聲音沒有意義，那就變成再探討語音學的層次。

鍾榮富提到〔註82〕：「字、詞等語法單位的內部結構即為『構詞』」。構詞學的定義則是：「研究語詞的內在結構以及其規律的學科，稱為『構詞學

〔註79〕DESTINATION TAIWAN 40 of the best Taiwanese foods and drinks: https://ppt.cc/f9D49x 檢索日期：2021 年 05 月 19 日。

〔註80〕劉月華：《實用現代漢語語法》，（臺北：師大書苑，1996 年），頁 1。

〔註81〕竺家寧：《漢語詞彙學》，（臺北：五南出版社，2008 年），頁 8。

〔註82〕鍾榮富：《臺灣客家語音導論》，（臺北：五南書局，2004 年），頁 195。

（morphology）』」，因華語構詞法的理論範疇相當廣泛，故在本文當中便依循潘文國所見的廣義構詞法來談，並包含五個層面，潘文國將其稱之為「奇特的『五合一』各局〔註 83〕」，五個層面內容如下：

1. 析詞法：對已經形成的詞彙做結構分析，它所採用的是由大到小的分析步驟，先從句子中摘出詞來，再對詞的下位組成成分進行細微的描寫與分析。

2. 造詞法：如果上述的析詞法為詞的靜態描寫，屬於共時的研究，那麼造詞法就是詞的生成過程的動態，屬於歷時的研究。

3. 分詞法：研究分詞法是研究構詞法的前提，分不出哪個是詞，就無法進行構詞法的分析。如本文所探討的二字詞彙向上就有熟語、慣用語……等形式，若向下討論詞素或音節，那就無意義。

4. 用詞法：為討論詞在運用過程中的分合變化情形，如單音節詞擴展為雙音節詞，雙音節詞節縮為單音節詞，單、雙音節詞與三、四音節互變，這些過程中的每一變化，實際都有新詞被創造出來。

5. 借詞法：在各種語言當中，都有數量或多或少的外來語成分，華語及方言都有這樣的情形，不僅吸收外來語，還能加以融合成為自己的語言特色，除此之外因臺灣受過日本殖民影響，受哈日現象，在華語與閩南語中有許多詞彙都吸收了日語的外來語現象。

一般所謂構詞研究中提到的構詞法，大多僅涉及上述所談論到的「分詞法」和「析詞法」兩部分，屬於較狹義的構詞方式研究，倘若以較廣義的構詞方式來探究，周長楫同樣提出五種造詞法〔註 84〕：「語音、語序、形態、句法、修辭手段造詞法。」在本文研究當中，因著重於語義與構詞方面之研究，構詞當中主要探討以「句法造詞法」為主，所謂聯合式、偏正式、述賓式、述補式及主謂式等造詞法，都屬於句法手段的造詞法。

總結可知，語言的交際是語境因素和語言的選擇有了互相關聯，便互相尋求順應的動態過程而產生了我們現在所使用的語言、詞彙。

上述「認知隱喻理論」著重於隱喻產生的原因，也是從源頭、源域來探討認知隱喻的形成機制，「概念整合理論」則是將動態的語境上，探討隱喻的形

〔註 83〕潘文國、葉步青、韓洋：《漢語的構詞法研究》，（臺北：臺灣學生書局，1993 年），頁 10。

〔註 84〕周長楫：《廈門方言研究》，（福建：福建人民出版社，1998 年），頁 258。

成方式以及過程的經過，而「意象圖式」及「原型範疇理論」展現了認知隱喻、語義要素選擇的遠近關係，四個理論不是同一學者所提出，不但沒有衝突還能互補，更可以詳細地解釋隱喻的詞彙背後形成的機制及原因，加上構詞論的概念，可以應用在語言詞彙的比較上，使得語義與構詞能夠一同來探討。

本論文是「跨語言」研究，並以華語、閩南語及日語，三種語言來作比較。華語及閩南語從二字詞彙、三字格詞、四字成語，日語的身體詞並未能如華、閩語一樣，能全部以「詞」作為分析對照，而是以較大的短語才有身體詞隱喻現象，因此日語是從慣用語作為探討目標，除語料較多、較龐大外，又涉及至三種語言，在此還需要說明的地方整理出以下幾點，如下表：

表 1-1　身體詞「跨語言」研究重點

層　面	內　容
語言	文中出發點是要探討華語身體詞，內文會以華語的身體詞為「主要探討」而閩南語及日語為「次要探討」對象，在詞彙選取及比較分析當中，也會將目標著重在於華語而閩南語及日語則為其次。
認知	題目雖以研究身體詞「認知隱喻」為主，因詞彙不能獨立運用，「詞」必須要加入「語句」才能夠表達完整的意義；除此之外，本文還要再進一步討探詞彙背後的認知心理及該詞彙所發展出來的文化面貌，認知隱喻所涉及了隱喻與轉喻兩部分，除了探討形成的過程外，還可探討該詞彙內涵的「語言文化」即其內容所包含的文化義及褒貶義。
詞彙	本研究是以「詞彙」為中心，進而向外延伸擴散至其他層面來作探討，所討論的內容屬於「廣義」的構詞學，因鮮少有人對跨語言比較過並做全盤性論述，本論文卻是一次探討三種語言，但為了拓展寬廣視野，也讓更多的人了解「語言研究」趣味奧妙之處，希望能夠拋磚引玉，故本文最後仍堅持以此目標進行研究。
釋義	研究內文中，一次涉及了三種語言，但並非所有閱讀者都能夠清楚了解所有語詞的意思，因此本文當中針對理解的較難華語詞彙來作註解來，閩南語及日語較特殊的讀音及意義會直接在文中標示。起初是想除了將所有的閩南語及日語的詞義都在內文中呈現，深怕篇幅可能太大，無法聚焦於內文，最後決定將日語詞彙的讀音、釋義都放於附錄當中，一來是讓閱讀者對於有興趣之例能夠詳細了解；二來也讓閱讀者知道這些詞彙都是「字字有來歷」有出處而非空口說白話。

以上四點安排，無非是希望能夠讓研究主題更有聚焦性，而不是讓研究變得像概述一樣只有廣度、沒有深度，而最終仍讓本論文集中於主題——身體詞來作深入探討。

二、研究方法及語料來源

本論文首先收集華語、閩南語及日語在辭典當中的身體詞以作為語料，並分為研究方法及語料選取範圍來談，首先運用以下四種研究方法來進行分析及探討：1. 驗證法 2. 實例歸納法 3. 語料分析法 4. 分類，再界定語料來源的語料範圍，最後歸納出身體詞的語義特色，詳細說明如下：

（一）研究方法

1. 驗證法

充分利用認知語義學的研究成果以及隱喻、轉喻等相關理論驗證「身體詞」的隱喻表現，力圖能夠在堅實的理論基礎上，對於身體詞的構詞及語義進行深入和細膩的分析，同時也運用實證方法來驗證，將理論與身體詞的語義通過語用擴展實例相結合，探討語言實際運用的情形，掌握認知隱喻機制在身體詞語義形成過程中所發揮的具體作用。

解釋語言現象是認知語言學研究的最終目標，更是認知語言學有別於傳統語言學的重要標誌，簡單來說，認知語言學最主要的就是著重在語言形成的過程，趙豔芳提到〔註85〕：

> 因認知語言學認為語言是認知的一部分，受人們認識世界的方法和規律的制約，想要做到描寫的充分性，必須對語言現象作出解釋，必須研究人的認知規律。

認知語言學的研究，不僅需要對語言事實進行描寫，還需要依理論解釋通俗化的方向更進一步研究，再來揭示語言事實背後所隱含的奧秘之處。還有較重要的是，認知語言學的重點在於用較少的規則來解釋表面上看起來較無相關的現象，力求能夠提出獨立論證。

2. 實例歸納法

本篇論文以教育部華語及閩南語辭典、日語 Weblio 辞書中的「身體詞」作為研究範圍，對於身體詞的分類方式，不同的研究學者提出不一樣的看法，曹逢甫的分類〔註86〕是將「身體部位」分為「外在身體部位」與「內在身體器

〔註85〕趙艷芳：《認知語言學概論》，（上海：上海外語教育出版社，2001年），頁11～12。

〔註86〕曹逢甫、蔡立中、劉秀瑩：《身體與譬喻——語言與認知的首要介面》，（臺北：文鶴出版社，2001），頁14。

官」兩大類。李文莉〔註 87〕卻是依照「身體詞」的「詞性」結構來區分，分為「名詞」、「動詞」與「形容詞」三種類型探討。吳宏則表示人體各部器官的詞與構成了一個複雜而廣大的結構系統，並將其分為四大語義場〔註 88〕來討論，分別為「頭部語義場」、「軀幹語義場」、「四肢語義場」及「肺腑語義場」。本文採用吳宏的分類，運用實例歸納法將身體詞加以分類探討，再來看其認知語義表現。

3. 語料分析法

將本文所要探討的身體詞語料蒐集完成後，從「認知語言學」的角度做語料分析，以 Lakoff & Johnson 的「概念認知隱喻」理論為基礎，分析、判斷語料中哪些身體詞語彙是屬於隱喻中的「實體隱喻」還是「方位隱喻」，且又依照 Lakoff & Johnson〔註 89〕與謝健雄〔註 90〕的轉喻理論，分析哪些屬於轉喻，分出「部分代全體」、「全體代部分」與「部分代部分」三大類型，分別觀察在我們日常生活中常使用卻沒注意到的這些身體詞語，在隱喻與轉喻的表現情形，以展現華語、閩南語及日語身體詞語彙的認知過程，由形象思維表現找出屬於臺灣語言中較為特殊的詞語以及日語當中特有的隱喻及文化特色。

4. 分類法

蒐集資料及整理文獻到探討的過程當中，歸納出身體詞的研究類型，整理出目前華語圈研究身體詞的期刊及學位論文，從分類當中不僅能夠了解前人研究的概況，也能夠補足前人遺漏或不足之處，唐太宗曾言：「以銅為鏡，可以正衣冠；以史為鏡，可以知興衰；以人為鏡，可以正得失。」藉由前人研究的成果以避免自己重蹈覆轍，進而以此為基礎進行更進一步的研究，而在身體詞語料分析過程當中，亦會使用到分類法，指出華語、閩南語及日語中詞語出現比例多寡的情形，最後整理並探討出最常使用的認知隱喻類型以及特色有哪些。

〔註 87〕李文莉：《人體隱喻系統研究》，（華東：華東師範大學，2007 年）。

〔註 88〕吳宏：《日語慣用語的認知語義研究——以人體詞慣用語為中心》，（廣東：世界圖書出版公司廣東公司，2013 年）。

〔註 89〕G. Lakoff & M. Johnson. 1980: *Metaphor We Live By*. Chicago: University of Chicago Press.

〔註 90〕謝健雄：〈當代臺灣漢語慣用轉喻：認知語言學取徑〉，《人文暨社會科學期刊》，（2008 年第 1 期）。

（二）語料範圍及使用

本文探討的語料，華語以《重編國語辭典修訂本〔註91〕》、閩南語則以《臺灣閩南語常用詞辭典〔註92〕》、日語以《Weblio 辞書：辞典・百科事典の検索サービス〔註 93〕》中的身體詞為例，將依照此所選取的語料進行更深入的討論與分析。

但對語料運用及處理，以下有幾點需先加以說明：

1. 本文華語語料選取以現代華語為主，教育部辭典中所列古代詞語及罕用詞彙則不納入本文探討之列。例如教育部辭典中有「延首〔註94〕」一詞，但這一詞語在今日生活中並不常用，因此本文決定刪減辭典中收錄的罕用、生僻詞語，僅保留「**現代華語**」中會出現及日常生活中會用到的詞彙，若有詞語無法確定是否現代仍然使用，則會以中央研究院《平衡語料庫》作為篩選依據，例如教育部辭典出現「礬頭」一詞，但經由《平衡語料庫》檢索卻無結果，表示此一詞語現實生活已不用因此選擇「捨去」；又如「豬頭肥」於語料庫中無收錄，但生活仍會使用故予「保留」。閩南語所使用的《臺灣閩南語常用詞辭典》中並無華語所出現的古語詞及罕用詞的情形，若遇較難理解的詞彙會以註腳的方式標示讀音及釋義。日語方面，由於並非所有讀者皆深諳日語，因此本文中所出現的日語詞筆者皆會「加以翻譯」，包含內文理論、文獻引用、辭典定義及慣用語「中譯」經由思考潤飾後以較為接近華語口語化的樣貌呈現，而為避免日語翻譯不精確或有差誤，也會將日語慣用語的原貌放入「附錄」中，其中包括日語慣用語、讀音、慣用語釋義以及中文翻譯四個部分。

2. 本文探討的隱喻詞語包含「身體詞」本身以及「由身體詞構成的相關詞語」兩大類，例如「頭等」隱喻「第一等、最好的」，其中隱喻的詞是「頭」，以「頭」位於人體最上方，因此相似性映射而隱喻為「最好、第一」之義；相對來說，「點頭」轉喻允諾、贊許，該處的「頭」只表「人頭」的實義而無隱喻現象，但「點頭」這一整個與頭部動作有關的詞語中，日常生活中我們都

〔註91〕《重編國語辭典修訂本》: http://dict.revised.moe.edu.tw/cbdic/ 檢索日期：2021 年 05 月 19 日。

〔註92〕《臺灣閩南語常用詞辭典》https://twblg.dict.edu.tw 檢索日期：2021 年 05 月 19 日。

〔註93〕《Weblio 辞書：辞典・百科事典の検索サービス》https://www.weblio.jp/ 檢索日期：2021 年 05 月 19 日。

〔註94〕伸長頸項盼望。《周書・卷一四・賀拔勝傳》：「懷朔被圍，旦夕淪陷，士女延首，企望官軍。」三國魏・曹丕〈濟川賦〉：「永號長吟，延首相望。」

以「點頭」表示「贊成」，為何不說「點手」或「點腳」而只用「點頭」表示同意或贊成，此其中即有「隱喻」作用在其中，因此本文除了探討「身體詞」所具有的隱喻外，與「身體詞」搭配合成的詞語若有隱喻現象也在本文探討的範圍內。

3. 關於語料來源的部分，在日文書籍中有許多慣用語辭典，如《身體表現詞典：身體部位慣用語詞典〔註 95〕》一書，將身體詞彙整理出來，並已將器官的慣用語表現抓出，如：「足下の明るいうちに（還能看得到自己腳的時候）」隱喻「日の暮れないうちに（趁著天還沒黑之前）」、「自分の状況が悪くならないうちに（趁著情況還沒惡化之前）」，不管是在夕陽還未落下之前、狀況還沒有變得更壞之前，與在黑暗當中，或是日語的直譯：你的腳還在明亮看得見之前，都有「趁早」之意，此則為身體詞慣用語。臺灣及中國目前尚未有此類「身體詞」專書辭典，若隨意抓取分析未免顯得不夠嚴謹，筆者考量身體詞選取數量上的多寡、分類、內容闡述等層面，最後決定以依據教育部《重編國語辭典修訂本》中出現的「身體詞」為主要語料，並以教育部《臺灣閩南語常用詞辭典》、《Weblio 辞書：辞典・百科事典の検索サービス》為輔，找出華語中未出現的閩南語詞彙和日語特有的慣用語，作為本論文主要的研究對象。

語言研究中，我們不只要對語言現象做出適當的描寫，更要對語言現象做出合理解釋，並且要做到描寫與解釋、形式與意義並重，才能夠使論文有全方位的探討。描寫是解釋的基礎與根本，解釋則是描寫的歸宿，唯有對語言形式進行充分描寫，才能夠對其做出比較，有充分的證據來解釋其生成過程。想要了解身體詞的語義及構詞做出認知等方面的合理解釋，就必須要對身體詞的構詞及語義類型進行詳細地描述，並在此基礎上，闡述這種語言現象背後的深層機制是如何在意義形成過程中發揮作用。

第三節　論文架構與說明

本論文題目為「華語、閩南語及日語身體詞研究」，全文架構說明如下：

第一章「緒論」：說明本文之研究動機與目的，接著在本文中所運用的研究理論及研究方法、語料來源、作一一詳細介紹，最後簡述預期目標與成果，

〔註 95〕八幡啓：《身體表現詞典：身體部位慣用語詞典》，（安徽：中國科學技術大學出版社，2013 年）。

對各章內容作縱貫性的提要、說明及架構表呈現出來，使論文架構能一目了然。

第二章「**名詞定義與文獻探討**」：藉由前人研究成果探討，掌握本文研究的重點與方向，其中分為兩節來敘述：第一節是「名詞定義」，內容涉及認知隱喻及語言學詞彙相關的名詞解釋和定義探討，因「認知語言學」有別於「傳統語言學」必須加以說明，避免閱讀者將兩者混淆，除此之外也涉及不少的專有名詞如「隱喻」與「轉喻」的差別，皆在此詳述；第二節為「文獻探討」先回顧過去，探討前人學者們對於身體詞研究不足之處，再來揭示近年來的研究成果，其內容包含語義學、認知語言學與本文相關之文獻，以及國內外的期刊、論文及專書，以站在前人打下的基礎上做出更進一層的研究。

第三至七章為本論文主軸，內容在於探討身體詞詞彙的「認知隱喻」表現，並將其分為「隱喻類型」及「轉喻類型」。此外，依照身體語義場區分章，在語義場中又因包含不一樣的身體詞彙，依照不同部位的詞彙，分不同小節來探討，每一節先以討論華語、再談閩南語，最後則是日語慣用語。細節如下：

第三章「**頭部身體詞隱喻研究**」：主要以「頭」部相關詞語作為探討對象，第一節是「頭部身體詞」的探討，依華語、閩南語、日語的順序分析。首先探討「隱喻類型」，分為「實體隱喻」及「方位隱喻」的情形詳細分析，以表格方式呈現；再探討「轉喻類型」分為「部分代全體」、「全體代部分」、部「分代部分」三類探討其中的內容；第二節「首部身體詞」，研究內容同上，以下各部位探討模式皆同不再贅述。

第四章「**五官身體詞隱喻研究**」：探討「口」部以外的五官詞語，包括「眼」、「目」、「耳」、「鼻」、「眉」等相關詞語。

第五章「**口部身體詞隱喻研究**」：由於「口」部詞語特別多，因此本章專門探討「口」部詞語，包括「嘴」、「口」、「舌」、「牙」、「齒」等相關詞語。

第六章「**四肢身體詞隱喻研究**」：以手腳、四肢所包含的身體詞作為探討對象，上肢包括「手」、「掌」；下肢則有「腳」、「足」相關詞語。

第七章「**內部器官及其他隱喻研究**」：分別探討內部器官及其他身體詞，內部器官包括「心」、「肝」；其他隱喻則收錄人的「髮」相關詞語。

第八章「**構詞研究**」：分為兩部分探討詞彙表現，第一節「分類形式」，以身體詞作為語素，探討與其結合之字詞之詞性探討；第二節以「句法造詞」，包含聯合式、偏正式、述賓式、述補式及主謂式等造詞法，都屬於句法手段的造詞法。

竺家寧在詞彙學提到〔註96〕：

> 一套完整的詞彙學應包含四個方面：「詞形、詞義、詞變、詞用。『詞形』就是詞的形態，也就是構詞學。『詞義』談詞的共時意義系統、同義詞、和反義詞的技術分析、義素分析法和詞義場理論。……」

因此在本章探討的主軸為「詞形」，而第三章至第七章所述之隱喻研究即為「詞義」的部分。本文僅有辦法探討華語及閩南語的「構詞」，日語的部分因難以僅用「詞彙」探討身體隱喻，本文日語是以「慣用句」作為探討，故不適用。

第九章「**結論**」：總結本文的研究結果與研究價值，並包含「研究結果」及「未來期許」兩小節，且對未來研究者提出研究方向與建議，希望對從事此研究的學者能夠有所啟發。

第四節　預期目標與成果

本論文之研究雖說是碩士論文的延伸及擴展，但對於學術研究仍然只是一個起點，但於未來之研究卻又有著極大的期許，希望本文完成後，能夠對於該領域之探討繼續深入，並能夠達到幾個目標：

一、對於華語與閩南語身體詞相關之詞彙研究，能有較清楚的對比呈現，加上不論華語或臺灣語言中的閩南語、客家語中，都因為受過日治時期殖民關係，在語言接觸的影響之下，使得我們的語言中有許多日語的借詞，希望能夠從中找尋到語言之間的關聯性。

二、整理出華語、閩南語及日語中身體詞的異同，找出華語及閩南語身體詞的特色，如本文前面所提及，在日語的辭典當中，有著身體詞相關的辭典，但在華語及閩南語的部分卻未有相關的辭書，期望能因此研究後建構出屬於我們自己語言的「身體詞辭典」，為使用華語的人及臺灣所使用的臺灣語言的人保留這些豐富的詞彙，更為臺灣的語言研究盡一己之力。

〔註96〕竺家寧：《漢語詞彙學》，（臺北：五南出版社，2008年），頁3。

三、揭示語言背後所隱現的文化隱喻，語言的背後涉及認知及文化生成的涵義，同樣意思的詞彙會因為不同民族或國家的文化而使用不一樣的身體詞，因此本研究不僅能夠讓人知道詞彙的意思，也能夠更進一步了解其中的形成過程。

第二章　名詞定義與文獻探討

今日隱喻手法的使用，從新聞最喜歡揶揄諷刺別人的雙關語、店家行銷的聳動標題，到不斷創新的流行語，日常生活之中觸目皆是，更是漢語詞彙產生重要方法之一。一談論到熟語及慣用語中，不論是華語、閩南語、客語，甚至是外語，其中熟語的生成多與隱喻有關，在溝通寫作的時候，隱喻現象更是無所不在。

以身體詞相關主題作為研究的隱喻期刊論文已有許多，可惜的一點在於大部分都在探討隱喻的理論，再用「身體詞」當作分析的對象從中淺析，美中不足之處在於所見身體詞彙大多是作者自己隨機舉例或用大家生活常見的例子為語料，鮮少以一個特定範圍當中去作系統性的探討，故筆者選擇用教育部《重編國語辭典修訂本》當中所有有關於「身體詞」的詞彙來作為分析主軸，探討教育部《重編國語辭典修訂本》當中身體詞詞彙的研究，同時與教育部《臺灣閩南語常用詞辭典》及日語辭典《Weblio 辞書：辞典・百科事典の検索サービス》中身體詞作比較，找出閩南語及日語當中較特殊的詞彙以及用法情形，再利用「認知語言學」理論來探析身體詞隱喻的生成脈絡。

對於身體譬喻與認知思維的關係方面，曹逢甫已指出〔註 1〕：

語言反映出思想，思想表達於語言。語言與思想關係密切。在千變

〔註 1〕曹逢甫、蔡立中、劉秀瑩：《身體與譬喻——語言與認知的首要介面》，（臺北：文鶴出版社，2001 年），頁 108。

萬化、錯綜複雜的人類思維中，認知的起點、人類思想重要的出發點是我們的身體。

我們的身體是一個認知的開始，不論是言行舉止、起居住行甚至是學習工作或與其他人交往，這些行為都和身體隱喻有著密切關係。

近年來認知語言研究已有突破性的發展及豐碩的成果表現，尤其在身體詞彙研究方面有相當不錯的成績〔註2〕。

這些「隱喻」相關研究大概分為兩個部分來探討：一、認知語言學方面研究，二、文學方面研究〔註3〕，不可否認的一點是，這些研究都對現代華語當中的隱喻建構有著極大的幫助，白玉微疵之處在於有系統的語料研究目前較少〔註4〕，雖筆者在碩士論文已做過研究，但仍有許多不足的地方，可開發的空間還有許多，因此最後決定以身體詞作為主題，並以該詞彙作為語料，做各方面且有系統性的探討。

如前面所述，分別從修辭隱喻現象及從認知隱喻學的角度來研究的期刊論文已有不少，修辭隱喻是以傳統文學當中的修辭學角度分析，認知隱喻學是運用西方認知理論，前者運用在文學探討，後者都是以語言角度來觀察。本文探討辭典中「身體詞」的詞彙認知隱喻，不探討修辭方面的隱喻現象，而是用認知語言學的角度來作研究，以下將針對辭典當中「身體詞」詞彙作認知隱喻方面、前人主要研究成果之專書、期刊論文作文獻探討，以此作為基礎，站在前人研究成果上以做更進一步的研究。

〔註2〕如：賴惠玲：〈身體、認知與空間：以客語的身體部位詞為例〉，《行政院客家委員會獎助客家學術研究計畫》，(2006年12月25日)、鄧孟倫：〈華語與閩南語手部三字格認知隱喻研究〉，《輔大中研所學刊》，(2017年第35、36期)、蔡豐琪：〈中日身體語彙之語義延伸——以複合名詞「～ロ」為例〉，《臺大日本語文研究》，(2017年第18期)……等。

〔註3〕如：顏健富：〈「病體中國」的時局隱喻與治療淬鍊——論晚清小說的身體／國體想像〉，《臺大文史哲學報》，(2013年第79期)、林偉淑：〈《金瓶梅》的身體感知——覷看、窺視、潛聽、噁心與快感敘事意義〉，《東吳中文學報》，(2017年第33期)、楊佳嫻：〈重探張愛玲小說裏的病態身體——以《花凋》、《紅玫瑰與白玫瑰》、《小團圓》為主〉，《人文中國學報》，(2017年第25期)……等。

〔註4〕如：李文莉：《人體隱喻系統研究》，(大陸：華東師範大學中國語言文學系碩士班學位論文，2007年)、鄧孟倫：《華語與閩南語手足三字格認知隱喻研究》，(彰化：國立彰化師範大學碩士學位論文，2014年)、李毓清：《日語身體部位詞「顔」之語義與用法——兼論與華語之對比研究——》，(臺北：東吳大學日本語文學系博士學位論文，2017年)……等。

正式進入主題之前，筆者先論述文獻及相關資料，從「認知隱喻研究」及「身體詞研究」兩方面逐一論述，一方面希望能夠藉由前人學者研究的智慧結晶整理後融會貫通；另一方面更想了解，目前認知隱喻在不同語言的身體詞發展及研究成果為何，同時也希望藉著這些文獻資料更精確的掌握到本論文研究的基礎與方向。接著再將本論文主題「認知隱喻」、「熟語」、「慣用語」以及一些在本文會使用到的專有詞彙之定義解釋清楚。本章節分為兩小節來看，首先探討在身體詞相關的文獻研究概況，其次探討「認知隱喻」、「慣用熟語詞彙」的意涵及內容、定義作明確的詳述，最後論述身體詞研究的情形。

第一節　名詞定義

本研究是以「華語、閩南語及日語身體詞研究」為題，以下將針對本文對於身體詞研究中的名詞來做定義，單就題目來看，涉及了三種語言當中的「身體詞」，那麼「身體詞」指的為何者，以及本論文核心「認知隱喻」的內容作解釋和定義，希望能在這把「認知隱喻」和傳統修辭學當中所提及的「譬喻」差異做一區別，讓非研究本領域的學者及讀者們也能夠對「認知隱喻」有所了解，讓「認知隱喻」研究有更廣、更深的進展。

一、身體詞

「身體詞」顧名思義，就是與「身體」相關的「詞彙」，只要是與身體器官相關的詞彙，皆為本論文研究範疇。

關於「身體」的定義，各家辭典釋義如下：

1. 教育部《重編國語辭典修訂本》：人的軀體。
2. 《漢典〔註5〕》：指人或動物的整個生理組織，有時特指軀幹和四肢。
3. 曹逢甫、蔡立中、劉秀瑩〔註6〕：《身體與譬喻——語言與認知的首要介面》將身體詞分為「外在身體部位」、「內部器官」及「抽象身體部位」。

可以得知，以人體來看，不論是外部或是內部器官，都可以將其視為「身體詞」。包括肉眼看得見的外部器官，由上而下有頭部、軀幹、四肢；以及非肉

〔註5〕《漢典》：https://www.zdic.net/ 檢索日期：2021 年 10 月 10 日。

〔註6〕曹逢甫、蔡立中、劉秀瑩：《身體與譬喻——語言與認知的首要介面》，（臺北：文鶴出版社，2001 年）。

眼能見的內部器官，本文研究主要以外在器官為主，包括頭、五官（眼、目、耳、鼻、眉）、口（嘴、口、舌、牙、齒）及四肢（手、腳）做部分探討，但也涉及部分內在器官如「心」、「肝」部分隱喻詞的探討。

二、認知隱喻

在人與人之間的交流當中，不論是口語表達或是書面語當中，隱喻都是十分常見的手法，何自然對於隱喻的解讀是：「隱喻是言語交際中的一種隨意用法或非刻意用法（loose use）（Sperber & Wilson，1986/1995）。作為一種常見的修辭現象，隱喻常常帶有標記語〔註 7〕。」，因此隱喻其實已經遍佈我們生活中。

只要是受過教育的人，不管哪個國家、使用何種語言，在該國的「國文」課當中，必定會知道「譬喻」這一個修辭手段。不論是古典文學、現代作品中，以彼喻此的「譬喻」現象隨處可見，而必須要釐清的在於，傳統「隱喻」多為文學修辭中「譬喻」的一部分，關於傳統「譬喻」的定義，各家說法稍異。以下比較傳統「修辭隱喻」與「認知隱喻」：

（一）「修辭隱喻」與「認知隱喻」

傳統修辭學當中的文學譬喻、隱喻，可以黃慶萱說法為代表：「譬喻是一種『借彼喻此』的修辭法，凡兩件或二件以上的事物中有類似之點，說話作文時運用「那」有類似點的事物來比方說明「這」件事物的，就叫譬喻〔註 8〕。」傳統框架下的「隱喻」，都把隱喻看做一種修飾言詞的手段，依照傳統修辭學的角度來定義可分像明喻和隱喻，修辭學者們普遍都認為，在語言結構方面，隱喻和明喻的區別在於是否有「是」、「像」、這樣的喻詞出現，如果有此類喻詞就是明喻，沒有就是隱喻。

束定芳說：「它是詞與詞之間的替換。由於是一種替換，因此隱喻是一種可有可無的工具，它只是增加語言表達力的一種工具〔註 9〕。」可以得知，傳統修辭的隱喻比較著重於是以用呈現「什麼（What）」的生成方式來探討，例如：「她美得像是花」，藉由花美麗的外觀隱喻人如同花一樣漂亮。

〔註 7〕何自然：《認知語用學——言語交際的認知研究》，（上海：上海外語教育出版社，2006 年），頁 202。

〔註 8〕黃慶萱：《修辭學》，（臺北：三民出版社，2002 年），頁 227。

〔註 9〕束定芳：《隱喻學研究》，（上海：上海外語教育出版社，2000 年），頁 202。

相較於傳統的隱喻，對於現代「認知隱喻」，學者提出不同角度的看法，對於不熟悉的事物，我們只能用自身的經驗，選取出兩者之間相似、相關之處作為媒介，用已知認識未知，與自己最有關係的就是自己的「身體」，因此有許多隱喻的詞彙都是與身體相關就是這個原因，在隱喻系統裡才會以認知經驗作為隱喻的手段。例如 Whorf（1939）對隱喻的認知功能見解〔註 10〕：

> 我們如果不通過與身體有關的隱喻就幾乎無法指稱哪怕是最簡單的非空間情景。我們的隱喻系統，在利用空間經驗來命名非空間經驗時，運用了聲音、氣味、味道、情感以及諸如顏色、光亮、形狀、角度、質地和空間經驗這樣的思維特徵。

隱喻研究是由西方語系開始，而東方國家，不論是鄰近的日語、韓語、包含華語都是近代才將「認知隱喻」應用到自己語言的研究當中。孫亞提到〔註 11〕：

> 英語中的 metaphor 一詞來源於希臘語 *metaphora*，該詞由 *meta* 和 *pherein* 組成，意思是「over」和「to carry」，合起來的意思是「to carry over」(傳送)。在國外隱喻研究開始於 Aristotle（亞里斯多德）時期，他在其名著《詩學》(*Poetics*）中寫道：「隱喻是一個詞替代另一個詞來表達同一意義的語言手段（Metaphor is the application to the thing of name belonging to another)。中國最早的古代文學作品《詩經》最具特色的寫作手法是「賦、比、興」，「比」就是比喻，包含明喻及暗喻。」

英語當中的 Metaphor 在華語當中被解釋為「隱喻」或「暗喻」〔註 12〕，本論文當中採取前面「隱喻」這個詞翻譯，故本文不再對翻譯名詞多加討論。

根據黃翠芬〔註 13〕：

> 「譬喻是文學的開始」，《詩》的六義中，「比」「興」自來是文學語言表現的重要技巧。東漢鄭眾注《周禮》云：「比者，比方於物也；興者，托事於物。」不管是比擬或托喻，皆憑藉事物；儘管學者以為「比」寫具體，「興」發抽象，原來也都是譬喻。

〔註 10〕轉引自束定芳：《隱喻學研究》，（上海：上海外語教育出版社，2000 年），頁 157。
〔註 11〕孫亞：《語用和認知概論》，（北京：北京大學出版社，2008 年），頁 71。
〔註 12〕劍橋辭典：https://dictionary.cambridge.org/zht/ 檢索日期：2021 年 05 月 19 日。
〔註 13〕黃翠芬：〈論「藉事說理」的譬喻形式〉，《止善》，（2011 年第 10 期），頁 4。

邱湘雲亦指出：「早期『譬喻』研究多由文學修辭方面來探討，屬於『語文學』領域；此處所論的譬喻則承自 Lakoff and Johnson（1980、2006），是屬『認知語言學』方面的探討，『認知隱喻』又稱作『概念隱喻』。〔註 14〕」若想以隱喻來達成語言交際的目的，在生成過程當中，必須通過理解與體驗，才能夠產生共鳴，若溝通的雙方所使用的隱喻，疏離了理解者所能夠的體會範圍，那就失去了隱喻的效果，無法達到預期的目的，其中已知事物又往往以個人的經驗與群體的文化體驗為背景，這也就是為何本文以三種語言來研究探討的原因，因不同文化跟民族的體驗，也會使得運用的隱喻所造出的詞語有所不同。

綜合以上認知語言學者的說法，我們可以看出，「隱喻」在認知語言學家眼中，不只是語言修辭的問題，它還是一種「認知」和「思維」的呈現，與 Lakoff & Johnson《我們賴以生存的譬喻》，隱喻被認為是思想之間的交流（intercourse）所主張的隱喻觀點即在此 Ivor Armstrong Richards 開始，語言中的隱喻被認為是派生的（derivative），直到 Lakoff & Johnson〔註 15〕時隱喻更是明確地被認為是人類用來組織其概念系統的不可缺少的認知工具，被定義為通過一種事物來理解另一種事物的手段。現在的隱喻研究學者們，基本都接受了隱喻本質上是一種認知現象的觀點。Lakoff & Johnson 等人討論的所謂概念隱喻（conceptual metaphor）與修辭學家們的隱喻，在觀點視角的取捨重點上並不完全相同，為了能夠一目了然，以下將修辭與認知隱喻差異做比較，以表格方式呈現，如下：

表 2-1　修辭隱喻與認知隱喻比較

類型	修辭學譬喻	認知語言學隱喻
起源	中國《詩經》六義「比」	20 世紀西方語言學家提出使用〔註 16〕
組成	喻體、喻詞、喻依	本體喻體映射至喻依
目的	是文章、敘事的修辭的手法	是文化、心理、行為等思維方式

〔註 14〕邱湘雲：〈客家對句理諺認知譬喻研究：以實體譬喻為例〉，《全球客家研究》，（2018 年第 10 期），頁 100。

〔註 15〕Lakoff, G & Johnson, M. 1980: *Metaphor We Live By* . Chicago: University of Chicago Press.

〔註 16〕李福印：《語義學概論》，（北京：北京大學出版社，2006 年），頁 85。

類型	明喻、隱喻〔註 17〕、略喻、借喻、假喻	隱喻〔註 18〕、轉喻
現象	大多出現於「句子」中，為較長的文本中的修辭方法	小至詞彙、成語，大至句子文本皆有認知隱喻現象產生
舉例	1. **蝠翔似黑潮**〔註 19〕 「蝠翔」是喻體；「似」是喻詞，「黑潮」是喻依，屬於修辭學的明喻。 2. **女人心，海底針**（俗語） 「女人心」為喻體，「海底針」為喻依，屬於修辭學的略喻。 3. **我只是一粒塵埃，渺小卻守護我的愛**〔註 20〕 「我」為喻體；「是」為繫詞；「塵埃」為喻依，為修辭學的隱喻。	1. **情字這條路** 句中「路」的為源域；「愛情」為目標域。 2. **小心三隻手** 以多出常人的「第三隻手」轉喻為「小偷」，為部分代全體轉喻。 3. **愛情毒**〔註 21〕 句中「人」的愛情為源域；「毒品」為目標域。「人的愛情」是抽象的概念，使用「毒品」具體物質來隱喻，為性質相似的實體隱喻。

由上述表格可知，傳統修辭學中的隱喻與現代認知語言學中的隱喻難以截然二分。但研究方向不同：「修辭隱喻」從「美學」角度出發，「認知隱喻」則探討概念的源頭及形成過程，因認知語言學為近十年來，才慢慢在學術界被肯定，才廣泛去研究、使用及探討，研究語言學的學者可能會知道這個「領域」學科，但非語言學研究者，可能不知道「認知隱喻」，為了避免不知「認知隱喻」學科者，與傳統修辭學中的「隱喻」殽雜，故在此特意將兩者之異同及定義說明，避免讀者以傳統修辭學中的概念研讀本論文產生誤會。

在人類的感知及體驗過程中，身體與空間首當其要，人類要認識外在事物，首先必須基於對自己身體及空間的理解，由近到遠、從具體到抽象、由身體和空間到其他語義領域的道路，通過互動等方式逐漸慢慢發展起來，互動與交流的基礎上，還可能碰撞後產生其他的一些基本認知方式，這就是我

〔註 17〕黄慶萱：《修辭學》，（臺北：三民出版社，2002 年），頁 227。黃慶萱將隱喻定義為：「譬喻是一種『借彼喻此』的修辭法，凡兩件或二件以上的事物中有類似之點，說話作文時運用「那」有類似點的事物來比方說明「這」件事物的，就叫譬喻。」

〔註 18〕Lakoff & Johnson 著，周世箴譯：《我們賴以生存的譬喻》，（臺北：聯經出版社，2006 年），中譯導讀頁 65。Lakoff & Johnson 將隱喻定義為：「利用相似性的聯想、根據事物、事件之間的相似性特徵，用某一件事情的特徵稱謂，來解釋說明另外一件事情或是事件。」

〔註 19〕歌詞，出自周杰倫：跨時代。檢索日期：2021 年 05 月 19 日。

〔註 20〕歌詞，出自許魏洲：塵埃。檢索日期：2021 年 05 月 19 日。

〔註 21〕柴雞蛋：《你丫上癮了》，標語「有一種人，就像毒品。沾了一口，此生難戒。」

們形成基本概念及擴展概念的基礎。

（二）隱喻與轉喻

「概念隱喻」（conceptual metaphor），或稱「認知隱喻」（cognitive metaphor）：隱喻是語言中的一種普遍過程，被定義為借助另外一個概念域（來源域：source domain）來理解另一個概念域（目標域：target domain）。因此 Lakoff & Johnson 認為人在使用語言的過程中，乃是透過各種不同的「概念隱喻」來表達、理解與認知事物，又進而將「概念隱喻」分為三類，分別是：一、「實體隱喻」（Ontological metaphor 或本體性隱喻）；二、「方位隱喻」（Orientational metaphor）；三、「結構隱喻」（Structural metaphor）。認知隱喻的部分，本文只就「實體隱喻」、「方位隱喻」兩大類來討論，而未探討到第三類認知「結構隱喻」。「結構隱喻」指將一大類的隱喻作系統性的整理後來探討當中的結構，屬於整理後的分析而非隱喻種類。

關於空間體驗方面，人對「空間」產生概念也是因為人的「身體」而來，身體——立足，「前後」、「上下」等概念便產生了，何自然談到〔註 22〕：「體驗哲學認為人們首先體驗的是空間（包含地點、方向、運動……等），這就是許多認知語言學家對語言中介詞分析得十分全面和透徹的原因，因為介詞起初是用來表示空間概念的。」，上述指出可知，華語當中的介詞最常使用的為「在」；英語「in，on，at」；日語「に、へ、で」，由於介詞的幫助，我們可以知道兩者之間的空間性，所指的對象為何者。

Lakoff & Johnson 認為〔註 23〕：

> 我們是以空間術語來概念化語言形式的，所以可能將某些空間隱喻直接應用於句子形式之中，因為我們是以空間現象來想像它的，我們概念系統中的一般原則就為形式和內容之間提供了自動的、直接的連接。這種連接使得形式與內容之間根本不是任意的，句子的某些意義與句子所採用的形式之間存在精確的對應關係。

很多認知語言學家運用空間概念來解釋詞法形成過程以及進行語篇分

〔註 22〕何自然：《認知語用學——言語交際的認知研究》，（上海：上海外語教育出版社，2006 年），頁 202。

〔註 23〕G. Lakoff & M. Johnson. 1980: Metaphor We Live By. Chicago: University of Chicago Press. P126。

析，他們認為詞彙的形成、詞法的建構與空間密切相關，很多詞綴也是來自空間概念〔註24〕，例如華語的「頭」，閩南語的「跤」就常用做「詞綴」。

對於空間方位的認知，我們可以用點線面的「維度」〔註25〕來分做三個類別，成為「一維」、「二維」和「三維」空間隱喻：「一維隱喻」屬於由數個點所連成的「直線」式的認知，參考點為「點」；「二維隱喻」屬於由許多線組成的「平面」式的認知，參考點為「線」；「三維隱喻」屬於由面與面所組織而成的「立體」式的認知，參考點是「面」，因此可由直線、平面或是空間抽象的方位來作為隱喻。方位隱喻來自我們的身體和文化經驗，又包含了空間方位及時間隱喻，例如：當我們與外在世界互動時，我們可以運用身體在空間中「上、下」的概念，來理解抽象的時間概念，過去已經發生過的時間可以用「上週」；未來還未來臨的時間可以用「下週」，用以表心情來看，以快樂用「上」；沮喪、難過用「下」的概念表達「高興」與「低落」的情緒差別，又或能夠以「前、後」的空間意象來隱喻映射，可以表達「過去」與「未來」的時間概念。

關於轉喻是由英語 Metonymy 所翻譯而來，在華語當中有「轉喻」和「換喻」兩種〔註26〕，本研究在此皆採用前者，並不再對翻譯異同多做論述。

孫亞指出〔註27〕：「隱喻主要是以一事物理解另一事物的方式，而轉喻的主要功能是指稱，也就是用一事物指代另一事物。」Lakoff & Johnson 亦指〔註28〕：「轉喻和隱喻一樣，是人們日常的思維方式，建構了人們的思想和行動。」

漢語修辭學的相關論述，主要是在語言的層面上探討轉喻，將轉喻當作一種修辭格，且使用的名詞是「借代」，並非「轉喻」〔註29〕，在傳統的修辭學當中，把轉喻或替代看成了一種語言現象，以現在作為身分辨認最常使用的例子，當我們會被要求作為辨識身分時，需出示有臉部照片的證件，當作確認個

〔註24〕何自然：《認知語用學——言語交際的認知研究》，（上海：上海外語教育出版社，2006年），頁77。

〔註25〕蘭智高、張夢捷：〈關於空間和時間的思考與探討〉，《黄岡師範學院學報》，（2009年第6期），頁56～58。

〔註26〕劍橋辭典：https://dictionary.cambridge.org/zht/ 檢索日期：2021年05月19日。

〔註27〕孫亞：《語用和認知概論》，（北京：北京大學出版社，2008年），頁96。

〔註28〕G. Lakoff & M. Johnson.1980: Metaphor We Live By. Chicago: University of Chicago Press , P68.

〔註29〕黄慶萱：《修辭學》，（臺北：三民出版社，2002年），頁355。

人的身分，也就是常說的「大頭照」或「證件照」，對於不認識的對象來說，要辨識人只能靠其五官，也就是「臉」的特徵來作為判斷，因為我們無法從其他身體部位或器官來得知訊息，而用「人臉」來代替「整個人」的思維方式即「轉喻」，它經常體現在語言當中。

轉喻是用易凸顯、易感知、易記憶、易辨識的部分代替整體或其他部分，或用具有完型感知的整體替代部分的認知過程，以「鄰近性」為基礎；隱喻則是借用一事物來描述另一事物的認知過程，以「相似性」為基礎。轉喻很多時候被作為隱喻的子類來研究〔註30〕。

師璐提出〔註31〕：

> 語言交際受到相互競爭的資訊大化和經濟大化原則制約，交際者只能選擇具有突顯、重要的部分代替整體或整體的其它部分，或用具有完形感知的整體代替部分即運用轉喻進行交際。

辻幸夫提到：「現実世界における全体——部分関係で単一の領域内における隣接性に基づく比喩であると定義している〔註32〕。」

研究日語認知語言學的趙順文也說〔註33〕：

> 認知語言學談到的語意變化三大要因在於隱喻、換喻〔註34〕與提喻。隱喻為兩者分屬不同領域卻具有類似性的比喻；換喻為兩者屬於同一領域，且具有相關性的比喻；提喻為範疇概念的上下關係，具有種與類特殊關係的比喻。

根據張輝所言：「轉喻是一個認知過程，在這一個過程中一個概念實體或載體在同一個認知模式內，向另一個概念或目標提供心理可及〔註35〕。」以實物

〔註30〕徐娟娟：〈漢語“手”衍生的轉喻和隱喻連續體關係〉，《現代語文（語言研究版）》，（2011年第1期），頁38。

〔註31〕師璐：〈試論意象圖式及其在詞義延伸中的作用〉，《四川外語學院學報》，（2004年第5期），頁112。

〔註32〕中譯：定義為現實世界中整體——部分關係中基於單個區域內的鄰接的隱喻。辻幸夫：《認知言語学キーワード事典》，（東京都：研究社，2002年），頁35。

〔註33〕趙順文：〈結合價圖與三大比喻的日語教學應用〉，《高大人文學報》，（2019年第4期），頁6。

〔註34〕日語當中的「換喩（かんゆ）」指的同樣為本文所研究的轉喻メトニミー（英語：metonymy）。https://ja.wikipedia.org/wiki/%E6%8F%9B%E5%96%A9 檢索日期:2021年05月19日。

〔註35〕張輝、孫明智：〈概念轉喻的本質、分類和認知運作機制〉，《外語與外語教學》，（2005年第3期），頁1～6。

為基礎的經驗提供轉喻運作的基礎，轉喻概念牽涉到直接的身體聯繫或自然聯想，其基礎比譬喻概念更易被覺察〔註 36〕。在概念隱喻理論中，轉喻也是一種認知模式。轉喻是單一概念領域內之映照現象，而不是橫越兩個領域之映照。也就是說轉喻映照發生的認知模式內兩個不同的實體之間，其中的一個實體代表另一個實體，提供了簡便的認知通路〔註 37〕。

「轉喻」和「隱喻」一樣，也是一種認識感知事物的認知方式過程，但在「隱喻」中，涉及到源域、目標域兩個概念的領域，其中一個概念領域通過另外一個概念領域來理解，通過某一事物的顯著特徵或相關事物來指認該事物，「轉喻」則是同一個概念領域內有兩個有關聯的概念，但卻像是同心圓，層層包圍著不同的涵義，由此可見「轉喻」和「隱喻」相互補充，在詞義衍生過程中扮演著重要的角色，人的認知概念擴展通過「隱喻」和「轉喻」得到了極大的擴充，也使認知能力提高。

綜合研究語言學的前輩們的理論，可以知道轉喻與隱喻既有區別但又有關係，兩者的主要區別在於：一、「域」的不同，轉喻的本體和喻體之間的映射，是在同一個域中進行，本體與喻體是一種替代關係，換言之，即是通過某事物的凸顯特徵來辨識該事物，如前述的以「大頭照」轉喻整個「人」，事物與事物之間具有鄰近性關係特徵；隱喻的本體與喻體卻是從一個域向另外一個域的映射，兩者屬於不同範疇，對一事物的理解是基於另一事物的理解，本體與喻體之間具有相似性關係特徵。二、轉喻的投射是雙向的，事物的凸顯性呈現在同一個域中，可因不同的視覺及思維而轉換，如「黃髮」、「垂髫」；隱喻的投射一般單是單向的，如「校草」、「班花」等。

第二節　文獻探討

有關認知隱喻理論方面的書籍這幾年有許多學者出版，本節先整理出認知認知隱喻方面的相關文獻，其次探討涉及身體詞方面語義的論述，其中可能有些專書與期刊、學位論文並無同時涉及「身體詞隱喻」及「身體詞構詞」的探

〔註 36〕 Lakoff & Johnson 著，周世箴譯：《我們賴以生存的譬喻》，（臺北：聯經出版社，2006 年）頁 107。

〔註 37〕 謝健雄：〈當代臺灣漢語慣用轉喻：認知語言學取徑〉，《人文暨社會科學期刊》，（2008 年第 1 期），頁 58。

討，或雖有而與本論文「認知隱喻」探討主題相隔甚遠，但為了全盤掌握研究概況，因此在此先做簡單的回顧及介紹，並以「認知隱喻」、「身體詞研究」及「構詞」三方面作簡單回顧。

一、認知隱喻研究相關文獻回顧

討論認知隱喻，尤其是身體詞隱喻、語義方面的文獻專書、期刊論文中的重要著敘述如下。

（一）專書著作

因認知語言學這門學科的崛起，使得近年來相關的書籍論述日漸倍增，但該理論是先由西方語言學家所提出，東方語言學研究者才開始利用該理論進行研究，因此以往只能從英語原文書去閱讀，後來華人學者翻譯很快就有華語版本的認知隱喻理論出版，由於提及認知隱喻及隱喻的書籍太多，無法一一介紹，以下將簡單介紹幾本較有名，並與本文身體詞較為相關研究的專書，如下。

1. Lakoff & Johnson：*Metaphor We Live By*.〔註38〕周世箴譯：《我們賴以生存的譬喻〔註39〕》

周世箴教授為臺灣研究認知語言學的始祖，也因為周世箴教授翻譯了Lakoff 的書，使得臺灣研究認知語言學的人開始變多，該書除了將原本的書翻譯成中文之外，在當中也加入了自己所研究的內容，將這些內容用來補充說明原著的不足，也解釋了原著較深難理解的理論，為什麼這本書名取為《我們賴以生存的譬喻》，是因為我們在生活當中處處都在使用，只是我們已經習以為常而忽略了它的存在。本書指出，在過去二十五年內，人類概念化與理性化方面的實證研究已經揭示了，概念譬喻隱於我們的抽象思維之中，人類是譬喻性動物——我們概念系統的大部分是由譬喻系統建構的，而這些譬喻系統都在我們有意識的知覺層之下自動運作。

在書中清楚的將隱喻及轉喻的理論寫出，更將隱喻分為實體及空間隱喻；轉喻方面也做了詳細的說明介紹，更讓讀者能夠知道，文化以及宗教的象徵，

〔註38〕G. Lakoff & M. Johnson.1980: *Metaphor We Live By*. Chicago: University of Chicago Press.

〔註39〕Lakoff & Johnson 著，周世箴譯：《我們賴以生存的譬喻》，（臺北：聯經出版社，2006 年）。

都會影響我們人的認知，而認知語言學這們學科的興起及影響，不僅對語言學有了影響，在認知科學與哲學，也遍及文學、政治、法律、臨床心理學、宗教，甚至數學以及科學哲學等領域。因此理論是由西方 Lakoff 所提出，迄今已譯為數十種語言流傳世界各國。

2. 定延利之：《認知言語論〔註 40〕》

作者定延利之為日本的語言學家，目前在名古屋大學擔任教授一職，研究的領域為認知語言學。並完成了《言語表現に現れるスキャニングの研究》而開始在日本語言學界活躍。該書從開發獨特的語言視角來看，書中提到一個有趣的現象，(「団子 2 兄弟」、「ウルトラ 2 兄弟」はなぜ変か〔註 41〕）是在講兄弟以前的說法會用丸子，但後來變成用奧特曼兄弟（日本鹹蛋超人）來替換用之，而這當中就是因為語言會隨著時代、環境以及文化影響了人的認知，因為認知的關係改變了語言的用法及現象，作者將重點討論日語中出現的這些現象看做是一種語言現象的機制，並提出一種新的語言學理論，也就是認知語言學論，透過該理論可以涵蓋至各種語言的現象，該書分為六章來說明表達日語認知語言的現象，對於本人研究日語詞及認知語言方面有極大的幫助。

3. 曹逢甫、蔡立中、劉秀瑩著：《身體與譬喻——語言與認知的首要介面〔註 42〕》

文中指出語言反映了思想，而思想表達於語言，語言與思想有著密切的關係。人類思想最重要的出發點就是自己的身體，用最直接的身體去理解抽象的東西及外面的世界，曹逢甫也從身體詞的隱喻探索人類認知的過程。

以人的角度來看事情，對大多數人來說在理解上很容易引起共鳴，因此在各式隱喻中特別著重「身體隱喻」部分，其中又分為外在身體部位、內部器官及抽象深體部位三類，深入探討其隱喻現象，如外在身體部位的轉喻現象有「部分代表全體」的用法，實例有「數人頭」、「隔牆有耳」、「小倆口」、「小白臉」、「幫手」等，都是「以身體部位代表人」的轉喻模式，而本論文研究以

〔註 40〕定延利之：《認知言語論》，（東京：大修館書店，2000 年）。

〔註 41〕中譯：團子兩兄弟如何變化成奧特曼兩兄弟。

〔註 42〕曹逢甫、蔡立中、劉秀瑩：《身體與譬喻——語言與認知的首要介面》，（臺北：文鶴出版社，2001 年）。

含有「身體部位」的身體詞為研究內容，此書對本論文研究有重大的參考價值。

4. 谷口一美：《学びのエクササイズ認知言語学〔註43〕》

作者谷口一美強調的是語言符號性的認知語言學方法，認為語言的意義能夠闡述其概念化與解釋其概念，語言的語法形成與情境概念的關係，能夠藉由表達語言的語義擴大機制，廣泛地運用在認知科學知識和探索。此外，該書匯集了有關認知語言學重要且有趣的話題而形成，從各個角度來學習且了解認知語言學的本質和思維方式。此書分為十五個章節來談認知語言學，從語言當中的心理學開始探討，到典型的語研抽象化之現象，語言的多義現象及創造性，最後來講語言構詞及其意義，該書不僅談到認知語言學，也提及了日語構詞的過程以及理論方法，每一章都包含可以吸引讀者的主題，這些主題在學習認知語言學中的過程是非常重要的，且強調用淺顯易懂的方式來說明艱澀的理論。

5. 沈陽、馮勝利編：《當代語言學理論和漢語研究〔註44〕》

本書收錄在北京語言大學召開的「當代語言學理論和漢語研究國際學術報告會」之論文，當中總共匯集了三十七篇有關於語言學的論文，在當中作者均為各個研究領域的知名學者，其中分析運用認知功能語言學、生成語言學、歷史比較語言學、類型語言學等當代理論進行漢語研究的重要成果。

因該會議所收錄的文章，而在內容當中更是完全體現了該研討會主題的內容，更能夠透過學術報告，讓全世界的人更容易了解當代各種語言學的理論，該如何運用在漢語研究當中，使用科學的方法，將西方語言學理論導入我們的語言當中，並且能夠積極的推動漢語研究與世界語言學術的接軌，也引導漢語語言學研究未來發展的方向。文章當中，有談到與本研究相關的部分，如語義方面、認知語言方面、當代語言學、當代語法理論、隱喻語法、轉喻語法……等。

6. 蘇以文、畢永峨主編：《語言與認知〔註45〕》

本書以語言與認知當為主題，當中收錄十二篇研究各領域的臺灣語言學專

〔註43〕谷口一美：《学びのエクササイズ認知言語学》，（東京：ひつじ書房，2006年）。
〔註44〕沈陽、馮勝利編：《當代語言學理論和漢語研究》，（北京：商務印書館，2008年）。
〔註45〕蘇以文、畢永峨主編：《認知與語言》，（臺北：國立臺灣大學出版中心，2009年）。

家的論，書中共收錄了十二篇語言認知相關的文章，內容以語言研究為核心，探討語言和認知操作及文化建構之間的互動。其中與本論文相關的有兩篇：第三章安可思的「概念隱喻」介紹近代隱喻理論大師 Lakoff & Johnson 所發展出來的概念隱喻理論，以及以心理語言學實驗和語料庫語言學研究角度，針對此理論中的「映照」進一步發展出來的「概念映照模型」。

「概念映照模型」強調檢測來源域及目標域之間在語言上的關聯，可以說明為什麼一個目標域或使用不同的來源域，亦能了解隱喻處理過程及隱喻的新奇，讓概念隱喻理論更為強化穩固，有實證的語言材料作為支援，隱喻研究可說有了更完備的理論基礎。第八章連金發的「固定語式探索」以臺語（閩南語）為例，討論固定語式的形成及其在音韻，句法及語意層次的特質。其中指出固定語式有許多例子是以身體部位的詞彙（如「頭」、「手」等）發展出的譬喻（包括隱喻及代喻）用語，文中如：手路菜（拿手菜）、目空赤（眼紅、嫉妒）、耳空重（重聽）印證了語言反映人類最熟悉最重要的事物；另一方面也指出無論是在同一語言中或跨語言比較上看見的類似語式，通常就直指認知或文化上共通的概念結構。

7. 山梨正明：《認知構文論——文法のゲシュタルト性〔註46〕》

山梨正明試圖從語言科學中認知科學角度探討詞彙與語言的發展，研究領域為認知語言學、符號學，尤其是詞彙理論的部分，該書展現了作者在認知語言學方面處於領先地位的一系列新的認知語言學，在我們日常生活當中無所不在，透過翻譯聖經，戲劇，文學到日常對話等活生生的例句，將從作者獨有的觀點來觀察人類思維與言語之間的關係。另外解釋基於豐富例句的實用語言分析的認知語言學分析方法。本書分為六個章節，第一章為認知語言學的形式；第二章為日常生活當中語言的形式性質；第三章為符號語法圖像和例句認知模型理論；第四章講語法擴展的認知基礎；第五章語言的創造性及擴展的語言；最後一章由語用論來看句法的各方面現象。關於創造性句法、詞彙理論、觀點和本質，都有助於認知語言學方法論的完整結構，因研究語言必須從語言的本質、文化以及語言的發展、生成脈絡角度來探討。

〔註46〕山梨正明：《認知構文論——文法のゲシュタルト性》，（東京：大修館書店，2009年）。

8. 束定芳：《認知語言學研究方法〔註47〕》

作者束定芳為中國非常知名的認知語言學家，此書介紹近年來對於認知語言學研究當中，最常使用的一些研究方法，當中包含了內省法、語料庫法、多模態法、心理實驗法和神經實驗法……等，束定芳教授把不同的研究方法，放在同一個框架當中來作闡述與相關研究目標、研究對象或問題所處的理論層次和特點結合起來，提出各種研究方法的適用範圍和局限性，對語言學研究者以及人文社會方面的研究生有著極大的參考價值。

本書總共有七個章節加上緒論共八個章節，在緒論當中首先提到認知語言學近年來發展趨勢，也是和本研究最有關係的部分，不僅提到了隱喻、轉喻的研究，還有「構式」研究，並且說明了認知語言學在其他傳統語言學領域的拓展，因認知語言學屬於跨學科和應用研究的進一步拓展的學科。

例如前面提到了認知語言學在相關學科中的應用，而後面的章節也提到了認知語言學方法研究、現狀、目標以及內容，能夠從國內外的學者所提出的研究方法及研究現況，作一個全盤性的了解及掌握。

由以上知，認知語言學是近年新興的學科，其研究對象是人，進而探討人對其生活周遭、世界的了解以及其應對方式，從隱喻當中更可以知道人類語言與認知和文化關係異同。

例如：受到驚嚇時，身處臺灣的我們會不論在華語、閩南語都會使用嚇破「膽」，但在鄰近的國家日本，他們卻是使用「『肝』を潰す〔註48〕」（嚇到肝都潰堤；嚇得魂不附體〔註49〕）是身體詞作為隱喻，但因身處的國家及文化的不同，造成同樣的事情會使用不一樣的器官來隱喻。這幾年臺灣學者也越來越重視隱喻對認知及語言的重要性，排除外語系所用的外語，目前臺灣的認知隱喻專書、期刊論文大多以華語作為研究語料，鮮少以方言用詞說明，結尾筆者不

〔註47〕束定芳：《認知語言學研究方法》，（上海：上海外語教育出版社，2013年）。

〔註48〕「肝を潰す」の「肝」っていうのは体の一部、肝臓のことだけど、昔の人は肝臓が心や勇気、元気の源だと考えていたんだよ。だから、「肝」は「心の強さ」や「勇気」、「元気」みたいな意味にも使われるんだ。中譯：嚇到肝都潰堤中的「肝」是身體的一部份，不只是用來講肝臟這個器官，以前的人認為肝臟是心、勇氣、元氣之源。所以「肝」被用來表示是「心臟的強度」和「勇氣」、「元氣」像是此類的意思且使用著。https://proverb-encyclopedia.com/kimowotubusu/：檢索日期：2023年09月20日。

〔註49〕李壬癸：〈人體部位名稱在語言上的應用〉，《語言暨語言學》，（2007年第3期），頁716。

僅討論華語身體詞，也論及閩南語及日語身體詞做三方面的研究。

（二）期刊、專書著作

1. 朱芙蓉：〈含身體部位或器官名稱的隱喻認知〔註50〕〉

此文同樣根據 Lakoff 的概念隱喻、映射及意象圖式來分析身體部位或器官的身體詞隱喻現象，文中舉例來說明，如「手」可以指體育運動員，如：選手、國手、新手、老手；「腳」則是足球運動員必須使用到的身體部位，可隱喻足球選手，如：國腳；另外「嘴」可以隱喻電視臺主持人，如：名嘴；最後提出「首」可隱喻領導人，如：國家元首、特首、黨首……等。

2. 賴惠玲：〈身體、認知與空間：以客語的身體部位詞為例〔註51〕〉

文中所談論到的身體部位包含了「頭」、「背」、「肚」、「唇」、「尾」、「面」、「腳」及「腰」等，並且以語法化：「動機與機制」及「空間與認知」兩個理論架構來探討客家語中身體詞方面。內文中使用了四個階段來談隱喻與語法化：一、「無生命物件為有生命個體」隱喻；二、「空間為物件」隱喻；三、「空間鄰近」轉喻；四、「以類別成員替代類別」轉喻，以這四個類別來促成客語各身體部位詞的多樣語義衍生。並根據空間架構理論，進一步探討「本質空間框架」與「相對空間框架」如何影響身體部位詞之語義。

3. 李壬癸：〈人體部位名稱在語言上的應用〔註52〕〉

本文指出，身體詞中的名稱轉移，都遵循幾個基本原則：一、從上到下；二、從前到後；三、從部分到全部。且以上面的部位為高級，而以下面的為低級或不雅。人體詞名稱常擴展到指稱其他有生命或無生命的東西，應用的方面也延伸到包括形狀、大小、功能、相對位置等幾個「相似性」因素。

除了華語之外，更使用了不同的語言來探討身體詞，如：英語、葛瑪蘭語、日語、泰雅語……等。並說明身體詞的隱喻用法在世界上的語言是很普遍的。只是不同的語言可能使用不同的器官。以華語和日語比較說明來舉例，例如，華語說「膽大」，而日語說「肝粗」（肝が太い）；華語說「銘感於心」，而日語

〔註50〕朱芙蓉：〈含身體部位或器官名稱的隱喻認知〉，《湖南人文科技學院學報》，（2004年第6期）。

〔註51〕賴惠玲：〈身體、認知與空間：以客語的身體部位詞為例〉，《行政院客家委員會獎助客家學術研究計畫》，（2006年12月25日）。

〔註52〕李壬癸：〈人體部位名稱在語言上的應用〉，《語言暨語言學》，（2007年第3期）。

說「銘記於肝」(肝に銘ずる);又如華語說「心灰意懶」,而日語以「肝掉下來」(肝を落とす),這種使用不同身體詞來隱喻同一事物的用法以及隱喻文化背後的思維方式,這些也是筆者在本論文欲探討的。

4. 蔡豐琪:〈中日身體語彙之語義延伸——以複合名詞「～口」為例〔註 53〕〉

本篇論文雖由日語所寫成,但與本研究的「身體詞」及「語義研究」相關。文中指出,人類在生活當中的身體體驗裡,和「口」之間的關係密切,有非常多的身體經驗,藉此所獲得的認知概念,在傳統社會文化的影響下,身體詞產生了許多衍生語義,使得不少身體詞形成一詞多義的現象。文中以日語為例,指出身體詞當中的「口」,原指單純表達身體器官中的「口(mouth)」的基本語義,不過卻因為語義的延伸擴展,產生出了如:「窓口」、「秋の口」、「就職口」……等,並非表達原本人體詞當中「口腔部位」之意,的衍生語義,探討衍生語義與基本語義之間得過程與關係。

5. 林星:〈認知語言學的具身化假說和身體隱喻研究〔註 54〕〉

本文指出,Lakoff 的體驗假設包含了三項基本原則:一、心智的體驗性;二、認知的無意識性;三、思維的隱喻性。並提出了新的定義,即認知的具身化(Embodiment),文中也談到三種與具身化密切關聯的因素:身體、隱喻與文化,因身體是具身化不可或缺的重要部分,隱喻是具身化在語言當中不可或缺的重要形式,而文化預先規定了具身化的方向和結果。

6. 邱湘雲:〈漢語足部動作詞的空間隱喻〔註 55〕〉

本文指出,人類在認識世界的過程中,常使用的基本認知手段便是「隱喻」。以自身熟悉的「身體」作為參照基礎,藉由身體經驗當作認知原型,進一步使用「隱喻」方式形塑新的概念。由於身體詞部位「足(腳)」,具有帶領人類能夠移動且認識未知世界的能力,而該功能是其他身體器官無法取代之

〔註 53〕蔡豐琪:〈中日身體語彙之語義延伸——以複合名詞「～口」為例〉,《臺大日本語文研究》,(2009 年第 18 期)。

〔註 54〕林星:〈認知語言學的具身化假說和身體隱喻研究〉,《外國語言文學》,(2009 年第 3 期)。

〔註 55〕邱湘雲:〈漢語足部動作詞的空間隱喻〉,《國立彰化師範大學文學院學報》,(2012 年第 6 期),頁 227。

處，「足」部動作的身體經驗映射到外在世界而形成不少「空間隱喻」。

因足部運動的形成有起點、終點、路徑等，在多維空間裡「足」部動作體驗成「空間隱喻」概念的基礎，據此作為原型範疇，其次運用「概念隱喻」及「空間合成」理論，由空間當中的「上、下、前、後、內、外」等角度分析「足」部動詞在心理空間的運作。

（三）學位論文

1. 李文莉：《人體隱喻系統研究〔註 56〕》

本文指出：人類最早是通過人體隱喻認知和表述客觀世界的，人體隱喻是原始人類的一種最普遍的思維方式，原始人類不僅把對自身器官的經驗投射於外部事物，而且還將對器官的動作以及器官性狀的經驗也投射到外部事物的運動、變化、性狀中，關於人體隱喻研究主要包括以下幾部分：

第一章：身體經驗與隱喻。主要討論隱喻及其定義，隱喻的基本原則，身體隱喻及其作用，身體隱喻的語言類型等問題。

第二章：人體隱喻的機制：從心理機制到語言機制。主要討論對身體經驗的認知、身體經驗向可類比對象的投射和隱喻的語言機制。

第三章：人體隱喻的語言形式及其具體運用特徵。

第四章：人體隱喻類型分析。人體名詞的隱喻主要有形狀、位置相似的隱喻和功能相似的隱喻。形容詞隱喻主要分為空間、時間、性狀特徵型三種。

第五章：人體隱喻的進一步考察。主要討論人體隱喻建構概念的功能、人體隱喻的系統化兩個問題。

通過人體隱喻，建構大量具有隱喻意義的概念，這些概念並不是獨立的，它們之間通過各種關聯，構成了龐大的人體隱喻系統。

此文雖然作的是身體詞相關的隱喻研究，也確實使用了概念隱喻的方法來探討，將人體的部位全部列出說明，但未有系統性的語料來源，且未將概念隱喻分為隱喻與轉喻論述，全文皆以「隱喻」說明全部的現象，稍有不足之處。

〔註 56〕李文莉：《人體隱喻系統研究》，（華東：華東師範大學中國語言文學系碩士班學位論文，2007 年）。

2. 黃舒榆：《臺灣俗諺語身體隱喻與轉喻研究——以陳主顯《臺灣俗諺語典》為例〔註 57〕》

本論文將身體分為兩部份，外在部位包含「頭」、「臉」、「眼」、「口」、「手」、「腳」六個詞語，內在器官有「心」、「肚」、「腸」、「膽」、「骨」五個詞語，分析當中出現的身體詞「隱喻」與「轉喻」的表現。

文中提到外部身體詞「頭」內部器官則是以「心」的隱喻與轉喻表現最多，因「頭」與「心」被視為是思維、思考的中心，是人體最重要的部位器官，藉由「頭」的位置能形成「方位隱喻」，「頭」又能轉喻「思想」。

「心」具有「當中部位」與「重要部分」的意義；情緒往往會造成心跳速度的不同，人生氣、緊張時心跳會加快，「心」轉喻為指代「情緒」；還可進一步延伸轉喻為「思想（認知）」，如「心思」，經由「心」所體現出人的心理狀態，俗諺語中出現的身體詞都皆可指涉抽象的「情感」與「性格」。

3. 陳怡婷：《漢語身體部位量詞之認知研究〔註 58〕》

本論文共分為五章，其中談到漢語身體量詞的分析與分類。

「身體量詞與認知」，並對身體詞部位進行分類探討，將身體詞分類為「頭部」、「面部」、「身軀」及「四肢」四大類來看，並在第三章提到身體量詞的功能有「分類」及「量度」兩項，第四章則在論述身體詞當中的隱喻現象，並延伸探討色彩義的認知關聯。

本文提及，漢語量詞從古至今一直都有著不一樣的使用目的，並發現量詞不僅能當作「計量單位」，還可以有事物分類的功能，並根據《現代漢語量詞研究》，了解到身體部位作為量詞具有相當高的臨時性，且許多學者也紛紛將其歸類為臨時量詞且稱身體量詞應用是為一語言活用現象。

本文主要以認知隱喻學的角度來分析身體量詞的應用現象，發現身體量詞與一般量詞有相似之處，如：一「口」井、一「根」棍子，此類搭配方式來自於原型模式；一「杯」水、一「身」水，皆可化為容納所搭配之名詞事物的容器。身體詞當中的名詞轉化為量詞時，涉及到隱喻和轉喻機制，藉由本研究可

〔註 57〕黃舒榆：《臺灣俗諺語身體隱喻與轉喻研究——以陳主顯《臺灣俗諺語典》為例》，（臺南：成功大學臺灣文學系碩博士在職專班學位論文，2012 年）。

〔註 58〕陳怡婷：《漢語身體部位量詞之認知研究》，（臺北：輔仁大學跨文化研究所語言學碩士學位論文，2017 年）。

看出漢語以身體詞隱喻作為量詞的獨特性和豐富性以及字面以外的主觀形象色彩。

4. 李毓清：《日語身體部位詞「顏」之語義與用法——兼論與華語之對比研究——〔註59〕》

本論文雖然是以「顏（臉）」當作身體詞的選取並進行研究，但不僅只有探討與「顏」相關的身體詞當作語料，因人類的「臉」部當中，包含了許多身體感官，如視覺中的「眼」、聽覺中的「耳」、嗅覺中的「鼻」、味覺中的「口」以及觸覺中「皮」。

換句話說，人的「臉部」包含了五種感官器官。文中談論到如果從一個人的眼或是四肢身體部位是無法辨識個人，但如果從「臉」這個身體部位，卻可以判斷出許多項目，如：人種（白種人、黑種人、黃種人）；性別（男女）；年齡（老少）、容貌（美醜）及表情（喜怒哀樂），即使不同國家的人，使用不同的語言在對話，但藉由「臉」的表情及其他肢體語言，還是可以與其他人進行對話，由此可知「臉」相對於其他身體部位來說擔任了較重要的任務及功能。

文中章節安排共分為七章，第二章指出：探討華語及日語詞典當中「臉」造詞分類、語義及用法。另外，比較日語及華語「臉」的語義、造詞語義、用法的相似及差異點。第四章以慣用語詞典中「臉」當作研究對象，比較分析各慣用語詞典中「臉」的慣用句的收錄狀況、品詞別、語句構成、語義及用法。第六章提及：探討在日語的「顏（かお）」及華語的「臉」之間，有關「色彩語彙」、「感情語彙」的表現及用法，兩者間是否有相似或差異之處。

此論文雖為日文系所做的博士論文，但在文章當中做了全面性的探討，從認知語言學及語義學的角度來看，並從顏向外延伸，論及和顏相關的詞彙，其他器官都一同進入探討，倘若能再多討論其他身體詞，必定就更完美了。

以上前人研究的成果可以看見：「認知隱喻」現象探討究，是近十年來的新興研究，許多研究學者也發現到，隱喻現象在我們日常生活當中隨處可見，尤其是在身體詞方面的隱喻現象尤多，例如：頭、五官、四肢……等。生活體驗建構在身體的隱喻上，透過身體各個部位的感官去體會我們所處的環境以及世界的事物，這就形成了「身體隱喻」，因為人體是與自己最密不可分的，每天的

〔註59〕李毓清：《日語身體部位詞「顏」之語義與用法——兼論與華語之對比研究——》，（臺北：東吳大學日本語文學系博士學位論文，2018年）。

生活作息都和身體動作有著密切的關係，衍生不少的詞彙都是以身體器官對事物做出簡單扼要的譬喻，除了隱喻外，還有語義的擴充及延伸，由此可進一步探討詞的構造以及感情、色彩、文化等，不同層面的研究。

二、人體慣用語相關文獻回顧

因本文所選擇的身體詞詞彙，是以「熟語、慣用語」為選取的對象，本論文也選擇日語當作研究語言之一，日語當中並無像華語、閩南語一樣有著較固定的字數，如二字詞彙、三字格、四字成語……等，而都是以熟語或慣用語來呈現，故以此為主題，探討專書、期刊論文中所見的重要著作敘述如下。

（一）專書著作

雖然各國都有慣用語辭典，日本也出版一本專門探討身體詞彙的慣用語辭典，但畢竟「辭典」並非「研究」，尚未詳細說明其義涵及語義衍生過程，在前面也有討論過，日本有這類的辭典，但可惜的是華語並沒有這樣的書籍可供研究者當作研究的對象。從專書的角度來看，並未有許多有以熟語或慣用語來探討身體詞的書籍，將由目前出版的著作來看，只有一本如下。

1. 吳宏：《日語慣用語的認知語義研究——以人體詞慣用語為中心〔註60〕》

吳宏以自己的博士論文為基礎加以修改寫而做成。此書以認知語言學為導向，探討日語人體詞慣用語語義形成和理解的認知機制。探討人體詞、慣用語字面意義以及語境在慣用語語義形成過程中發揮的重要作用，還根據慣用語慣用意義與其構成要素意義之間理據性的不同，將人體詞慣用語分為具有成分理據性的組合型慣用語和整體理據性的融合型慣用語，並針對這兩種不同的語義結構提出相應的解釋模式。

當中提到了日語中慣用語的定義及其特徵、更結合了認知語言學中相關理論，轉喻及隱喻都有提及，並引用了日本學者的觀點來看慣用語基本類型及特性。該書重點著重在「目」、「手」、「足」三類，這三部分的人體器官在人類生活中是最為重要的，書的書名為人體詞，與本研究有著密切的關係。

〔註60〕吳宏：《日語慣用語的認知語義研究——以人體詞慣用語為中心》，(廣東：世界圖書出版公司廣東公司，2013年)。

（二）期刊著作

1. 謝健雄：〈當代臺灣漢語慣用轉喻：認知語言學取徑〔註61〕〉

筆者在本論文當中所用的轉喻規則，就是按照謝健雄所提出的理論作為依據。論文當中提到，藉由認知語法語概念隱喻的理論來探討臺灣漢語當中的慣用轉喻，並且提出轉喻的兩種基本認知模式：「概念領域」及「事件集合情境」，因為轉喻關論對象之不同，所以產生了「部分代表整體」、「整體代表部分」、「部分代表部分」三大類的轉喻。

文中以「便當」的概念領域為例，來讓我們清楚理解轉喻的過程，我們常常會用「主菜」的概念，來轉喻整個便當，這是因為主菜具有凸顯性、最受到關注，這種以部分（主菜）代表整體（整個便當）的轉喻過程可以讓我們可以把重點放在認知較顯著的部分，使用這樣的手段，不但可以讓認知的思維顯現出來，還可以將顯影中的活躍區呈現出來。

2. 黃仙姬：〈漢、韓五官慣用語概念隱喻的異同〔註62〕〉

本文指出，對於慣用語的生成與理解，認知語言學提出了與傳統語言學理論不同的觀點，認知語言學不再把慣用語視為結構和意義上都是任意、不可解釋的，而是可分解、解釋的。並根據認知語言學概念隱喻中的空間及容器隱喻，文中對漢語及韓語五官慣用語進行分析。首先，先對慣用語與五官的定義做說明，再引實例來探討，如：眼睛的裡外容器域映射對人或物的憎恨心理或喜愛及看重的心理，並在結語提到，所有的概念性隱喻都植於我們的生活經驗當中，中、韓兩國有著不同的歷史背景及風俗習慣，因此在漢、韓五官慣用語中，雖有相同的空間位置和容器概念，卻會因為思維不同而映射出不同的感情概念。

3. 邱湘雲：〈客、閩、華語三字熟語隱喻造詞類型表現〔註63〕〉

本文除了身體詞隱喻外，還有人物、動物、植物及事物……等方面的探

〔註61〕謝健雄：〈當代臺灣漢語慣用轉喻：認知語言學取徑〉，《人文暨社會科學期刊》，（2008年第1期）。

〔註62〕黃仙姬：〈漢、韓五官慣用語概念隱喻的異同〉，《延邊大學學報（社會科學版）》，（2010年第43期）。

〔註63〕邱湘雲：〈客、閩、華語三字熟語隱喻造詞類型表現〉，《彰化師大國文學誌》，（2011年第22期）。

討，並依此探討臺灣客家話、閩南語及華語「隱喻性三字熟語」的表現，藉由統括式的觀察比較，分析臺灣語言中三字熟語的喻體類型及其中所展現的文化特色。文中運用了三種理論「結構主義」、「認知語言學」以及「原型範疇」……等語義學理論，探討隱喻性三字熟語的形成脈絡。

因隱喻構詞的產生，不但能夠反映族群的思維方式，更能夠成熟語中所展現的概念隱喻現象，藉此探討臺灣客、閩、華不同族群之間的差異性，更能夠進而探究族群語言背後所隱現的知識體系及其文化內涵。依此探討臺灣客家話、閩南語及華語「隱喻性三字熟語」的表現，分析臺灣主要語言中三字熟語的喻體類型及其中所展現的文化特色，本文除論三字熟語也有對客、閩、華中三字熟語中的人體隱喻作分析探討。

4. 王松木：〈語言中的琥珀——論諺語的特質及其語義生成模式〔註 64〕〉

這當中詳細談論到有關「熟語」及它和慣用語、諺語的關係。文中提到，諺語是先民智慧的結晶，不僅音律和諧、修辭優美，且具有知識性與教化性，文中用琥珀與諺語兩者相類比，藉由琥珀的特性具象詮釋諺語的形成過程、本質特徵以及文化的內涵，除此之外也使用認知語義學的理論與方法，來闡述閩南語中諺語的生成模式與理解策略。說明了不論是慣用語或是成語，都具有兩個特性：一、能以精簡的詞語形式活潑生動地表達抽象的概念；二、是具有熟語性（idiomaticity），讀者無法單憑字面意義完全掌握整體概念。

在此文提到了閩南語諺語，其中人生哲理方面有「枵雞母驚箠，枵人無惜面皮」、宗教信仰則有「舉頭三尺，有神明」等，從這些具有隱喻性的諺語中擷取前人的智慧結晶，更可透過諺語意義的動態理解過程了解文化生成的義涵。

5. 熊葦渡：〈從隱喻認知視角看中日慣用句差異——以含「手」的身體慣用句為例〔註 65〕〉

論文指出，慣用句是長期使用，且意義相對來說較完整、結構也較穩定的定型短語。如前面所提到，日語不像華語、閩南語一樣，能夠有完整漢字結構組成身體詞，反而都會涉及到日語的平假名、助詞……等，形成完整的身體詞

〔註 64〕王松木：〈語言中的琥珀——論諺語的特質及其語義生成模式〉，《臺北教育大學語文集刊》，（2012 年第 22 期）。

〔註 65〕熊葦渡：〈從隱喻認知視角看中日慣用句差異——以含「手」的身體慣用句為例〉，《蘭州學刊》，（2012 年第 8 期）。

語，且形式都為「慣用語」，這是日語相較於華語、閩南語較不同之處。不論是在華語或是日語當中，由身體詞所構成的慣用句相當多，文中以「身體詞」的成語或慣用句為例，華語有：「棋逢敵手」、「心狠手辣」、「情同手足」……等，在日語當中有：「頭を下げる」、「顔が広い」、「目と鼻の間」……等，不論在哪種語言都是常用的詞語，由其組成的身體慣用句也具有一定的代表性。

6. 鄧孟倫：〈閩南語身體詞三字熟語詞認知隱喻探析〔註66〕〉

本文指出三字慣用熟語是漢語詞彙重要組成的一個部分，文中指出隱喻性的熟語又在三字詞當中佔了非常大的優勢，除了華語之外，臺灣語言（閩南語、客家語）中也是有著不少的詞彙，閩南語方言就有滿多特殊的用法，同樣以手代表人的例子有「運轉手（運転手）」、以手代表錢的有「手數料（手数料）」，因早期臺灣受到日本統治，造成老一輩的臺灣人小時候都是受到日本教育，讀的是日本學校自然而然使用日語，使臺灣現今閩南語當中有許多字詞都是源自日語。

在閩南語方言當中保留了文化特色，甚至有許多生動之詞只能用方言來表達，硬要將其翻成華語，便會失去其中一些特色，三字熟語擁有大量的經濟性及語言信息量，其中存在著大量的隱喻。這使三字熟語的形式更加精煉化，表義的情形也能夠更加精密化，且從中可以看到詞語的語義衍生發展的脈絡。

（三）學位論文

1. 周怡茹：《臺灣閩南語三字慣用語研究——以董忠司：《臺灣閩南語辭典》為例〔註67〕》

本篇論文以臺灣閩南語三字慣用語作為研究對象，範圍界定在董忠司編纂：《臺灣閩南語辭典》中選取出一百條常用三字慣用語。此篇論文當中，將閩南語三字慣用語分為：人物、動物、植物、事物以及其他五種類型，「人物」方面有稍微提及身體詞相關的三字慣用語，文中依 Lakoff & Johnson 的「概念譬喻理論」由語料取材來源將詞語分類，再按照各類型的譬喻模式作探討，分析其中所反映出的閩南族群觀念、思維及文化特色，但此論文並非以身體詞為

〔註66〕鄧孟倫：〈閩南語身體詞三字熟語詞認知隱喻探析〉，《慈濟科技大學學報》，（2017年第5期）。

〔註67〕周怡茹：《臺灣閩南語三字慣用語研究——以董忠司：《臺灣閩南語辭典》為例》，（彰化：國立彰化師範大學臺灣文學研究所碩士論文，2011年）。

主題，而是抓出一百則例子後以「語音形式」、「語法結構」及「語義構成」三個角度，分析閩南語三字慣用語語言形式表現樣貌。

慣用語是口語中習慣的用語，結構相對穩定，語義具變異性，形式則以三字格佔多數，並且具有生動活潑、通俗淺近的特質，因此在日常生活中常被使用，也成為漢語語言研究的新寵兒。目前漢語慣用語的論述有長足的進展，但閩南語慣用語研究卻仍待開發，因此本文以此為研究對象，希望能為閩南語的語言研究增添一份成果。

本文梳理閩南語三字慣用語的內容類型、文化意涵、語言表現方式、使用情形與其成因，能為本土語言的保存及推廣獻上一己之力，也能成為日後閩南語慣用語進一步深究的基礎之一。此論文將慣用語與其他類型的語彙相比較，包含俗諺語、成語、三字格……等，並用表格將慣用語的內容異同標出，更將一百則三字慣用語以概念隱喻的理論作為分析，對筆者而言受益良多，可惜所舉的例子較少，尚未作系統性的整理。

2. 朱光安：《漢語身體部位成語之情感隱喻研究與教學啟示〔註 68〕》

此論文分為六個章節來論述，主要是「身體部位概念隱喻研究」及「教材分析及教學建議」。筆者認為較可惜之處在於文獻回顧部分，都只有探討概念隱喻的理論背景，且只有談論到 Lakoff & Johnson、曹逢甫等人、Yu 及蘇以文四人的理論。

「身體部位概念隱喻研究」，文中將身體詞的分類分為三大部分來看，分別為「身體外部」、「身體內部」及「抽象身體部位」，外部器官指能看用肉眼清楚看到的部份，如：頭、五官、毛髮、四肢……等，內部器官指需要使用儀器才能看到，如：肝、膽、心、腸、肚……等。較特別的地方在於，該文提到了抽象身體詞，如：神、魂、魄、氣。並說明王元甫〔註 69〕以中醫的角度說明人體的組成。

朱安光提到，《黃帝內經》認為人是「天地合氣」所產生的，所以人包含「天的成份」和「地的成份」。其中「地的成份」為肉眼可見，包含五臟、六

〔註 68〕朱光安：《漢語身體部位成語之情感隱喻研究與教學啟示》，（高雄：文藻外語大學華語文教學研究所碩士學位論文，2013 年）。

〔註 69〕王元甫：《身心靈健康——不吃藥、不花錢的健康方法》，（臺北：茂祥出版社，2011 年）。

腑、四肢等；而「天的成份」則是神、魂、魄、氣等眼睛看不見的部份，這兩部份存在才算是完整的人。在這提出的抽象身體部位是筆者較少看到的歸類，鮮少有人探論，但在此論文中遺憾之處在於：所舉的例子偏少，且僅有歸類出語料，並未深入去探討形成的過程、思維的方式甚至是語言背後的文化。

3. 黃慧菁：《關於身體語彙慣用句習得研究〔註70〕》

該文指出，在日語當中，慣用句中所佔的身體語彙的數量最多，是因為慣用語是人們在漫長歷史語言發展中，慢慢形成而變得完善起來，更是帶有該族群的文化特性的一種語言表現，因語言與文化的關係非常密切，不同國家的語言，不但能反映出該國家的民族特殊文化，也能夠探究其風俗習慣和心理過程。

全世界的人身體構造一樣，身體部位亦同，但為何不同語言表達一樣意思，會使用不同的身體部位詞語表現；這就是值得我們去研究之處。本文裡只有五章，其中第二章探討身體詞的慣用語、第三章是針對日語檢定中教材及題目身體詞慣用語的研究，在文中的身體詞由上往下探討，從頭部開始(頭、顏、首)，再從臉部（目、口、耳、鼻）延伸到四肢（手、腕、足），最後再講軀幹（胸、腹、肩、腰、尻、身）所形成的日語慣用語情形。

4. 鄧孟倫：《華語與閩南語手足三字格認知隱喻研究〔註71〕》

對於手足身體詞研究的方向與內涵亟於轉變與突破，本文以認知隱喻學角度進行手足三字格的認知隱喻和認知轉喻探討。透過身體隱喻表現的解析，希望能夠讓人更加輕鬆掌握在我們生活當中常使用的語彙以及對話中未顯明的意涵，達到言簡意賅而心神領會的溝通。

文中提到，許多文章裡面都常常拿「手」的隱喻現象來舉例，但是卻未以系統性的方式來作說明，換句話說就是隨機抓取語料做分析，這樣子不容易使學習者了解隱喻的整體義涵，若能有系統性的分析探討，藉由多則的語料及語彙分析，就能更加清楚完全了解隱喻的系統的運作。許多三字格語彙的理解雖然無法由表層的字詞分析來獲得，但透過隱喻與轉喻機制，可加強對身體詞意

〔註70〕黃慧菁：《關於身體語彙慣用句習得研究》，（高雄：國立高雄第一科技大學應用日語研究所碩士學位論文，2014年）。

〔註71〕鄧孟倫：《華語與閩南語手足三字格認知隱喻研究》，（彰化：國立彰化師範大學碩士學位論文，2014年）。

義的理解，研究結果歸納出三點：一、手足部認知隱喻總體表現。二、手足部轉喻的總體表現。三、手足語言與文化內涵表現。本文較不足之處在於只針對於手、足的「三字詞」進行研究，在內容分析時也僅著重在認知隱喻方面的探討，對於構詞、語義方面尚未深入探討。

以上前人研究的成果可看見：「慣用熟語」結合認知隱喻的研究，在近年也慢慢變多，任何語言都會熟語，熟語裡面更結合了許多隱喻性的詞彙，因此在日常生活中常被使用，不論是在臺灣語言或是外語當中，熟語的情形也十分常見，在這些熟語當中更能夠發現到，不同語言對於同樣一個現象，會使用不同的身體部位來造詞，這就和語言及其背後文化息息相關，值得做進一步的探討。

三、身體構詞研究相關文獻回顧

本論文除了以語義學中的認知隱喻現象探討外，也對於構詞的類型做出分析探討，因此除了語義學中的認知隱喻相關文獻外，也必須對於構詞的研究方面作一回顧。談論到有關構詞研究的研究，同樣分為三大部分來論述。值得注意的地方是，專門探討身體詞構詞的專書「實在少見」，若要列舉有關「構詞學」專書則顯太多，筆者在本論文中以潘文國、葉步青、韓洋：《漢語的構詞法研究〔註72〕》及劉月華：《實用現代漢語語法〔註73〕》作為構詞「基本參考書」，由於目前尚未找到與「身體詞」相關的「構詞」書籍，在此先交代說明清楚，以下針對期刊以及學位論文中所見，簡單探討前人對於構詞的結果，研究情形如下。

（一）期刊著作

1. 辜夕娟：〈「人」作為構詞語素的雙音節合成詞的隱喻認知分析〔註74〕〉

本文揭示出語言作為人類思維的物質載體，其中隱喻的大量存在足以說明認知隱喻現象是人類理解世界的一種基本方式。此漢語的詞彙都是以單音節詞為主，隨著詞義的發展，單音節詞在數量、意義上，要表達的效果已經不能滿足人們交際的需求，因此推動了詞彙複音節詞形勢的發展，詞彙的複音化也成華語詞彙主要構詞方式，以人為例有：人力、人心、人才、人工……等。文中

〔註72〕潘文國、葉步青、韓洋：《漢語的構詞法研究》，（臺北：臺灣學生書局，1993年）。

〔註73〕劉月華：《實用現代漢語語法》，（臺北：師大書苑，1996年）。

〔註74〕辜夕娟：〈「人」作為構詞語素的雙音節合成詞的隱喻認知分析〉，《雲南電大學報》，（2010年第12卷3期）。

談論到與身體詞有關的隱喻則有：人頭、人口、人手、人面……等，在認知語言學當中認為，從具體到抽象的隱喻投射是一個詞不同義項之間互相聯繫的手段之一，而上述提到的詞組中都為人的身體部位，這些都是我們熟知的事物，用此來隱喻抽象的事物。

因此在人們的認知體系中，與社會相關生活的品格表現出不同的感情色彩意義，當人與善、大、良、賢……等褒義語素聯繫在一起時，就轉喻為對人好的道德品質的評價，在雙音節合成詞的隱喻中可看出，合成詞產生不僅增加了詞彙的信息，更擴大詞彙的認知隱喻功能。

2. 張水應：〈分析從認知角度看日語人體詞慣用的語義構建〔註 75〕〉

文中指出人體慣用語在日語當中是非常重要，且為組成日語的重要部分之一。不了解日語的人，對於日語當中身體詞的慣用語沒有頭緒，但其構成要素並非毫無關係。文中提到，日語身體詞慣用語分為隱喻性慣用語和固定詞組兩種，「隱喻性慣用語」是指構成一個詞與的要素之間有著緊密的關係，從整體來看隱喻的意思比較明顯；「固定詞組」看起來之間的聯繫不多，但其實關係緊密。日語人體慣用語的語義構建中，詞語的表面意思和其慣用意義之間有著重要的聯繫，並且它們的語義擴張也有著重要的作用，同時對那些具有獨立意義的要素在不同環境下不同的含義也是不能忽視的。所以說，不同形式的人體詞慣用語的結構和解釋都大不相同。比如說組合型慣用語，其構成要素和意義之間就有著較強的聯繫，所以必了解組合因素當中每個詞語的真正含義，這樣才能夠從真正意義上理解這個詞語。

（二）學位論文

1. 葉秉杰：《日本語動詞由来複合語の語形成——認知意味論の観点から——〔註 76〕》

本篇論文主要是探討日語中的動詞由來，以及複合詞當中的構詞形成的過程。本文作者觀察到；至今有關日語動轉名詞的所有研究，大都僅止於語義分類或是分析其句法現象，複合詞語義擴張之結構與因詞彙複合所產生的選擇

〔註 75〕張水應：〈分析從認知角度看日語人體詞慣用的語義構建〉，《南北橋》，（2014 年第 2014 卷 1 期）。

〔註 76〕葉秉杰：《日語動轉名詞之構詞法——從認知語意學的觀點——》，（臺北：國立政治大學日本語文學系碩士學位論文，2010 年）。

制約（selectional restriction）之原因卻很少有作解釋跟說明。但透過使用認知語義學方法，理想化認知模型等引入模式，通過解釋動詞的結構和詞彙概念結構，可以正確掌握在論元結構或是詞彙概念結構所無法得知之信息來看，以下三點：一、複合詞的多義性；二、複合詞的選擇限制；三、複合詞的句法特徵。來探討日語當中複合詞的現象以及詞彙構詞、句法的形成方式等。在動詞派生詞的詞形成中提到，動詞派生的複合詞用於形容詞、動詞及名詞，以及動詞派生複合詞的語義擴展、語音結構及衍生性。

2. 汪金后：《臺灣閩南語「跤」和「手」的構詞與語意研究〔註 77〕》

文中以臺灣閩南語當中的「跤」和「手」作為主題，在內文第三章探討「跤」和「手」的構詞形式，將構詞分為單純詞、合成詞來看，合成詞又分附加、複合……等，第四章「跤」「手」的隱喻表現，同樣分為隱喻與轉喻兩分面來看，在最後談論到隱喻的褒貶義，來探討其複合詞構詞方式，了解複合詞的內部結構和語義特點。

在語料研究的比對中發現，有著多義性和喻義的延伸，使得有些詞類的運用比華語的範圍來得更廣泛，且閩南語有別於華語與客家語特有的「跤手」的詞序，藉由內部語義的探討再對照詞序原則，發現到除了發音的便利，「跤」透過轉喻的使用，通常以此來指稱人，也符合詞序中感知先後的順序。並且透過認知隱喻中的映射，了解「跤」和「手」從身體出發的過程，向外對語義的衍生，透過隱喻與轉喻的表現，作出歸納與分析，並對照複合詞中的褒貶義提供具體的佐證。

3. 余玉娥：《醫學臺語疾病名稱號名、構詞 kap 文化意涵：以《內外科看護學》為主 ê 分析〔註 78〕》

本文提到語言是溝通的工具，也反映了人類對世界的看法，是族群上有代表的文化載體。臺灣一直都是多與族群共存的社會，更成就了臺灣豐富多元的語言，因日本殖民過臺灣，臺灣人透過現代化的日語來學習現代的科學知識，

〔註 77〕汪金后：《臺灣閩南語「跤」和「手」的構詞與語意研究》，（新竹：國立新竹教育大學臺灣語言與語文教育研究所碩士學位論文，2016 年）。

〔註 78〕余玉娥：《醫學臺語疾病名稱號名、構詞 kap 文化意涵：以《內外科看護學》為主 ê 分析》，（高雄：國立高雄師範大學臺灣歷史文化及語言研究所碩士學位論文，2014 年）。

日本創造了一些科學名詞，如譬喻狹心症、糖尿病、風邪等日語醫學詞彙，至今臺灣人仍持續使用。並以《內外科看護學》為語料來源，探討閩南語詞彙的構詞及其文化意涵，並將詞彙結構分為：主謂式複合詞、偏正式複合詞、動賓式複合詞、動補式複合詞、並列式複合詞、複雜式構詞、色水詞匯場、外來詞彙……等來探討。

由上述前人研究的結果可以清楚明白：臺灣華語、閩南語及日語有關「身體構詞」研究，以華語及臺灣閩客語來看，以詞彙的結構來看，複合詞可以分為主謂式複合詞、偏正式複合詞、動賓式複合詞、動補式複合詞、並列式複合詞五種基本的分類方法，再加上附加式的構詞方法。

綜合以上專書、期刊論文，我們可以得知「熟語」及「慣用語（慣用句）」不論是在哪個語言當中，都是很常出現的情形，且慣用語通常具有隱喻性，華語研究方面，目前鮮少人對於華語、臺灣語言作此方面的研究，令人覺得可惜，但也證明在這塊領域還是值得開發的，因不論是二字的詞彙、三字熟語、四字成語，甚至是擴大的俗語、諺語，這些都可以將其看為「熟語」，但臺灣語言的研究者，在身體詞的慣用語方面，相對於日語研究來說真的是非常少，因此也期望能夠盡自己一份心力，對於臺灣語言的身體詞方面，做全盤性的研究，希望能達到研究文化與詞彙構詞、認知隱喻三者之間的連結，同時也探究為何日語研究者會有這麼多以身體詞當作主題的研究，但華語研究者的研究成果卻不如日語研究，這點也是我們值得去反思的。

第三章　頭部身體詞隱喻研究

第一章緒論提及過，本文研究華語、閩南語及日語三種語言，將身體詞分為四個語義場，為「頭部語義場」、「五官語義場」、「四肢語義場」及「內部器官語義場」作分析研究，並將不同語言的分析按照順序逐一呈現之。賴惠玲：「詞彙語意也可從更深層的語意成分組合來觀察，語意場學說（semantic field theory）即是試圖將詞彙關係依照共有或不同的特徵分門別類〔註1〕。」人類的身體系統可以將其看為一個「語義場」或一個「域」（domain）〔註2〕。人體器官系統龐大且複雜，吳宏進一步將它分為「頭部語義場」、「軀幹語義場」、「四肢語義場」及「肺腑語義場」等子領域。本文參考其說法，將身體詞分為四個子範疇來看，章節安排如下：

第三章：頭部身體詞隱喻研究：以「頭」部相關詞語作為探討對象，又因「頭部」包含範圍較大，在此僅討論「頭顱」部分，至於頭部內的「五官」另立於第四章再闢專章探討。

第四章：五官身體詞隱喻研究：「五官」包括「眼」、「耳」、「鼻」、「口」、

〔註1〕賴惠玲：《語意學》，（臺北：五南出版社，2017年），頁56。

〔註2〕Lakoff and Johnson《Metaphors we live by》一書中，反覆出現「域」（domain）這一個概念。周世箴提到，對「域」無明確定義，但Langacker（1987）有較詳細說明。語意單位被描述為相當於「認知域」，任何概念或知識系統可視為「域」。「域」是認知實體，包括心智經驗、表徵空間、概念或概念叢集。周世箴譯注：《我們賴以生存的譬喻》，（臺北：聯經圖書，2006年3月），中譯導讀頁72～73。

「面」等，但由於「口」部隱喻詞語數量較多也移至下一章專章探討，因此本章只探討除了「口」部以外的詞，包括「眼」、「耳」、「鼻」、「眉」等部位身體詞。

第五章：口部身體詞隱喻研究：由於「口」部詞語特別多，因此本章專門探討「口」部詞語。

第六章：四肢身體詞隱喻研究：以「手」、「腳」四肢所包含的身體詞作為探討對象。

第七章：內部器官及其他隱喻研究：探討內部器官及其他特殊的身體詞。主要探討較常用作隱喻詞的「心」、「肝」二部位詞語以及以「髮」為喻的隱喻性詞語。

第一節　「頭」身體詞

關於「頭部」的定義，綜合各辭典之內容〔註3〕：「頭部」身體詞包括：頭、（首）；五官：眼（目）、耳、鼻、眉；口部：口（嘴）舌、牙、齒及等部位相關詞語。

本章探討華語、閩南語及日語「頭」部相關詞語，為其作隱喻及轉喻類型分析，分別就身體詞在「隱喻」、「轉喻」、「兼具隱喻與轉喻」這三方面的表現來著手剖析。不過正如前面所述，有些詞語歸屬「隱喻」還是「轉喻」，有時難以截然二分。由於觀看或闡釋角度的不同，有些詞語是「隱喻」或「轉喻」都解釋得通，又有些詞語涉及先隱喻後轉喻或先轉喻後隱喻，這類詞語的類型，便歸在第三類「兼具隱喻與轉喻」當中。

在前一章敘述「研究範疇」時已說明：「頭」的隱喻詞彙有不少是以其他字詞與「頭」搭配所形成的隱喻，而並非「頭」本身具有隱喻現象，例如「砍頭」表隱喻「死亡」，「垂頭」表隱喻「屈服、妥協或羞怯」，「探頭」表隱喻「伸頭張望或窺視」、「叩頭」表隱喻「古代的最敬禮」、「出頭」表隱喻「使自己脫離困苦環境」、「搖頭」表隱喻「拒絕、否定或阻止」，這些「動詞＋身體詞」的述賓結構形成與「頭」相關的詞語，因為也具有隱喻性，且非與此一器官搭配必

〔註3〕辭典包含以下幾個：一、《教育部重編國語辭典修訂本》：http://dict.revised.moe.edu.tw/cbdic/。二、《漢典》：https://www.zdic.net/。檢索日期：2021年05月19日。

有其搭配義存在，因此本文以為這些「頭」部相關詞語也應納入討論之中。

前文提及：「隱喻」乃基於「相似性」映射而來，需說明的是「**性質相似喻**」當中：華語如「甜頭」、「苦頭」是以「甜」、「苦」的特性加入「頭」隱喻好處、磨難；此處的「頭」看似當形容詞「後綴」，曹逢甫等人提到〔註4〕：

> 「頭」可接於名詞，形容詞與動詞之後當作詞綴。一、名詞＋頭：心頭、手頭、口頭、骨頭、磚頭。二、形容詞＋頭：甜頭、苦頭、準頭。三、動詞＋頭：念頭、看頭。

從書中可以看到：一、「頭」的「凸出化」作為「名詞後綴」，許多具體的名詞都可以加上「頭」這個詞綴，通常這些事情的末端都有突出的地方，就如人體上脖子之末端連結的是「凸出的頭」。二、「頭」的「具體化」作為「動詞、形容詞後綴」，這些形容詞與動詞原本都用來表達抽象的概念，加上「頭」之後可以使這些抽象概念具體化，如「念」指「閃過一個念頭」但不會以「一個念」表述；「彩」指「帶來一個好彩頭」但不會以「一個彩」來用，這是因為抽象的概念被隱喻為實體，由於具體化而使得這些抽象概念變得「可數」。三、「頭」的「點化」作為「方位詞後綴」，「頭」可接於方位詞之後當詞綴，例：裡頭、外頭、上頭、下頭。「頭」還可以當作中心語名詞，通常和方向的指示詞如「這」、「那」等連用，用來「指涉方向」因此「頭」雖作為「詞綴」用，但在隱喻角度來看是必要存在的部分，且具有隱喻意義在其中。「隱喻」特點便是「化抽象為具體」，該書已將這類詞語歸屬為身體詞「隱喻」現象當中，因此本文也將這類詞語視為具有「概念隱喻」來探討。

又如閩南語「臭頭」一詞有形容被責備得很不堪的「狗血淋頭」之意，這也可說是「化抽象為具體」的「隱喻」。再如日語慣用語如「頭の黒い鼠」一詞指「頭上的黑鼠」，利用「鼠」在頭上不易察覺以及黑色的特性隱喻「家賊」，該處的「頭」隱喻上方不易察覺之處，一如華語「上頭」，也可說是「化抽象為具體」的「隱喻」。至於「**方位空間喻**」，華語如「避風頭」一詞「比喻見情勢不對而躲到別的地方」，此處「風頭」指遮蔽風雨處，是以「頭」隱喻躲避一切外來傷害之地；又如閩南語「廳頭」為「大廳的正面，放祖先、神主牌的地方」，這邊的「頭」也表示空間。

〔註4〕曹逢甫、蔡立中、劉秀瑩：《身體與譬喻——語言與認知的首要介面》，（臺北：文鶴出版社，2001年），頁46～47。

轉喻方面，「**部分代部分轉喻**」中也有許多詞彙並非「頭」本身具有轉喻而是以其他字與「頭」結合形成的轉喻現象。如華語「頭暈」一詞是因為人的「頭」感到「暈眩」，推知其結果則「感到混亂」，此屬「原因——結果」轉喻；閩南語如「倒頭栽」是因為人「跌倒」的狀態使「頭在下方」轉喻而形成因「倒頭」的結果推知「摔倒時雙腳朝天」，這可說是「動作——狀態」之間的轉喻。「動作——狀態」轉喻還如華語「搖頭」一詞，是以「頭」與左右「搖動」的動作搭配所組成的詞語，由此轉喻表示「拒絕、否定」之意；再如閩南語「磕頭」是以「頭」觸地「磕」的動作所組成的詞語，轉喻「跪拜行禮」，這也可說是「動作——狀態」之間的轉喻。

再看日語慣用語「頭」的轉喻類型，「**部分代全體轉喻**」中「頭を丸める」一詞指的把「頭」變「圓」，出家人需剃髮切斷世俗牽掛，因為成為「光頭」的結果推知「出家」為其原因，但此處以「頭」轉喻為「人」顯而易見，故筆者仍將該慣用語歸類於「**轉喻為人**」而非「**因果相代**」的轉喻類型；又如「**部分代全體轉喻**」中「頭を痛める」指「頭」感到「痛處」，由此所見結果推知「煩惱事多」為其原因，這邊轉喻作用為「痛」不是「頭」，但這整個與「頭」相關的詞語來看也可說是「**因果相代**」的「轉喻」。

以下為由分別由華語、臺灣閩南語及日語三類語料來看身體詞「頭」的隱喻表現。

一、華語「頭」的隱喻探討

隱喻類型可分「實體隱喻」與「空間方位隱喻」兩類來探討，在這兩大類型中又可依隱喻內容的特性再加以歸類。本節先探討華語身體詞，依據教育部《重編國語辭典修訂本》，「頭」解釋如下表：

表 3-1-1　華語「頭」釋義及詞例

	釋　義	詞　例
1	人或動物脖子以上的部分	如：「人頭」、「牛頭」
2	頭髮或髮式	如：「剃頭」、「平頭」、「三分頭」
3	首領	如：「他喜歡做頭。」唐・韓愈〈論淮西事宜狀〉：「或被分割隊伍，隸屬諸頭。」
4	頂端或末稍	如：「山頭」、「將那竹子頭削尖。」

5	事情的端始或結束點	如：「你先提個頭吧！」、「從頭開始」
6	物體殘餘的部分	如：「請把那塊布頭兒拿來看看！」
7	賭博或交易中所抽取的錢財	如：「抽頭」。《水滸傳》第三八回：「小張乙道：『討頭的，拾錢的，和那把門的，都被他打倒在裡面。』」
8	人的代稱	如：「蒼頭」、「老實頭」、「冤大頭」
9	量詞	（1）計算牛、驢、騾、羊、豬等牲畜或似頭之物的單位。如：「一頭牛」、「三頭羊」、「兩頭蒜」。 （2）計算事情的單位。如：「一頭好親事」。《水滸傳》第四五回：「只要證盟懺疏，也是了當一頭事。」
10	方位	（1）表示上、中等方位。如：「街頭行人多」、「夜頭風起覺神來。」 （2）表示邊、前等方位。如：「潯陽江頭」。唐・杜甫〈兵車行〉：「君不見青海頭，古來白骨無人收。」宋・歐陽修〈田家〉詩：「林外鳴鳩春雨歇，屋頭初日杏花繁。」
11	最前的	如：「頭獎」、「頭功」、「頭幾排」
12	在先的	如：「頭兩天」、「頭幾年」

綜合上述可知有關身體「頭」的定義中，有些已將「頭」的隱喻情形述出。如「頂端或末稍」即「方位隱喻」，「事情的端始或結束點」即「時間隱喻」，又「人的代稱」是「部分代全體」，「首領」以「首」、「領」部分轉喻整個「人」，而又隱喻「帶頭領先」的人物是「兼具隱喻與轉喻」的類型，這些基本帶有隱喻的「頭」字加上其他字組成的詞彙，讓頭部隱喻語彙變得更加豐富。

（一）隱喻類型

1. 實體隱喻

連金發提到〔註 5〕：「『頭』字『多義 polysemy』（即一形多義）的關係是隱喻與轉喻運作的結果」。「頭」在身體所擔任的角色，除了位居身體的最上面外，更是我們身體不可缺少的一部份，若沒了頭，外部的五官感知不到世界，內部的大腦更無法運作來發號施令。根據 Lakoff & Johnson〔註 6〕的隱喻理論，由於頭部的重要性及特點，在實體隱喻的部分可以整理出「形狀相似」與「性質相似」的隱喻類型。

〔註 5〕連金發：〈臺灣閩南語「頭」的構詞方式〉，殷允美、楊懿麗、詹惠珍（編），《第五屆中國境內語言暨語言學國際研討會論文集》。（臺北：中研院語言所籌備處，1999 年）。

〔註 6〕Lakoff & Johnson 著，周世箴譯：《我們賴以生存的譬喻》，（臺北：聯經出版社，2006 年）。

（1）**形狀相似隱喻**，所見如下：

表 3-1-2　華語「頭」形狀相似隱喻

龜頭	辮穗頭	龍頭鍘	虎頭鞋	豬頭肥	高頭大馬	蛇頭鼠眼
白頭浪	土饅頭	平頭鞋	頭髮菜	胖頭魚	牛頭馬面	鼠目獐頭

上表中關於形狀相似的隱喻情形，又可歸納出以下兩種情形。

a. **動物相關**：如「龜頭、豬頭肥、蛇頭鼠眼、高頭大馬、鼠目獐頭」。其中如「龜頭」是男生殖器的前部，對於直接說出性器官較為害羞，烏龜的頭部又與男性生殖器前端形狀相似，因而有了這樣的說法。

b. **物品相關**：如「頭髮菜、土饅頭」。其中如「頭髮菜」喻外觀與頭髮相似；「土饅頭」指墳墓，因墳塚外形似饅頭，故名土饅頭。

（2）**性質相似隱喻**，所見甚多，可由音節的多寡分為「二字詞」、「三字詞」、「四字詞」來看。二字詞如下：

表 3-1-3　華語「頭」二字詞中性質相似隱喻

日頭	套頭	昏頭	纏頭	盼頭	問頭	出頭	苦頭	噱頭	怪頭
當頭	看頭	骨頭	采頭	名頭	勢頭	暈頭	倒頭	彩頭	過頭
興頭	虎頭	喉頭	蠅頭	鋒頭	霉頭	甜頭	光頭	肉頭	

上表中，二字詞彙關於「頭」性質相似喻中，又可歸納出以下兩種情形。

a. **具體事物＋頭**：如「蠅頭、鋒頭、骨頭」，其中「鋒」具有銳利或在領導的特性，又「鋒頭」隱喻危險和災難、或言行表現特別活躍出色，而如「蠅頭」以蒼蠅體型小的性質隱喻微細的事物。

b. **抽象事物＋頭**：如「套頭、噱頭、彩頭、霉頭、苦頭、甜頭」，又如「套頭」以頭被套住隱喻受到束縛。「彩」有獎之意、「霉」則為因不好而導致發霉，故以「彩頭」隱喻吉利的徵兆、「霉頭」隱喻不好、倒楣的事。此類「形容詞＋頭」多表示某種狀態，而如「苦頭」、「甜頭」此中的「頭」更虛化為「詞綴」，不具有實質意義。

尚有三字詞如下：

表 3-1-4　華語「頭」三字詞中性質相似隱喻

死對頭	鼻子頭	筆頭兒	蹩縮頭	一頭熱	打頭風	熬出頭	占鰲頭
鐵頭功	出頭天	倒頭經	沒來頭	對頭親	有來頭	末梢頭	重頭戲

啃骨頭	別苗頭	火頭上	毒日頭	癮頭兒	骨頭硬	露頭角	衝頭陣
無頭案	找對頭	斬雞頭	倒頭飯	狗骨頭	窮骨頭	出鋒頭	傻大頭
草頭露	吃苦頭	嘗甜頭	氣頭上	無頭罪	抓大頭	硬骨頭	占頭籌

上表「頭」三字詞彙，皆屬「性質相似」隱喻其中又可歸納以下三種情形。

a. **動物相關：**如「斬雞頭、占鰲頭、狗骨頭、鱉縮頭」，此類以動物為喻，其中如「鱉縮頭」以鱉遇到事情縮頭的特性，隱喻譏刺人藏匿不敢出來。

b. **事情相關：**如「無頭罪、重頭戲、啃骨頭」，人若沒有了「頭」便會死亡，「無頭罪」指殺頭死罪，以無頭來隱喻處以死刑，又如「啃骨頭」一點一點地咬骨頭上難以脫落的肉，隱喻事情進展緩慢。

c. **其他：**如「鐵頭功」隱喻使頭堅硬如鐵的一種少林功夫。

還有「頭」四字詞如下：

表 3-1-5　華語「頭」四字詞中性質相似隱喻

一頭霧水	人頭落地	縮頭烏龜	藏頭露尾	倔頭倔腦	事到臨頭
人頭支票	人頭帳目	迎頭趕上	一頭兒沉	禍到臨頭	有頭無尾
大出鋒頭	點頭會意	迎頭棒喝	頑石點頭	蠅頭小利	披頭跣足
少頭無尾	生死關頭	蝸角蠅頭	無頭蒼蠅	科頭跣足	羊頭狗肉
出人頭地	緊要關頭	嶄露頭角	滑頭滑腦	虎頭虎腦	齊頭並進
吃回頭草	著糞佛頭	亂頭粗服	流落街頭	狗血淋頭	空頭支票
虎頭食肉	油頭粉面	改頭換面	頭足異所	爛額焦頭	油頭滑臉
虎頭蛇尾	披頭散髮	頭足異處	三頭兩緒	道頭知尾	點頭之交
掐頭去尾	有頭有尾	互別苗頭	露面拋頭	灰頭土臉	竿頭一步
賊頭鼠腦	昏頭暈腦	大有來頭	道頭會尾	蓬頭垢面	沒頭蒼蠅
龍頭蛇尾	刀頭舔血	三頭兩面	頭重腳輕	油頭滑臉	有頭有尾
鴻運當頭	頭腦簡單	硬頭硬腦	木頭木腦	提頭知尾	多頭馬車

上表四字成語，也屬「頭」的性質相似隱喻其中可歸納出以下兩種情形。

a. **動物相關：**該類以如動物的頭部特性作為隱喻，如「龍頭、虎頭」以龍及虎的頭隱喻「大」如「虎頭蛇尾、龍頭蛇尾、虎頭食肉」；反之「蠅頭」是以蒼蠅的頭作為隱喻對象，以其特性隱喻「小」。其中「龍頭蛇尾、虎頭蛇尾」以龍頭、虎頭大，蛇尾小的特性，隱喻作事有始無終，如「蝸角蠅頭」蝸牛的觸角及蒼蠅的頭皆很小，用其兩種動物的性質隱喻微不足道的事物。龍青然說〔註7〕：「『蠅頭小利』是指像蒼蠅頭那樣小的利益。」用「蠅頭小利」隱喻微少的利益，蠅頭指像蒼蠅一樣的微小的特性來映射至頭部，用此來隱喻微細，故以此情況來說明所得到的利益就像蒼蠅的頭一樣那麼細微。

b. **其他**：如「多頭馬車」指多頭分向前進的馬車，力量會相互抵銷無法前進，隱喻團體內部意見不一，無法共同的目標而努力。「空頭支票〔註8〕」比喻不能實現的承諾，「空頭」喻不切實際的話或事物的性質。

綜合上述可知身體詞「頭」的實體隱喻情形的表現，可歸納出以下的情形：

（1）**形狀相似隱喻**：搭配出現的詞與有兩種情形。

a. **動物相關**：如「龜頭、豬頭肥」。

b. **物品相關**：如「土饅頭、頭髮菜」。

（2）**性質相似隱喻**：搭配出現的情形有。

a. **具體事物＋頭**：如「蠅頭、虎頭、鋒頭、噱頭、出風頭」。

b. **抽象事物＋頭**：如「彩頭、霉頭、苦頭、甜頭、啃骨頭」。

c. **動物特性相關**：如「斬雞頭、爛羊頭、龍頭蛇尾、蝸角蠅頭」。

d. **其他特性相關**：如「鐵頭功、啃骨頭、頭足異處、多頭馬車、蠅頭小利」。

「頭」的性質相似隱喻不單只用來指「頭」本身所具有的特性，如：「上端、前端」之意，還可以用「頭」以外的特性隱喻，此類「實體隱喻」情形最為多見。

2. 空間方位隱喻

曹逢甫等指出〔註9〕：「『頭』成為事物名詞的詞綴，通常這些事物的末端都會有凸出之處。」，頭常用來隱喻事物的根部或是末端，這是也以此性質來說明實體隱喻中「空間」。關於頭部隱喻類型的分類，本文依照所表達「頭」的空間概念，在空間方位隱喻的部分，整理出「頭」空間概念隱喻有：（一）隱喻「最上方、第一」、（二）隱喻「事物的端點」、（三）隱喻「維度空間」。

我們可以用點線面的「維度」來分做三個類別，成為「一維」、「二維」和

〔註7〕龍青然：〈成語中的隱喻格式〉，《邵陽師專學報》，（1995年第4期），頁29。

〔註8〕空頭支票（dishonored check），又稱跳票、彈票（bounced check）、菝仔票（閩南語又稱芭樂票），泛指無法兌現的支票，開票人會被銀行徵收附加費，也會影響信用。

〔註9〕曹逢甫、蔡立中、劉秀瑩：《身體與譬喻——語言與認知的首要介面》，（臺北：文鶴出版社，2001年）。

「三維〔註10〕」空間隱喻：「一維隱喻」屬於由數個點所連成的「直線」式的認知，參考點為「點」；「二維隱喻」屬於由許多線組成的「平面」式的認知，參考點為「線」；「三維隱喻」屬於由面與面所組織而成的「立體」式的認知，參考點是「面」。對於空間方位的認知，李臻儀提到〔註11〕：「頭作為複合詞，可以用以稱物體的頂端、空間、時間以及其性質特性。」。從「空間」延伸到「時間」，「頭」所指稱的範圍，可以由「物體」所處之處延伸來指「時間」，如表時間「最先」時會以「頭先」、「頭年」隱喻時間。「時間與空間都是人生存的所在，『空間』（space）和『時間』（time），可說都是人在世存有的『基本因素』〔註12〕」空間可以經由物質實體關係，畫出相對應的方位關係，但時間稍縱即逝，過去、現在、未來轉眼變遷，要以語言表達這種摸不著、抽象且多變的時間，勢必需要借助隱喻說明。

（1）「頭」隱喻最上面、第一個，所見如下：

表 3-1-6　華語「頭」隱喻最上面、第一個

片頭	矛頭	雲頭	墳頭	打頭	山頭	頭食	頭等票	拔得頭籌
頭房	頭號	頭道	乳頭	帶頭	行頭	頭場	佔頭籌	獨占鼇頭
頭陣	頭首	頭獎	刊頭	頭等	頭彩	頭等艙	打頭炮	大拇指頭
頭哨	頭籌	頭一	頭位	頭頂	奶頭	燒頭香	開頭炮	百丈竿頭
彈頭	燈頭	頂頭	頭版	眉頭	開頭	拔頭籌	獨占鰲頭	百尺竿頭
頭胎	頭香	頭條	頭難	鼻頭	筆頭	當頭炮	頭條新聞	頭一遭兒

「頭」表空間及方位，通常表示位於身體的最前端，在空間上來看，當人們將物體與「頭」這一個空間概念相對應時則表示「物體的頂端」，如「彈頭、矛頭、頂頭」等；同樣以空間當中的最頂端、上面，也有「第一個」的概念，如「頭香、頭版、頭獎、拔頭籌」等，出現以下兩種情形。

a. 表「最上方、前端」：如：「鼻頭、筆頭、奶頭、眉頭、刀頭、山頭」。

b. 表「第一、最重要」的：如「頭胎」為第一次懷孕所生之子，「頭條」指

〔註10〕蘭智高、張夢捷：〈關於空間和時間的思考與探討〉，《黃岡師範學院學報》，（2009年第6期），頁56～58。

〔註11〕李臻儀：〈「頭」字的語意延伸與語法化：歷時研究〉，《第五屆臺灣語言及其教學國際學術研討會》，（臺中：靜宜大學，2004年）。

〔註12〕林碧慧：〈時空越界——由「肉身感知」解析時間表述的空間方位映射〉，《東海中文學報》，（2007年第19期），頁314。

最重要事件，具有最高報導價值的新聞事件，通常會放在最醒目的地方讓讀者可以馬上看到。其他如「頭版、頭胎、燒頭香、頭等艙、拔得頭籌」也屬此。

頭位於人的最上端，也表示最重要，人們常用「頭」來表示事物最上面及重要的概念，趙國靜提到：「這種狀態涉及三次概念域，質量、影響和重要性〔註13〕。」

「頭」由空間的「高、上」又進一步隱喻性地位的「高、上、好」，如「頭彩」指遊戲或賭博中，優勝者獲得的最高獎，以「頭彩」隱喻為第一、最好的獎品。對於品質較好、優秀及出色的事物，人們習慣以「頭」來創造詞彙，如「頭等票」為上等座位或受到較佳服務的票；「頭等艙」搭乘飛機、船等工具的上等艙房或位置。

當人或事所產生的影響力較大時，也會運用此重要性，以「頭」聯繫起來，如報紙上影響力較大的新聞，通常會放在第一個版面、第一條新聞，以此概念所產生的詞彙有「頭版、頭條新聞」，以此概念來隱喻事件的重要性。

人體部位當中，「頭」不僅為最重要的器官，同時也是位於身體的最上面，換句話說也可以當作是第一個能用肉眼所看到的第一個身體部位，也因這個特點，在給任何事物編號或排列時，人們也常常把排在最前面、順序靠前的事物與聯繫起來，造成語言當中出現「頭」就表示是第一個、最先的、最強的。因此「頭」的方位隱喻造出非常多表示「最上面、最前端、第一個」的概念隱喻，如「片頭、帶頭、拔頭籌、頭一遭兒、獨占鰲頭」等皆屬於這類型。

再以「百丈竿頭、百尺竿頭」為例，王理也提到〔註14〕：「『頭』位於身體的最上部，比如百尺竿頭更進一步，比喻學問、成就等達到了很高程度以後仍繼續努力，也比喻已達到了很高的境地，但不能滿足，還要更進一步努力。」基於漢民族對於「竿頭」的這一個體驗，形成一個「上」這一個意象圖式，指的是物體的頂端，因此用「頭」隱喻事物的最高點、最上面的空間方位概念。

〔註13〕趙國靜：〈漢英語言中「頭（head）」的空間隱喻分析〉，《校園因語》，（2015年第8期），頁216。

〔註14〕王理：〈「頭」詞群的隱喻在英漢語中的對比研究〉，《信陽農林學院學報》，（2016年第4期），頁65。

（2）「頭」隱喻事物的端點，所見如下：

表 3-1-7　華語「頭」隱喻事物的端點

兩頭	刀頭	地頭	分頭	邊頭	到頭	頭尾	天地頭

以上用「頭」隱喻「事物的端點」，有「開頭」、「盡頭」之意，如「頭尾、分頭」。例如：前一類指的通常為頂端或是前段，相較於前一類而言，不同之處在於有指「尾端」，有的指「兩端」不同的部分以及「邊端」的概念，例如「邊頭」為邊區的盡頭，指邊塞，還有旁邊的那一端之意；「我尋找資料，你整理資料，我們分頭進行」，這邊將兩人所做的事情分開來做，「分頭」有為分開工作、別離、分離及頭髮向兩邊分開梳攏等意思；又「頭尾」指頭部和尾端及事情的開始和結束，同樣都是以「頭」隱喻兩個部分之一的概念。

（3）「頭」隱喻維度空間，語料所見如下：

表 3-1-8　華語「頭」維度空間

步頭	埠頭	門頭	店頭	風頭	掉轉頭	避鋒頭	敗子回頭
頭前	調頭	裡頭	座頭	回頭路	避風頭	街頭巷尾	浪子回頭
房頭	渡頭	掉頭	坐頭	截頭渡	掉回頭	頂頭上司	掉頭不顧
碼頭	心頭	外頭	陌頭	斷頭路	掉過頭	水旱碼頭	

不論是一維、二維、三維的現象，皆屬於此類的空間隱喻，空間維度可分以下三種情形：

a. **一維隱喻**：如「回頭、頭路、掉過頭、斷頭路、敗子回頭」。隱喻為直線道路是路途的空間概念，如「掉過頭」指回頭，不再往前走，往回程的道路前進。「斷頭路」指死路，將無法繼續前進、不能行走的路途以斷頭為死，隱喻這條路不能繼續通行。又如「浪子回頭」隱喻放蕩的青年改邪歸正，前程為前面的路程，隱喻未來的發展境地，希望步向不好方向的人能夠及早改變方向。

b. **二維隱喻**：如「風頭、外頭」，皆隱喻一空間。「風頭」隱喻風勢強勁或風勢強勁的地方，「外頭」隱喻外面、外邊，此處的「頭」一般視為詞綴無義，但一如前所述，曹逢甫等人〔註 15〕把這類「頭」的詞綴仍可視為「化抽象為具體」的「隱喻現象」。

〔註 15〕曹逢甫、蔡立中、劉秀瑩：《身體與譬喻——語言與認知的首要介面》，（臺北：文鶴出版社，2001 年），頁 47。

c. 三維隱喻：如「房頭、碼頭、心頭、水旱碼頭」。「房頭」隱喻房間或家庭，「斷頭臺」隱喻執行死刑的場所，「水旱碼頭」隱喻可停泊船隻的商埠。

維度空間隱喻所隱喻的概念，有平面的空間、立體的空間，只要與地點、空間相關都列在此類，如「步頭」指渡口、船隻停泊的地方、「門頭」有大門口及妓院之意，指的都是一個地點或是具體的空間，不論是空間、地點或是方向道路，皆可歸為空間隱喻的這一類。

（4）「頭」時間隱喻，「頭」的時間隱喻所見如下：

表 3-1-9　華語「頭」時間隱喻

後頭	頭晌	頭年	苗頭	年頭	月頭兒	頭半天	蠟頭兒	頭上末下
頭先	頭天	頭裡	頭七	頭回	五更頭	月黑頭	一年到頭	

一般先有空間隱喻再有時間隱喻，人類的認知過程都是先從基本範疇向其他範疇延伸，語言中的時間概念大多由空間概念的隱喻衍生而來〔註 16〕，在此類隱喻中，空間概念為源域，映射到「時間」這一目標域。

「頭」除了隱喻空間之外，時間的隱喻也常與「頭」結合，「頭」在與其它時間名詞搭配時，常用以隱喻時間的某一方面。換句話來說，「頭」所指稱的範圍，可以由「物體」繼續延伸來指「時間」，華語最常使用到的情形如以「頭先」表示過去，「頭年」指第一年，甚至延伸到年紀、時代等意義。

時間與空間存在一定的一致性，因此「頭」除了可以表示空間概念外，也可以來指稱更為抽象的時間概念，像是過去的、從前的、剛開始的意思。

時間隱喻中如「年頭」是歲首、一年的開始，將一年視為一段時間，頭與開始兩者有相似之處；如「頭七〔註 17〕」為人死後每七日奠祭一次，第一個七日稱為「頭七」。又如「月頭兒」指月初，是以「頭」隱喻時間中的一開始、剛開始。「一年到頭」指一整年，「頭上抹下」則為非常短的時間、有「馬上」之意。

以上所出現的時間隱喻都是先以「頭」具「第一、最先」的空間概念，而後映射至時間域，形成隱喻為「第一次」的時間點。

〔註 16〕蘭智高、張夢捷：〈關於空間和時間的思考與探討〉，《黃岡師範學院學報》，（2009 年第 6 期），頁 56～58。

〔註 17〕俗以死者直至此日始知自己死亡，其亡靈將歸宅哀哭，喪家延請僧道在靈前誦經致祭。

綜合上述，華語「頭」的空間方位隱喻可歸出四種情形，表現如下：

（1）**隱喻「最上面、第一個」**：如「帶頭」首先行動。表現可分為兩類。

a. **指「最上方、前端」**：如：「鼻頭、筆頭、眉頭、刀頭、山頭」。

b. **指「第一個、最重要」**：如：「頭版、頭胎、燒頭香、拔得頭籌」。

（2）**隱喻「事物的端點」**：將頭隱喻「兩端」，有開頭、盡頭之意，如「天地頭」指書頁上下兩端的空白處，上端稱為「天頭」；下端稱為「地頭」。

（3）**隱喻「維度空間」**：可依照維度空間不同，分為三種類型。

a. **一維隱喻**：如「頭路、斷頭路、浪子回頭」，展現「線性」前後隱喻的概念。

b. **二維隱喻**：如「風頭、外頭」，展現「平面」隱喻的概念。

c. **三維隱喻**：如「房頭、碼頭、心頭」，展現「立體」空間隱喻的概念。

（4）**時間隱喻**：如「蠟頭兒」為快燃盡的蠟燭，指事情將結束，隱喻時間短暫。又以「頭」具「第一、最先」的相似性，映射在時間概念上形成隱喻為第一次的時間點，如「年頭、頭先、頭七、月頭兒」等。

「頭」位於人體最上端，從空間的來看，具有「高、上」又進一步隱喻社會地位的「高、上、好」，故常以「頭」隱喻當「第一個」及「最好」的事物，如「頭彩」。「頭」再與其它時間名詞搭配時，常用以隱喻時間的某一方面，時間隱喻當中有不少詞彙如「頭天、頭年、頭七、年頭、頭半天」都是由此類延伸而出的時間隱喻。「事物的端點」概念亦同，前文指出「頭」隱喻不侷限於開頭、前端的概念，於是單獨分類探討；而維度空間的部分，不論是場所、地點、位置皆屬於空間隱喻範疇。由「頭」所創造出的詞彙很多，以抽象的「未來前途」為例，以「頭」隱喻人生道路、路途，使人更能領悟。

以上可見由於人類身體部位功能特點的相似性，不論在實體隱喻或是空間方位隱喻、時間隱喻當中由「頭」這一隱喻詞語概念衍生而來的表現。

（二）轉喻類型

轉喻類型的部分，於前言及名詞解釋當中已詳述交待清楚，主要是指源域及目標域之間的相關性，關於轉喻的分類各家都有不同的分類方式，詳見下表：

表 3-1-10 各家轉喻類型分類方式

Lakoff〔註 18〕	一、部分代全體。二、生產者代產品。三、物件代使用者。 四、操作者代操作對象。五、機構代具體負責人。 六、地點（空間）代機構。七、地點（空間）代事件。
賴惠玲〔註 19〕	一、生產者指代產品。二、處所指代事件。三、處所指代機構。 四、容器指代內容物。五、物品指代使用者。六、機構代表人物。
吳宏〔註 20〕	一、「部分——整體」。二、「容器——內容」。三、「實體——功能」。
謝健雄〔註 21〕	一、部分代全體。二、全體代部分。三、部分代部分。

上表中，Lakoff & Johnson 及賴惠玲是探討比較細微的部分，如有「處所代替機構」等；吳宏雖以人體詞研究作為理論依據，不過分類標準不一；謝健雄則是將轉喻分為三大類來看，裡面又可依照內容特性再區分為不同的轉喻情形。舉例來說，在原因代替結果的轉喻，如「白頭偕老」是因為夫妻頭髮都已經變白，兩人還是在一起，由此轉喻夫妻恩愛到老的「結果」，以「因」代「果」可歸為「部分」轉喻「部分」上述的四家之說，筆者採用謝氏說法是因分類標準一致，雖分三類但可簡明而涵括。

1. 部分代全體轉喻

「頭」部在「部分代全體」轉喻表現，依照連金發的轉喻〔註 22〕所指，有「人的頭部（轉喻人）、物體殘餘的部分（轉喻完整事物）」所指的類別不同，可以整理出以「頭」轉喻「人」及「頭」轉喻「事物完整部分」兩種情形。

（1）「頭」轉喻為人，所見如下：

表 3-1-11 華語「頭」轉喻為人

白頭	毛頭	牢頭	頭頭	車頭	老頭兒	小扒頭	小鬼頭	頭面人物
田頭	屯頭	教頭	龍頭	頭目	醜丫頭	老頭子	大頭目	圓頭方足

〔註 18〕Lakoff & Johnson 著，周世箴譯：《我們賴以生存的譬喻》，（臺北：聯經出版社，2006 年）頁 68。

〔註 19〕賴惠玲：《語意學》，（臺北：五南出版社，2017 年）頁 69～70。

〔註 20〕吳宏：《日語慣用語的認知語義研究——以人體詞慣用語為中心》，（廣東：世界圖書出版公司廣東公司，2013 年），頁 125～140。

〔註 21〕謝健雄：〈當代臺灣漢語慣用轉喻：認知語言學取徑〉，《人文暨社會科學期刊》，（2008 年第 1 期）。

〔註 22〕連金發：〈臺灣閩南語「頭」的構詞方式〉，殷允美、楊懿麗、詹惠珍（編），《第五屆中國境內語言暨語言學國際研討會論文集》。（臺北：中研院語言所籌備處，1999 年）。

頭陀	猴頭	頭敵	行頭	社頭	大頭腦	蘿蔔頭	沒頭鬼	空頭冤家
敵頭	滑頭	頭妻	冤頭	瘌痢頭	大姐頭	大頭鬼	大姊頭	頭童齒豁
寡頭	方頭	姘頭	領頭	大頭兵	人頭保	牆頭草	好頭腦	兩頭做大
對頭	牽頭	排頭	頭兒	心頭肉	沒頭神	大頭兒	賤骨頭	繡花枕頭
把頭	鬼頭	頭行	扯頭	大塊頭	地頭鬼	沒幹頭	三頭六臂	小老頭兒
老頭	木頭	淨頭	頭子	毛丫頭	綠頭巾	地頭蛇	粉面油頭	草頭天子
魔頭	頭腦	頭家	頭領	老教頭	兩頭蛇	領頭羊	豹頭猿臂	土頭土腦
丫頭	頭對	會頭	軍頭	老骨頭	出頭鳥	打頭的	醜頭怪臉	大頭面目
蛋頭	頭主	做頭	角頭	三巨頭	打頭陣	野丫頭	平頭整臉	油頭光棍
班頭	牌頭	蓬頭	火頭	人頭戶	輕骨頭	賊骨頭	白頭如新	蓬頭垢面
捕頭	光頭	茶頭	禿頭	有骨頭	小毛頭	孩子頭	黃毛丫頭	油頭粉面
工頭	組頭	披頭	頭兒	紙糊頭	冤大頭	火車頭	肥頭大耳	拋頭露面
社頭	包頭	懸頭	巨頭	嫩骨頭	小丫頭	腳頭妻	有頭有臉	昂頭挺立

上表中，出現的詞彙都是以「頭」代「人」的轉喻，又可分為五種類型。

a. **轉喻為人**：如「寡頭」指掌握重大權力的少數人，屬於以頭代人的轉喻。

此類所講的是以「頭」這一小部分，代替「人」這一個大的全體，以「頭」來代表人的還有「老頭子、蘿蔔頭」等，這類的詞彙，是用一個部位來代表，以頭來代表全體的部分，雖然說的是人頭，但實質上是指一整個人。再以「圓頭方足」來看，人皆頭圓足方，故用以代稱人類，在此類專指稱「人」這一個個體，或是在做某件事、位居地位的人，如「頭頭」。

b. **轉喻為擅長於某種技藝的人**：如「教頭」指教武藝或傳授歌舞技藝的老師。相較於前者，亦有代表此人所擅長的事情、或居於專門行業的人，王理談到〔註 23〕：

> 基於人的身體體驗，頭是我們最先注意到的器官，因此可以來指代人。經過搜尋 MCC 語料庫發現，現代漢語中，用頭指代人的用法並不常見，但是在古代漢語中一般比較常見。

如「大頭兵」為指剛入伍，不諳軍中規則的士兵，習俗上又將行腳乞食的出家人稱為「頭陀」，這些都是把從事相關工作或職業的特色當作主體，再與

〔註 23〕王理：〈「頭」詞群的隱喻在英漢語中的對比研究〉，《信陽農林學院學報》，（2016 年第 4 期），頁 65。

「頭」所結合成詞彙表從事與此相關職業的人。

c. **轉喻具有領袖特質的人**：如「巨頭、組頭、草頭天子」皆為重要領導人。

關於「頭」本身就具有領導的特性，連金發提到〔註24〕：「『頭』具有群體的領袖或組織的領導者特性。」，鄭縈、陳雅雯也提到〔註25〕：「『頭』字本義為人類的首，藉由隱喻透射到社會組織中，指稱群體為首之人（領袖）。」「頭」被認為是人體最重要的部位，因此在一個團體或是機構中，如頭一樣位於最高位置，擔任指揮、領導等重要作用的部分，等同「頭」的「功能」，如以「巨頭」隱喻重要的領導人物、「組頭」隱喻莊家。「草頭天子」為強盜首領。

d. **轉喻具某類外貌特徵的人物**：如「光頭、披頭、肥頭大耳、油頭粉面」。如「披」有分散、散開的性質，故以「披頭」轉喻頭髮零亂披散、不拘形式小節的人。其中如「骨頭架子」轉喻人瘦得只剩皮包著骨的人，「團頭團臉、肥頭大耳」轉喻體態肥胖、圓潤的人。如「油頭粉面」轉喻婦女濃妝豔抹，使得頭上都是髮油、臉上都是粉撲之貌。

（2）「頭」轉喻事物完整的部分，所見如下：

表 3-1-12　華語「頭」轉喻事物完整的部分

頭眼	澆頭	搞頭	戶頭	軟罐頭	有賺頭	無頭公案
抽頭	空頭	頭髻	有苗頭	靈頭幡	頭足願〔註26〕	惡運當頭
頭寸	個頭	陣頭	有看頭	有頭臉	萬頭攢動	五路總頭

以上符合以部分代全體的特質，以「頭」這一小部分來指稱較為大或是更多的事情、物品，如「頭眼」原指頭及眼兩個器官，但在這卻轉人的面目、樣子，顯然是以殘餘（頭跟眼）轉喻完整（人的臉）的情形，又如「個頭」可以當人的身材和物體的大小。

其次，鄭縈、陳雅雯提到〔註27〕：「以頭字指稱事物的源頭」，「頭」字的語義再從物體的根部引申至指稱事物的源頭，如本文出現的「有苗頭」比喻

〔註24〕連金發：〈臺灣閩南語「頭」的構詞方式〉，殷允美、楊懿麗、詹惠珍（編），《第五屆中國境內語言暨語言學國際研討會論文集》。（臺北：中研院語言所籌備處，1999年）。

〔註25〕鄭縈、陳雅雯：〈閩南語「頭」字的用法與其教學〉，《臺灣語文研究》，（2009年第3期），頁77。

〔註26〕以豬頭、蹄膀祭神祈福。

〔註27〕鄭縈、陳雅雯：〈閩南語「頭」字的用法與其教學〉，頁77。

稍有跡象或進展的趨勢，苗為事情的端緒，頭指出現，可以苗頭轉喻成事物的根源。

綜合上述，部分代全體的轉喻可歸出兩種類型，表現如下：

（1）**轉喻為人**：又可分為四類：

a. **轉喻為人**：如「寡頭、敵頭、對頭」。

b. **轉喻為擅長於某種技藝的人**：如「教頭、組頭」。

c. **轉喻具有領袖特質的人**：如「巨頭、組頭、草頭天子」。

d. **轉喻具某類外貌特徵的人物**：如「光頭、油頭、油頭粉面」以「頭」轉喻具有某種外貌特質的人。

（2）**轉喻事物完整的部分**：如「頭眼、個頭」。有

上述第一類所轉喻的現象主體皆為「人」，單純指稱人或是擅長、從事該行業的人。第二類皆以「頭」一部分，延伸更多、更廣的事物甚至地點如：「空頭謊」指稱「事」、「有賺頭」指稱「物」，其本質都離不開「部分代全體」轉喻。

2. 全體代部分轉喻

本文中頭的「全體代部分」表現，李臻儀指出〔註28〕「有用『頭』用以指稱頭巾或頭上物（頭轉喻頭上物）」，連金發則說〔註 29〕「指物體的全域轉喻殘餘的部分」所指的類別不同，因此可以整理轉喻「頭上物」及「轉喻事物殘餘部分」出兩種情形。

（1）**指稱頭上物**，因收錄詞語較少，不以表格呈現。辭典中語料所見：如「頭面」、「蓋頭」、「盔頭」。

只要能夠配蓋在頭上的物品，不論任何東西、材質都能稱之，當作蓋頭的物品亦千變萬，但在此指古時婦女蒙面的頭巾為「蓋頭」，「頭面」有兩個意思，一、顏面，不管是具體的外貌、抽象的體面或名譽，皆以「頭面」轉喻而成；二、婦女頭上的裝飾物，能成為頭上的物品（部分）皆可以稱為「頭面」（全體）。

〔註28〕李臻儀：〈「頭」字的語意延伸與語法化：歷時研究〉，《第五屆臺灣語言及其教學國際學術研討會》，（臺中：靜宜大學，2004 年）。

〔註29〕連金發：〈臺灣閩南語「頭」的構詞方式〉，般允美、楊懿麗、詹惠珍（編），《第五屆中國境內語言暨語言學國際研討會論文集》。（臺北：中研院語言所籌備處，1999 年）。

（2）**轉喻事物殘餘部分**，所謂「殘餘部分」乃連金發研究隱喻所提出，內容是指事物的小部分這類情形，所見如下：

表 3-1-13　華語「頭」轉喻事物部分

頭緒	有頭腦	戇頭戇腦	理出頭緒	呆頭呆腦	賊頭賊腦
沒頭腦	茫無頭緒	暈頭轉向	千頭萬緒	愣頭愣腦	傻頭傻腦

「頭腦」作為人思想傳達的重要器官，以「頭」轉喻「腦中思想」，如「沒頭腦」轉喻思想簡單，考慮不周，「沒清頭」沒有清楚的思考，轉喻人糊塗。劉燕提到〔註 30〕：「漢字『頭』實體隱喻概念，『問題』這種抽象概念可通過『頭痛』這種實體感覺來借以替代問題的複雜難解決的虛擬感覺，需要清理『頭緒』。」是以「頭」其表頭腦的思緒。又如「呆頭木腦」轉喻思想遲鈍不靈活的樣子，都與「思緒」相關。

綜合上述，在全體代部分的轉喻可歸出兩種情形，詞彙表現如下：

a. **轉喻思想**：如「頭緒、沒頭腦、呆頭木腦」，轉喻為「腦中思緒」。

b. **轉喻頭上物**：如「頭面、盔頭」轉為「頭飾」。

以物體的全域轉喻物體的部分面貌，以多代少即為全體轉喻部分，如「思緒」指的是思想，而思想屬於腦中的想法，故思想歸屬於「頭」的範疇；再如「頭飾」也是由「頭」轉喻為「頭上物」，亦是以物體全域轉喻事物的部分。

3. 部分代部分轉喻

關於「頭」在「部分代部分」方面的表現，可以整理出以下幾種情形：

首先謝健雄提到〔註 31〕：「以部分代部分的轉喻，還是以因果轉喻最為常見，展現相當的系統性，原因和結果是相互關聯的事件集合」。「因」與「果」都是因果認知情境的一部份，因此因果轉喻屬於「部分代部分」的轉喻模式。

「頭」的「部分轉喻部分」由語料所見又可分出三類：一、「原因——結果」；二、「動作——狀態」；三、「感官——情感」。

（1）**「頭」轉喻原因或結果**：所見如下：

〔註 30〕劉燕：〈漢字「頭」概念隱喻初探〉，《北方文學》，（2018 年第 3 期），頁 235。

〔註 31〕謝健雄：〈當代臺灣漢語慣用轉喻：認知語言學取徑〉，《人文暨社會科學期刊》，（2008 年第 1 期）。

表 3-1-14　華語「頭」轉喻原因或結果

來頭	悶頭	觸霉頭	當頭棒喝	浮上心頭	頭暈目眩	蒙頭衲被
頭勢	頭暈	頭破血流	白頭相守	垂頭喪氣	垂頭拱手	人頭落地
成頭	賺頭	頭頭是道	露尾藏頭	計上心頭	出頭日子	無頭無尾
頭疼	想頭	頭暈眼黑	沒頭沒腦	焦頭爛額	磕頭燒香	頭懸目眩

這邊所出現的轉喻類型，都是以「頭」轉喻部分事件的原因或是結果。如「賺頭」指交易所得的盈餘、利潤，因為有生意往來，這一個原因，產生了獲得報酬這個結果，如「頭疼、頭暈」隱喻生病或用腦過度亦有頭開始疼痛的症狀，都是因為有部分事情的發生而轉喻了其結果的產生，屬於部分代部分中的以其他事物與「頭」結合而成的轉喻情形。

（2）「頭」轉喻「動作——狀態」相關詞語，所見如下：

表 3-1-15　華語「頭」轉喻「動作——狀態」相關詞語

聽頭	砍頭	斷頭	栽跟頭	試風頭	探頭探腦	點頭哈腰	磕頭撞腦
聚頭	派頭	垂頭	搶風頭	猛回頭	交頭接耳	伸頭縮頸	抬頭挺胸
點頭	探頭	叩頭	搖頭丸	跑碼頭	埋頭苦幹	搔頭弄姿	伸頭探腦
埋頭	殺頭	搖頭	沒看頭	搶鏡頭	低頭屈膝	懸頭刺股	抱頭鼠竄

許多是用來轉喻死亡，如「砍頭、殺頭、斷頭」，人若沒了「頭」便失去生命，如「斷頭、砍頭、斫頭」身首異處，當頭與身體被迫分開，都轉喻人死亡。前文提及，這些「動詞＋頭」的述賓結構形成與「V 頭」的述賓式結構詞語，一來也具有隱喻性，二來也顯示此動詞賓語選擇與「頭」搭配而不與其他器官搭配，若搭配其他器官則無法表示原有的意義，可見「頭」在其中也有其「搭配義」存在。

這類都是以與「頭」相關的動作來轉喻事情的動作狀態，如「聚頭、探頭、埋頭、垂頭」等都是由動詞加上「頭」，以具體可見的「頭」的各種動作，轉喻抽象的事件或狀態。

其中如「垂頭」表面是「低頭」，卻可轉喻「向人屈服、妥協或羞怯不敢抬頭看人」之意，這類詞語有不少，因此也可說是與「頭」部身體詞相關的轉喻表現。

（3）「頭」轉喻情感：常用來表示抽象概念，也是我們使用轉喻最大的特點，即常用具體感官來解釋抽象的情感，為情感喻。所見如下：

表 3-1-16　華語「頭」轉喻情感

撓頭	縮頭縮腦	回頭掣腦	眉頭眼腦	搖頭嘆息	搖頭擺尾	搔頭摸耳
低頭	縮頭縮腳	搖頭晃腦	扭頭暴筋	摸頭不著	低頭喪氣	抱頭縮項
	畏頭畏尾	鼻頭出火	臉紅頭脹	眉頭不展	頭髮上指	眉頭不伸

黃莉萍提到〔註 32〕：

根據國外心理學家測定，人們在表達思想情感時，55%的成分需要借助身體各部位做出的姿態和動作。主管情緒活動的頭部大腦，能接受軀體的各種感官刺激，並引起相應的感覺刺激。

上表所見，頭部的身體詞當中有不少都是用以表達思想情感，或以頭部所呈現的動作來說明內心想法為者。關於「頭」的情感轉喻情形，又可歸納出以下六種情形：

a. **轉喻喜悅情緒：**如「搖頭晃腦」以頭搖動、「擺動頭尾」轉喻高興或悠游自得的神情。

b. **轉喻憤怒情緒：**如「鼻頭出火、扭頭暴筋、臉紅頭脹、頭髮上指」，其中「扭頭暴筋」，以暴露出青筋轉喻非常忿怒、生氣的樣子。

c. **轉喻悲傷情緒：**如「搖頭嘆息、低頭喪氣」，其中「低頭喪氣」低著頭轉喻沮喪。

d. **轉喻苦惱情緒：**如「摸頭不著、抓頭挖耳」，其中「抓頭挖耳」轉喻焦慮、煩悶。

e. **轉喻膽怯情緒：**如「縮頭縮腦、畏頭畏尾」，其中「縮頭縮腦」轉喻怯弱無能，「畏頭畏尾」顧前顧後，轉喻戒慎恐懼。

（4）「頭」轉喻其他，所見如下：

表 3-1-17　華語「頭」轉喻其他

頭銜	乞頭	念頭	話頭	口頭禪	口頭信	來頭不小	品頭論足
口頭	低頭	領頭	口頭語		口頭文學	手頭不便	

謝健雄〔註 33〕指出：「轉喻的部分、整體的知識結構納入認知語言學的概

〔註 32〕黃莉萍：〈從體驗認知角度看「頭」的概念隱喻〉，（欽州學院學報社，2014 年第 4 期），頁 43。

〔註 33〕謝健雄：〈當代臺灣漢語慣用轉喻：認知語言學取徑〉，《人文暨社會科學期刊》，（2008 年第 1 期）。

念領域的架構之中考量，可以有效整合轉喻的類別，在產品的概念領域中，產品的材料是該領域的一部份」。因此，可以見到以「頭」轉喻物品或其他事物的一部份，形成部分代部分的轉喻概念。此類轉喻現象可以歸納出以下四種類型。

a. **轉喻身分地位**：如「頭銜、來頭不小」，「頭銜」轉喻職位、官位的稱號，因不同的官階、職位，配戴不同的帽子，藉由其帽子來判斷身份，而這一個抽象的身分身份，以具體的官帽來呈現。

b. **轉喻金錢財物**：如賭局的抽頭稱「乞頭」，「抽頭」指的是向贏錢的賭徒抽取一部分的利益給提供賭博場所的人，所「乞」所「抽」為部分動作，以人代替所「乞」所「抽」事物中的錢財，屬於部分代部分的轉喻類型。

c. **轉喻言語**：將腦中想表達的事轉喻成語言，表達讓他人能夠理解。如「口頭」又「口頭信」轉喻口頭傳遞的消息，「口頭文學」轉喻不用文字記載而靠口耳相傳的文學，皆指「言語」。

d. **轉喻心理**：連金發指出〔註 34〕：「頭字的語義發展經過生命體、物體方向、空間全域等，最後語義擴展至可指稱整個事件及特定的動作」。如「低頭」、「點頭」，都是可以看到人的行為狀態，這些狀態又暗示心理。

綜合上述，「部分代部分」的轉喻可歸出四種情形，詞彙表現如下表：

（1）**轉喻原因或結果**：如「頭疼、頭暈、悶頭」都是有某些原因，造成頭部的感知有了變化，屬於轉喻原因、結果類型。

（2）**轉喻動作狀態**：突然間回過頭為「猛回頭」屬動作狀態轉喻類型，此外還有如「斷頭、砍頭」身首異處，當頭與身體被迫分開，轉喻人死亡。

（3）**轉喻情感**：關於情感的轉喻情形，又可歸納出六類。

a. **轉喻喜悅情緒**：如「搖頭晃腦」。

b. **轉喻憤怒情緒**：如「頭髮上指」。

c. **轉喻悲傷情緒**：如「低頭喪氣」。

d. **轉喻苦惱情緒**：如「摸頭不著」。

e. **轉喻膽怯情緒**：如「縮頭縮腦」。

〔註 34〕連金發：〈臺灣閩南語「頭」的構詞方式〉，殷允美、楊懿麗、詹惠珍（編），《第五屆中國境內語言暨語言學國際研討會論文集》。（臺北：中研院語言所籌備處，1999 年）。

（4）其他：關於其他類型的轉喻情形，又可歸納出四類。

a. **轉喻身分地位**：如「頭銜」。

b. **轉喻金錢財物**：如「乞頭、手頭不便」。

c. **轉喻言語**：如「話頭、口頭文學」。

d. **轉喻心理域**：如「低頭」。

4. 兼具隱喻與轉喻類型

隱喻和轉喻同樣在於強調事物兩者之間的特性，且兩種類型之間時常互相應用，進一步分析會發現有些詞彙當中，隱喻與轉喻的區分不一定能夠完全切割開，於是便形成底下要探討同時兼有隱喻和轉喻的情形，可能先隱喻再來轉喻，或先轉喻再隱喻的情形，歐德芬也提到，轉喻與隱喻間之連綿性〔註 35〕：

> Barcelona（2006：16）認為隱喻是指不同經驗域間的概念映射：目標域是經由來源域的經驗建構而成的；而轉喻則是同一經驗域不同次經驗域中之概念映射：目標域是因來源域產生心理之激活而出現。但是，隱喻和轉喻間的區別是漸進級別式的（scalar）而非明確分離的（discrete），兩者之間似乎存在著映射過程的連綿性。

認知語言學的研究學者將隱喻與轉喻視為概念投射的認知機制，但兩者有時並不能完全分成兩部分探討，也有同時兼具的二者發生。高階轉喻中的映射關係是連續性的，每一個單次的映射或是其前映射所誘發，都能夠成為映射生成的前提條件，使得隱喻與轉喻間發生互動關係，形成多重概念遷移，導致隱喻和轉喻連續現象的生成。

除了頭部以外，其他的身體詞也有同樣涉及隱喻與轉喻的類型出現，本文以相同模式分析同時存在「隱喻與轉喻」，在頭部出現的情形有**「頭」先隱喻特性再轉喻為人的情形**，所見如下：

表 3-1-18　華語「頭」先隱喻特性再轉喻為人

藥頭	糟頭	黑頭	白頭翁	酒糟頭	黃頭郎	頭腦派	三道頭	蛋頭腦袋

上表中兼具隱喻與轉喻的類型，先以性質相似形成隱喻，再由「頭」轉喻為人。如「黑頭、藥頭、下頭人、頭腦派」，其中「黑頭」原指扮包公者，先

〔註 35〕歐德芬：〈多義感官動詞「看」義項之認知研究〉，《語言暨語言學》，（2014 年第 2 期），頁 167。

以黑臉的性質隱喻包公，再將劃有黑臉的人轉喻為戲劇中的角色，屬於以「頭」喻擅長行業的人此一類型的轉喻。又如「三道頭〔註36〕」，屬於先隱喻後轉喻的情形，第一層先以臂章標誌「三道（實體隱喻）」來代表這類物的權力象徵，第二層轉喻以「頭」代替從事該職業的人（部分代全體）。再如「藥頭」指專門供應、販售毒品的人，先以「藥頭」隱喻毒品來源，再以「頭」轉喻販賣毒品的人，或成為從事該行業的人。「蛋頭腦袋〔註37〕」指頭腦使用過度隱喻頭髮掉光變成像一個蛋殼，再以腦袋轉喻為人。

綜合上述，兼具隱喻與轉喻多屬隱喻特性再轉喻為人，「頭」的在華語當中的隱喻表現，一開始先從具體的人的頭部為起點再到接著逐步引申擴散，從生物到植物，如「胖頭魚、頭髮菜」（實體隱喻）、具體的空間如「碼頭」（空間方位隱喻）而後由空間延伸至時間，如「年頭」。而「頭」的概念轉喻中，頭為身體的一部份，可用來轉喻物體的全域，如「工頭」以頭轉喻人（部分代全體）、以頭的頂部特性演變為殘餘的部分，如「頭緒」以頭轉喻腦中思緒（全體代部分）、而後延伸到事件及因果關係，如「白頭偕老（部分代部分）」，這些都是「頭」部身體詞在隱喻及轉喻當中的豐富表現。

二、閩南語「頭」的隱喻探討

依照教育部《臺灣閩南語常用詞辭典》，關於「頭」的說明如下表：

表 3-1-19　閩南語「頭」釋義及詞例

	釋　義	詞　例
1	首、腦袋	例：大頭 tuā thâu、挵著頭 lòng tio̍h thâu（撞到頭）
2	第一的、最初的	例：頭幫車 thâu pang tshia（第一班車）
3	表方位、地方或場所的詞尾	例：頂頭 tíng-thâu（上面）、火車頭 hué-tshia-thâu（火車站）
4	居前的領導人物	例：工頭 kang-thâu
5	詞綴，可加於某些詞後	例：日頭 jit-thâu（太陽）、興頭 hìng-thâu（興致）
6	根本、源頭	例：樹頭 tshiū-thâu、風頭 hong-thâu
7	事情的開端	例：有頭有尾 ū-thâu-ū-bué（有始有終）

〔註36〕舊時稱上海租界的外國警長。因其臂章的標誌有三道橫，故稱為「三道頭」。

〔註37〕為英語 egg-head 的意譯。美國人喜歡把那些整天只顧埋頭看書、不理世事、自以為大有學問的知識分子稱為「蛋殼腦袋」

8	時間的開始階段	例：年頭 nî-thâu、月頭 gue̍h-thâu
9	碎屑、一點點	例：布頭 pòo-thâu（小碎布）、豆頭 tāu-thâu（豆渣）
10	事、物的前端	例：船頭 tsûn-thâu
11	最初得到的東西	例：藥頭 io̍h-thâu（頭一劑藥）、果子頭 kué-tsí-thâu（剛出的水果）
12	果菜或貨物批發時，大中盤商用來計算一大籮菜或是一批貨的單位	例：一頭菜 tsit thâu tshài（一籮菜）、一頭貨 tsit thâu huè（一批貨）
13	一方、一邊	例：這項買賣，一頭欲，一頭毋。Tsit hāng bé-bē, tsit-thâu beh, tsit-thâu m̄.（這項買賣，一邊要，一邊不要。比喻價錢或條件談不攏。）
14	指頭髮	例：洗頭 sé-thâu、梳頭 se-thâu、剃頭 thì-thâu

由上可知，閩南語有關「頭」的定義基本上與華語大致相同，只是在於將其說明得更細，這些釋義也成了探討閩南語頭部隱喻的基礎，可在閩南語頭部隱喻研究中，鄭縈、陳雅雯提到〔註 38〕：

> 隱喻指的是將外界事物比喻為人的身體，即將人的身體投射到物體上，以人為本的認識世界的方法，主要語義與次要語義之間為類似關係。比如「桌頭」可表示具體的方位，也可以指稱站在桌子一端的人，及充當童乩童的助手，解讀神旨，以「桌頭」來代表靠近它的人就是一種換喻。

這邊指的換喻即是本文當中所說的轉喻。筆者認為「桌頭」不僅是轉喻的現象，桌子亦是先以隱喻的手法，以「桌頭」隱喻桌子的一邊，屬於空間方位隱喻，而後再指靠近神桌的人，則運用了轉喻。下面將針對閩南語中的頭部詞彙，探討其中所見的隱喻現象。

有關閩南語「頭」因隱喻而產生多義現象，連金發指出〔註 39〕：

> 「頭」原指人體的頂部，透過「隱喻」的運作，「頭」充當「喻體」（vehicle）去了解外界較為抽象的「本體」（tenor），如事物的源頭，時間或事件的開端，空間的上方，再進一步虛化為指空間的一端，甚至更抽象的事物或處所，最後變成不帶詞彙意義的形位。

〔註 38〕鄭縈、陳雅雯：〈閩南語「頭」字的用法與其教學〉，《臺灣語文研究》，（2009 年第 3 期），頁 67、68。

〔註 39〕連金發：〈日治時代臺灣閩南語詞彙語義研究回顧〉，《臺灣語文研究》，（2009 年第 4 期），頁 73。

因此可以得知，藉由隱喻的結果「頭」會有多種不同的意義存在，形成各式各樣的隱喻、轉喻類型，如華語當中已提到，「頭」可以當作事物的起源，例如「有苗頭」，空間的上方可以指最頂端、上面，如「山頭」，虛化後有「第一」義，又如「頭香、頭版」，這些都是由「頭」一義延伸而出所形成的隱喻詞彙現象，以下主要探討閩南語有而華語少見的詞語現象。

（一）隱喻類型

1. 實體隱喻

根據 Lakoff & Johnson〔註 40〕，在實體隱喻的部分可以整理出閩南語如下。

（1）形狀相似隱喻，所見如下：

表 3-1-20　閩南語「頭」形狀相似隱喻

榫頭	馬頭〔註 41〕	大頭菜	大頭拇	蓮花頭	白頭鵠仔
蒂頭	豬頭皮	豬頭肥	頭毛菜	豬頭爿	

上表中關於形狀相似的隱喻又可歸納出以下三種情形。

a. **動物相關**：如「馬頭、豬頭肥、豬頭皮、豬頭爿、白頭鵠仔」。其中如「馬頭」因為外觀形狀很像馬的頭而得其名，「豬頭肥、豬頭皮、豬頭爿」則隱喻腮腺炎這種疾病。

b. **物品相關**：如「蒂頭、榫頭、大頭菜、頭毛菜、蓮花頭」。其中如「大頭菜」隱喻蕪菁這種植物，外型與人頭相似，「榫頭」隱喻凸出的部分，指器物凸出處與頭相似。

（2）**性質相似隱喻**，所見如下：

表 3-1-21　閩南語「頭」性質相似隱喻

臭頭	日頭	著頭	摠頭〔註 42〕	激派頭	屈頭山〔註 43〕	戇頭戇面
倒頭	勢頭	擋頭	顯頭〔註 44〕	日頭花	頭篩仔〔註 45〕	歁頭歁面

〔註 40〕Lakoff & Johnson 著，周世箴譯：《我們賴以生存的譬喻》，（臺北：聯經出版社，2006 年）。

〔註 41〕魚名。身體呈現長紡錘狀，頭部下側截平，上面則是呈現圓錐形，因為形狀很像馬的頭，所以才稱為「馬頭魚」。

〔註 42〕摠頭：音讀（tsáng-thâu）：一、總攬，總理各種事情的關鍵之處。二、頭緒，關鍵之處。

〔註 43〕屈頭山：音讀（khut-thâu-suann）：禿山。寸草不生的山。

〔註 44〕顯頭：音讀（hiánn-thâu）：顯眼、醒目。形象鮮明，引人注意。

〔註 45〕頭篩仔：音讀（thâu-thai-á）：上上之選。

過頭	看頭	齊頭		出風頭	烏頭仔車	崁頭崁面〔註46〕
彩頭	苛頭	派頭		出頭天	有頭有尾	傱頭傱面〔註47〕

上表中關於「頭」性質相似的隱喻又可歸納出以下四種情形。

a. **外貌相關**：如「臭頭」隱喻癲痢頭或被責備得狗血淋頭。

b. **事物相關**：如「日頭、霉頭、鋒頭、苦頭、日頭花、毛頭山、烏頭仔車」，如「日頭花」隱喻向日葵，隨太陽移動而跟著太陽轉動的特性，屬性質相似喻。不僅限於人，又如「毛頭山」的「毛」對應華語的「禿」，隱喻山頂無草木覆蓋。

c. **其他**：如「過頭、摠頭、擋頭、出頭天、頭篩仔、有頭有尾」，其中「過頭」以超過的特性隱喻過分，「擋頭」隱喻耐力，「摠頭」隱喻關鍵之處。

綜合上述，閩南語「頭」的實體隱喻可歸出兩種情形：

（1）**形狀相似喻**：可歸納出三種情形。

a. **動物相關**：如「馬頭、豬頭肥」。

b. **物品相關**：如「頭毛菜、蓮花頭」。

c. **外貌相關**：如「頭鬃尾」指辮子，形狀像馬的尾巴，以其隱喻髮型。

（2）**性質相似喻**：可歸納四種情形。

a. **外貌相關**：如「臭頭」。

b. **事物相關**：如「日頭、霉頭」。

c. **其他**：如「過頭、摠頭、擋頭」。

2. 空間方位隱喻

根據連金發所述〔註48〕，閩南語空間方位隱喻中，有上方（風頭）、公眾往來集合的場所（火車頭）、相對的方位（外頭）、端（彼頭）、角落、旁邊、終點等。閩南語在空間方位隱喻的表現可以歸納出四種不同的類別。

（1）**「頭」指最上面、第一個**，所見如下：

〔註46〕崁頭崁面：音讀（khàm-thâu-khàm-bīn）：頭臉都覆蓋住。比喻呆頭呆腦、不知死活。

〔註47〕傱頭傱面：音讀（gām-thâu-gām-bīn）：責罵人因無知或不識趣而做出不適宜的蠢事。

〔註48〕連金發：〈日治時代臺灣閩南語詞彙語義研究回顧〉，《臺灣語文研究》，（2009年第4期），頁73。

表 3-1-22　閩南語「頭」指最上面、第一個

水頭	做頭	徛頭	提頭	頭水	頭攤	搶頭香	擛頭香
頭名	頭胎	頭陣	鼻頭	頭旗	水道頭	頭上仔	
山頭	奶頭	船頭	褲頭	樹頭	搶頭標	套頭話	

由上表得知，「頭」於空間及方位當中是身體的最頂端，若換或是其他事物，可指最前端，由此形成空間隱喻可歸納出以下兩種情形：

a. **隱喻最上面、最前端**：如：「鼻頭、褲頭、樹頭、奶頭、山頭」。

b. **隱喻第一個、最重要**：如：「做頭、頭名、水頭、頭旗、頭上仔、搶頭標」。

當認知「頭」概念時，可以隱喻物體的「頂端或是前端」，本文中出現的詞彙，「水頭」指水的源頭、河流上游，除在空間指頂端、上面，亦有「第一」的概念意象。「搶頭標、擛頭香、搶頭香」隱喻為搶先一步得到先機，「頭旗」隱喻進香隊伍主神的旗幟，這些詞彙皆用以隱喻含有「第一個」的人、事、物。

（2）「頭」隱喻端點，所見如下：

表 3-1-23　閩南語「頭」隱喻端點

彼頭	路頭	線頭	橋頭	雙頭

如上表，「頭」不一定專指頂端、上方，也有「端點」之意，如「線頭、橋頭、雙頭」，並不能局限哪邊是頭、哪邊是尾，因有此隱喻概念。

「頭」的兩端，不侷限於頭尾順序，又如「彼頭」指那頭、那方、那端、「路頭」指路程的起點、「線頭」線的端頭、「橋頭」橋梁的兩端和岸邊接連的地方、「雙頭」兩頭、兩端，可以將其視為起點也是終點、是頭也是尾的端點。

（3）「頭」隱喻維度空間，所見如下：

表 3-1-24　閩南語「頭」維度空間

心頭	外頭	回頭	車頭	目頭	越頭〔註 49〕	心肝頭	水源頭	排仔頭〔註 50〕
風頭	埠頭	渡頭	碼頭	頂頭	外埠頭	轉後頭	允頭路	
店頭	頭路	廳頭	地頭	後頭	食頭路	厝角頭	火車頭	

如上表所見，以「頭」隱喻為空間的詞彙，可依空間維度分以下三種情形：

〔註 49〕越頭，音讀（uat-thâu）：一、頭向後轉。二、回頭、待會兒。三、掉頭，生氣不理睬樣。

〔註 50〕排仔頭，音讀（pâi-á-thâu）：渡頭、碼頭、船埠。渡船靠岸的地方。

a. 一維隱喻：如「頂頭、回頭、越頭、頭路、轉後頭、食頭路」。「頂頭」，照字面上所解釋為頭的上面，在此隱喻上級、上面、上頭，比自己的職位、輩分高的都可以這樣稱呼，包含上司、主管、長輩。

b. 二維隱喻：如「目頭、風頭、外頭、廳頭、水源頭」。指平面空間所在，其中「目頭」隱喻眉頭，指兩眉毛之間的空間，「水源頭」隱喻水的發源地。

c. 三維隱喻：如「店頭、桸仔頭、厝角頭、火車頭、心肝頭」，指一立體的空間，其中如「店頭」隱喻商店，「火車頭」隱喻火車站，「心肝頭」隱喻心裡頭。

閩南語較特殊的「頭」隱喻詞語是「後頭、後頭厝」指娘家，是將回自己的娘家隱喻為道路，以回家這一動作，隱喻抽象的回頭轉向，以此意象表示往娘家前進。「後頭厝」又延伸到「家」，「家庭」這個抽象概念。

「家」有實體的房屋及抽象的家庭、英語也有具體的「House」及抽象的「Family」、日語亦以「いえ」和「うち」來劃分，閩南語當中則以「後頭」隱喻「原生家庭」這一個意涵。

（4）「頭」時間隱喻，所見如下：

表 3-1-25　閩南語「頭」時間隱喻

月頭	年頭	自頭	後頭	頭牙〔註 51〕	頭起先	當頭白日
頭先	頭旬	頭仔	頭前	寢頭〔註 52〕	暗頭仔	新正年頭
原頭	起頭	歲頭	頭七	上頭仔	頭拄仔〔註 53〕	

如上所知，空間方位隱喻中，包含了與時間相關的隱喻，也有很多詞彙是在閩南語中才特別出現的情況，如「頭旬、頭仔、寢頭、頭拄仔」等。頭的時間用法，鄭縈、陳雅雯提到〔註 54〕：「頭字語義指稱時間的開頭部分，該義項已由頭字本義經過換喻機制所衍生，與頭字本義有所差異。」在此仍做隱喻使用，例如「寢頭、頭起先、頭拄仔」都是指不久之前，這類的詞彙皆屬於時間隱喻。

〔註 51〕頭牙，音讀（thâu-gê）：土地公生日。漢族傳統民俗節日之一。農曆二月初二。這天是土地公生日，也是農曆年後第一次祭祀土地公，所以該次的祭祀土地公稱做「頭牙」。

〔註 52〕寢頭，音讀（tshím-thâu）：起初、起先。剛開始的時候。

〔註 53〕頭拄仔，音讀（thâu-tú-á）：剛才、剛剛。

〔註 54〕鄭縈、陳雅雯：〈閩南語「頭」字的用法與其教學〉，《臺灣語文研究》，（2009 年第 3 期），頁 87。

又如「歲頭」為歲數、年齡，指年齡的大小，鄭縈、陳雅雯表示〔註 55〕：「歲頭指的是一定歲數的年齡，強調的是年齡的分量與程度。」可知此亦為時間隱喻。

綜合上述，空間方位隱喻可歸出四種情形，表現如下：

（1）隱喻最上面、第一個：又可分為兩類。

a. 隱喻最上面、前端：如：「褲頭、樹頭」。

b. 隱喻第一個、最重要：如：「做頭、頭名、徛頭、頭旗」。

（2）隱喻端點：如「線頭、橋頭、雙頭」。

（3）維度空間：可依照維度空間不同，分為三種類型。

a. 一維隱喻：如「回頭、越頭」。

b. 二維隱喻：如「目頭、廳頭」。

c. 三維隱喻：如「心肝頭」。

（4）時間隱喻：如「頭回、月頭兒、一年到頭、頭上抹下、頭上末下」。

（二）轉喻類型

閩南語詞彙轉喻的部分，同樣以謝健雄〔註 56〕轉喻理論為基準，分三類來探討。

1. 部分代全體轉喻

依照連金發的轉喻理論〔註 57〕，閩南語頭部身體詞中，「部分代全體」的轉喻表現有轉喻為人及轉喻物體「完整」的部分兩個類型。

（1）轉喻為人，所見如下：

表 3-1-26　閩南語「頭」轉喻為人

桌頭	婊頭	對頭	標頭	賊頭	炁頭〔註 58〕	店頭家	厝頭家	厝邊頭尾
藥頭	人頭	貿頭	頭家	柴頭	歹炁頭〔註 59〕	頭家娘	藥頭仔	臭頭雞仔

〔註 55〕鄭縈、陳雅雯：〈閩南語「頭」字的用法與其教學〉，頁 87。

〔註 56〕謝健雄：〈當代臺灣漢語慣用轉喻：認知語言學取徑〉，《人文暨社會科學期刊》，（2008 年第 1 期）。

〔註 57〕連金發：〈臺灣閩南語「頭」的構詞方式〉，般允美、楊懿麗、詹惠珍（編），《第五屆中國境內語言暨語言學國際研討會論文集》。（臺北：中研院語言所籌備處，1999 年）。

〔註 58〕炁頭，音讀（tshuā-thâu）：一、帶動別人起來行動。二、在前面引導帶路。三、指榜樣。

〔註 59〕歹炁頭，音讀（pháinn-tshuā-thâu）：壞榜樣、不好的帶頭者。

會頭	頭人	頭目	頭兄	癮頭	頭目鳥	乞食頭	老娼頭	囡仔頭王
工頭	牛頭	角頭	組頭	擴頭	拳頭師	放送頭	柝仔頭	柴頭尪仔

上表中，出現的詞彙都都是以「頭」代「人」的轉喻，又可分為兩種類型。

a. 轉喻為一般人：不具有職業或是其他特性。如「人頭、對頭、厝頭家、頭家娘」。

b. 轉喻為擅長於某種技藝的人：與工作相關，再經由轉喻來表述擅長某種技藝的特殊人物。如「桌頭、工頭、組頭、老娼頭、拳頭師」。

c. 轉喻具領袖特質的人：「頭」位於人體最上方，一如領導人物具備的「最高」特質。這類詞語如「頭兄、角頭、頭目、賊頭、牛頭、頭目鳥、乞食頭、囡仔頭王」。

d. 轉喻具某種外貌的人：如「擴頭」轉喻人的前額或後腦杓凸出。

閩南語「頭家」一詞很常用有兩個意思：一是「頭家」要稱呼於行業相關的話則是老闆、僱主。二是女人稱自己的人丈夫、先生。「頭家」一詞華語中本不存在，後將閩南語以華語直譯，才出現在華語中。再如「桌頭」轉喻在神桌旁邊幫乩童翻譯傳話的人，臺灣民間信仰中沒有人夠完全理解「童乩」所說的「天語」，必須要依靠專業翻譯「桌頭」來協助解釋，這個特殊現象，在閩南語當中有「一个童乩、一个桌頭」之說，後又以「童乩桌頭」轉喻狼狽為奸。其他再如「角頭」轉喻領袖人物或是黑社會老大，「賊頭」轉喻匪首、盜匪的頭子，「牛頭」轉喻放牛班學生的班頭。

（2）轉喻完整事物，所見如下：

表 3-1-27　閩南語「頭」轉喻完整事物

陣頭	頂頭	穡頭	庄頭	擔頭	尪仔頭
頭面	抽頭	空頭	房頭	包穡頭	好看頭

從上表中，「穡頭」本指農事，今則泛指一切工作，因轉喻的語義擴充，使得工作類型不僅限在農業。其中「擔頭」指擔子，隱喻所肩負的責任。只以擔挑事物（全體）隱喻其中所挑的責任（部分）。「尪仔頭」而如是玩偶的頭，亦稱玩偶本體。又如「庄頭」轉喻村落、「房頭」轉喻舊時宗族的各分系。鄭縈、陳雅雯講述到〔註 60〕：「『庄頭』指整個村莊全域，第一語素『庄』即可具

〔註 60〕鄭縈、陳雅雯：〈閩南語「頭」字的用法與其教學〉，《臺灣語文研究》，（2009 年第 3 期），頁 81。

體表達語義，『頭』字在此有表稱全體的全域，語義的具體強度較弱。」這些都是轉喻為物品或其他所指之物的轉喻的類型。這些詞彙的特點都是以「頭」轉喻「完整」的類型，用來代替較多的事情，從少變多、從小範圍延伸到大範圍的類別。

2. 全體代部分轉喻，所見如下：

表 3-1-28　閩南語「頭」全體轉喻部分

頭帛	戶頭	布頭	無頭神	布頭布尾	鬼頭鬼腦

「全體轉喻部分」的表現，依照李臻儀〔註 61〕的「用以指稱頭巾或頭上物（頭轉喻頭上物），以及連金發〔註 62〕轉喻物體殘餘的部分，可整理出兩種不同的情形：

a. 指稱頭上物，如「頭帛」指孝巾，轉喻為穿戴在頭上的物品。

b. 殘餘的部分，如「布頭」、「布頭布尾」。指剪裁後所剩餘的布塊，以「頭」轉喻剩餘的布塊，如「零頭」屬以多代少的轉喻類型。

閩南語中關於「頭」部的具體形象逐漸弱化，鄭縈、陳雅雯〔註 63〕：「無頭神指稱記憶不佳，此時的頭字語義變得不見，漸而指稱與頭部相關的抽象語義，指腦筋、記憶。」在這裡以「頭」指稱是抽象的記憶，為看不到的腦中能力，但將其引申至源頭仍然為頭部，以「頭」轉喻頭部的性質、特性或思想，為範疇（頭）與成員（思想）。

3. 部分代部分轉喻

閩南語頭部身體詞在「部分代部分」的表現與華語相同，可以依照謝健雄〔註 64〕的因果轉喻模式、物品和能力的轉喻類別，以及連金發〔註 65〕的動作、事

〔註 61〕 李臻儀：〈「頭」字的語意延伸與語法化：歷時研究〉，《第五屆臺灣語言及其教學國際學術研討會》，（臺中：靜宜大學，2004 年）。

〔註 62〕 連金發：〈臺灣閩南語「頭」的構詞方式〉，殷允美、楊懿麗、詹惠珍（編），《第五屆中國境內語言暨語言學國際研討會論文集》。（臺北：中研院語言所籌備處，1999 年）。

〔註 63〕 鄭縈、陳雅雯：〈閩南語「頭」字的用法與其教學〉，《臺灣語文研究》，（2009 年第 3 期），頁 67、68。

〔註 64〕 謝健雄：〈當代臺灣漢語慣用轉喻：認知語言學取徑〉，《人文暨社會科學期刊》，（2008 年第 1 期）。

〔註 65〕 連金發：〈臺灣閩南語「頭」的構詞方式〉，殷允美、楊懿麗、詹惠珍（編），《第五屆中國境內語言暨語言學國際研討會論文集》。（臺北：中研院語言所籌備處，1999 年）。

件轉喻理論，在頭部轉喻的類別，可以整理出以下三種類型。閩南語

（1）「頭」轉喻原因或結果，所見如下：

表 3-1-29 閩南語「頭」轉喻原因或結果

頭到	頭疼	齣頭〔註 66〕	唬秤頭	倒頭栽	歹剃頭	當頭對面	鏨頭短命〔註 67〕
頭大	頭尾	辭頭路	電頭毛	糕仔頭	唬秤頭	頭眩目暗	掠無頭摠〔註 68〕
幌頭	頭摠〔註 69〕	食秤頭	對頭親	重頭輕		頭較大身	

上表所見，如「倒頭栽」轉喻人摔倒的動作結果。「頭眩目暗」因身體不適，造成頭暈目眩、頭昏眼花，為因果相代轉喻現象，屬原因轉喻結果的情形。閩南語較為特殊的詞語如「糕仔頭」是一種在嫁女兒的時候，用來贈送給親友的食品，為澎湖地區習俗，換言之若親友收到糕點，就知道贈送人的女兒要出嫁，屬於轉喻原因的類型。再如「頭較大身」指頭部比身軀大，意本末倒置，轉喻次要的事情比主要的事情還要花費更多的心力、金錢或形容事情而變得難以收拾，為轉喻原因的詞語表現。

（2）「頭」轉喻「動作——狀態」相關詞語，所見如下：

表 3-1-30 閩南語「頭」轉喻「動作——狀態」相關詞語

力頭	口頭	出頭	扞頭〔註 70〕	剃頭	探頭	上山頭	吐腸頭	好彩頭
報頭	掌頭	叩頭	忝頭〔註 71〕	頕頭	磕頭	拍拳頭	哭路頭	捋頭毛
刣頭	搖頭		鏨頭〔註 72〕	擛頭	佝頭	倒頭槌	大翻頭	頭轉客

上表中如「刣頭」本指殺頭但常轉喻為解僱部屬或工人，失去工作無法賺錢，猶如死亡。「扞」一詞在閩南語當動詞使用，用來指主持、掌管或用手扶著，而以「扞頭」轉喻掌控事情，「倒頭槌」轉喻冷不防的反擊或出賣，「哭路頭〔註 73〕」則轉喻出嫁女子回家奔喪是臺灣喪葬禮俗之一，為動作和狀態之

〔註 66〕齣頭，音讀（tshut-thâu）：一、把戲、花樣。二、劇目、戲碼。

〔註 67〕鏨頭短命，音讀（tsām-thâu-té-miā）：咒人被砍頭短命而死，是女人咒罵男人的話。

〔註 68〕掠無頭摠，音讀（lia̍h-bô-thâu-tsáng）：不得要領、抓不到頭緒。

〔註 69〕頭摠，音讀（thâu-tsáng）：一、髮髻。將頭髮挽成束然後盤起來的髮式。二、頭緒、線索。

〔註 70〕扞頭，音讀（huānn-thâu）：主持、掌管。

〔註 71〕忝頭，音讀（thiám-thâu）：指非常疲累或情況很嚴重。

〔註 72〕鏨頭，音讀（tsām-thâu）：砍頭、殺頭。

〔註 73〕嫁出的女兒，接到父母過世的消息後，隨即回家，在走進家門巷口前必須扯散頭髮，

間的轉喻。

（3）「頭」轉喻情感，所見如下：

表 3-1-31　閩南語「頭」轉喻情感

風火頭	笑頭笑面	憂頭苦面	憂頭結面	歡頭喜面	生頭凊面

情感的產生往往離不開人的「思維」及「認知」，閩南語轉喻情感方面的詞彙多不可數，閩南語「頭」的轉喻情形可歸納出三種類型。

a. **轉喻喜悅情緒**：如「笑頭笑面、歡頭喜面」，指笑逐顏開、眉開眼笑，轉喻開心。

b. **轉喻憤怒情緒**：如「風火頭、生頭凊面」，轉喻生氣、憤怒的臉色。

c. **轉喻悲傷情緒**：如「憂頭苦面」、「憂頭結面」，愁眉苦臉，眉頭緊皺，轉喻憂傷。

此類許多都是以頭與臉結合所形成的詞彙，由於心裡的情感藉由臉來傳達，使他人能看到臉部的表情得知此人心中想法，此即「部分」代「部分」的轉喻。

（4）「頭」轉喻其他，所見如下：

表 3-1-32　閩南語「頭」轉喻其他

捅頭	偏頭	話頭	標頭	號頭	麵頭	有擋頭	踏話頭

上述「捅頭」轉喻多出來的、超出範圍的部分，多用來指數字，如年齡、金錢。「麵頭」指父母百日忌的饅頭〔註 74〕，以此轉喻祭祀用的供品。

綜合上述可知，閩南語「頭」的轉喻使用情形如下：

1. **部分代全體轉喻**：共出現兩種情形。

（1）**轉喻為人**：又可四種類。轉喻為人如「人頭、對頭」。轉喻職業：如「桌頭、老娼頭」。轉喻具領袖特質：如「角頭、頭目」。轉喻具某種外貌的人：如「擴頭」。

（2）**轉喻物體的全域**：如「頭面、陣頭、穡頭、尪仔頭」。

沿途號哭，跪爬進屋，並一路訴說父母的養育之恩，以表內心哀痛。必須等到有人過來處攙扶招待，才能停止。

〔註 74〕資料來源：https://ppt.cc/fljDEx 檢索日期：2021 年 05 月 19 日。饅頭一詞出自三國蜀漢諸葛亮。當時諸葛亮率軍南渡瀘水以討孟獲。根據當地的習俗，大軍渡江之前必須以人頭祭祀河神。諸葛亮遂命人以白麵裹肉蒸熟，代替人頭投入江中。

2. 全體代部分轉喻：共出現兩種情形。

（1）轉喻頭上物：如「頭帛」指孝巾，轉喻為穿戴在頭上的物品。

（2）轉喻物體殘餘的部分：如「戶頭、無頭神、布頭布尾、鬼頭鬼腦」。

3. 部分代部分轉喻：共出現四種情形。

（1）轉喻原因或結果：如「倒頭栽、糕仔頭、頭眩目暗、頭較大身」。

（2）轉喻動作狀態：如「出頭、拍拳頭、吐腸頭」。

（3）轉喻情感：可歸納三種類型。

a. 轉喻喜悅情緒：如「笑頭笑面」轉喻開心。

b. 轉喻憤怒情緒：如「風火頭」，轉喻生氣。

c. 轉喻悲傷情緒：如「憂頭苦面」轉喻憂愁。

4. 轉喻其他：如「庄頭」轉喻整個村莊，「有擋頭」轉喻有耐力。

相較於華語，閩南語的頭部詞彙中，出現了幾則與文化、習俗相關的轉喻，是華語當中未出現的，如喜慶文化有「糕仔頭」，而展現葬禮的文化則有「麵頭」、「哭路頭」等。

三、日語「頭」的隱喻探討

關於日語慣用語的隱喻現象，山梨正明曾指出〔註 75〕：「在慣用語字面意義向慣用意義的語義擴展中，以相似性為基礎的隱喻機制和鄰近性為基礎的轉喻機制，都發揮了重要的作用。」吳宏也說〔註 76〕：

> 慣用句的意義是可以推導出來的，而非完全任意的是有理據的，這種理據性是規約常識（conventional knowledge，慣習的イメージと知識）和概念隱喻（conceptual metaphor，概念メタファー）緊密結合在一起形成。

本文據此探討日語慣用語使用的辭典為 Weblio，其中「頭」定義〔註 77〕如下表：

〔註 75〕山梨正明：《認知文法論》，（東京：ひつじ書房，1995 年），頁 25～26。

〔註 76〕吳宏：《日語慣用語的認知語義研究——以人體詞慣用語為中心》，（廣東：世界圖書出版公司廣東公司，2013 年），頁 42。

〔註 77〕Weblio 辞書とは、複数の辞書や用語集を一度に検索し、一度に表示する、統合型オンライン辞書サービスです。

表 3-1-33　日語「頭」釋義及詞例

	釋　義	詞　例〔註 78〕
1	動物の体の上端または前端の部分で（動物身體的上端或前端部分）	一、首から上の部分（脖子以上的部分）。「頭を深く下げる」 二、人間では、頭髪の生えた部分。動物では頭頂のあたり（以人類來看是有頭髮的部分、動物則是在頭頂上）「犬の頭をなでてやる」
2	脳の働き、思考力（大腦的運作和思維能力）	「頭の回転が速い」「頭に入れておく」「頭を切り替える」
3	髪、頭髪、髪の形（頭髮、髮型）	「頭が白くなる」「頭を刈る」
4	物の先端、上端（東西的前端、頂端）	「釘（くぎ）の頭」
5	物事のはじめ、最初（事情的開始、第一個）	「来月の頭から始める」
6	主だった人、人の上に立つ者、首領、長（主要人物、領導者、首領）	「頭に据える」
7	うわまえ（上部）	「頭をはねる」
8	人数（人數）頭かず（人頭）	「頭がそろう」
9	「ひとり」の下に付き、接尾語的に用いて人を単位とすることを表す（接續在「人」後作後綴表示以人為單位）	「ひとり頭千円を集める」
10	新聞の一面トップ記事（報紙的頭版、頭條文章）	題号の左や下を占める。→肩
11	相場の最高点。天井。（最高行情、市價。天花板）	「頭つかえ」

基於以上關於頭的理解，所闡述關於「頭」的說明，以下將針對關於頭的慣用語，分為隱喻與轉喻兩種類型表現。

（一）隱喻類型

1. 實體隱喻

隱喻是以相似性為基礎的擴展，相似性又可以分物理相似性與心理相似性〔註 79〕，物理相似性是指源域和目標域之間在形狀、位置、功能等方面存在著

〔註 78〕《Weblio 辞書：辞典・百科事典の検索サービス》：https://www.weblio.jp/

〔註 79〕吳宏：《日語慣用語的認知語義研究——以人體詞慣用語為中心》，（廣東：世界圖書出版公司廣東公司，2013 年），頁 78。

某些特性；心理相似性是由文化或其他心理因素使得人們認為某些事物之間存在著某方面的相似性。日語方面吉村公宏舉了兩組例子來說明隱喻中的物理及心理相似性情形〔註80〕：

A 組：一、網の目、蛇口、目玉焼き

A 組：二、釘の頭、みかんの尻、竜頭蛇尾

A 組：三、ギターの爪、くしの歯、椅子の足

B 組：四、知能がフルに作動する

B 組：五、頭がさびついて回転しない

B 組：六、疲れた。油が切れてきた

B 組：七、頭が故障。接触がよくない

上述所舉之例，A 組中第一點側重的是事物與人體器官部位在形狀結構上的相似性，第二點側重的是事物的內部位置關係與人體器官的內部位置關係，是基於位置相似性建立起來的隱喻關係，第三組行則是根據事物與人體器官在功能上的相似性建立起來的隱喻關係，A 組是在形狀、位置、功能方面的相似，利用的是具體事物之間人們已經感知到的、物理意義上的相似性。

在 B 組中，智力（頭腦）被當作機器，這是基於心理相似性在具體概念與抽象概念之間建立起來的一種隱喻關係。機器是源域，智力（頭腦）是目標域，智力（頭腦）被概念化為機器，這樣一個有形的實體能夠運轉、需要維護，長時間運轉後會接觸不良、發生故障等機器才有的特性，都被投射到了抽象的智力（頭腦）上，機器與智力（頭腦）之間的這種相似性，是通過人的抽象思維所概括、創造出來的，在這隱喻當中注入了更多的心理性因素。

以下「日語頭部慣用語〔註81〕」語料來源出自於 Weblio 辭典中，所見如下。

表 3-1-34　日語「頭」實體隱喻

慣用語	釋　義	慣用語	釋　義
頭を冷やす	冷靜下來	頭角を現す	嶄露頭角
目頭が熱くなる	熱淚盈眶	頭が重い	心情沉重

〔註80〕吉村公宏：《はじめての認知言語学》，（東京：研究社，2004 年），頁 107。

〔註81〕《Weblio 辞書：辞典・百科事典の検索サービス》：https://www.weblio.jp/。搜尋：Weblio 辞書＞成句＞慣用句。檢索日期：2021 年 05 月 19 日。

一頭地を抜く	高出一籌	頭が切れる	聰明伶俐
頭に血が上る	大為惱火	頭堅し	身體健康
頭でっかち尻つぼみ	龍頭蛇尾	頭を下げる	屈服、佩服
頭が上がらない	權力、實力前，無法抬頭	頭の黒い鼠	家賊

上表中，如「頭が高い」隱喻趾高氣昂、態度惡劣，是對人的態度囂張跋扈、粗魯、無禮的態度表現，在這裡顯示了一種心態，即通過具體的身體狀態，以頭一直處於很高的狀態動作來隱喻人的性格。又如「頭でっかち尻すぼみ」指虎頭蛇尾以頭大屁股小的特性來隱喻做事有始無終。又如「頭が上がらない」以無法抬頭的特性，隱喻人不敢面對抬不起頭來，因被他人欺負、打壓，使自己沒有信心，因此無法抬頭挺胸，只能低頭不敢面對。

「頭の黒い鼠」指家賊，字面上來解釋為頭上黑色的老鼠。首先「頭」的附屬物「頭髮」在「頭」上，「頭黑」表示頭髮是黑色的特性，以頭髮為人的一部份、在頭上的老鼠以隱喻為隱藏內部從事破壞的人。

2. 空間方位隱喻

有關日語當中空間方位隱喻的研究，山梨正明舉出〔註 82〕：

一、最近このメーカの製品の質が上がった

（最近這個品牌的商品質量變好了）

二、彼はいつも他人を見下ろしている

（他總是瞧不起別人）

三、もう少し知的レベルまで、話を上げよう

（稍微提升一點水準，再來談吧）

山梨正明所提出的三則基本隱喻概念皆為空間方位隱喻的類型，如第一則品質好為上、第二則被瞧不起為下、第三則理性為上，以隱喻相似性的角度來看，我們很難從「品質好」與「上」、「瞧不起」與「下」、「水準」與「上」中找到相似之處，但這樣的隱喻概念又常常與我們的生活緊緊相連。

由於這種空間方位在概念產生之前就已經存在，人們可以通過視覺、聽覺等感官去直接感知，人們經常用這種具體的、可以直接理解的空間方位概念來描述身體狀況、數量、社會地位等抽象概念，形成了用表示空間方位概念的詞

〔註 82〕山梨正明：《比喩と理解》，（東京：東京大学出版会，1988 年），頁 51。

彙表達抽象概念的方位隱喻。

在日語身體詞慣用語中，這些方位概念常被用來描述人的品行、性格、態度等抽象概念，如「手が長い（手長喻小偷）」、「尻が重い（屁股重喻懶惰）」、「腰の低い（腰低喻謙虛）」、「鼻の高い（鼻高喻驕傲）」，這些日語身體詞慣用語的語義構造中不僅包含以相似性為基礎的隱喻擴展，還包含以經驗相似性為基礎的隱喻延伸。以下探討日語慣用語中，與「頭」相關的身體詞空間方位隱喻的表現。

表 3-1-35　日語「頭」空間方位隱喻

空間隱喻		時間隱喻	
慣用語	釋　義	慣用語	釋　義
頭痛の種	煩惱的源頭	頭から	從頭開始
		頭を回らす	回頭、回顧

日語在空間方位隱喻中所出現的慣用語僅出現三則，其中方位空間隱喻慣用語「頭痛の種」是指頭痛的原因、煩腦的源頭，事情的根源就在頭的裡面，將此隱喻為一個空間，裡面藏著煩惱。

關於時間方面的隱喻如「頭から」，指從頭開始，「從頭」除了能隱喻地點（空間）的起點，也可隱喻開始（時間）的起點，故筆者歸類於時間的隱喻。「頭を回らす」指回頭、回顧，回想、回憶以前的事情，不管人走路或是時間都是不斷向前進，因此將回頭的動作來隱喻「回顧」某事，以此來回憶過去的時光。

（二）轉喻類型

「部分代部分」依照謝健雄〔註83〕以及連金發〔註84〕所言，可將「頭」部轉喻的類別，整理出以下三種類型。

1. 部分代全體轉喻

以連金發的轉喻〔註85〕為根據將轉喻情形分類，有「人的頭部（轉喻人）、

〔註83〕謝健雄：〈當代臺灣漢語慣用轉喻：認知語言學取徑〉，《人文暨社會科學期刊》，（2008 年第 1 期）。

〔註84〕連金發：〈臺灣閩南語「頭」的構詞方式〉，殷允美、楊懿麗、詹惠珍（編），《第五屆中國境內語言暨語言學國際研討會論文集》。（臺北：中研院語言所籌備處，1999 年）。

〔註85〕連金發：〈臺灣閩南語「頭」的構詞方式〉，殷允美、楊懿麗、詹惠珍（編），《第五屆中國境內語言暨語言學國際研討會論文集》。

物體殘餘的部分（轉喻完整事物）」。日語慣用語這方面的表現如下：

表 3-1-36　日語「頭」轉喻（部分代全體）

<table>
<tr><th colspan="4">轉喻為人</th></tr>
<tr><th>慣用語</th><th>釋　義</th><th>慣用語</th><th>釋　義</th></tr>
<tr><td>頭を集める</td><td>多人群聚</td><td>頭を丸める</td><td>削髮為僧</td></tr>
<tr><td>頭が固い</td><td>固執的人</td><td rowspan="2">頭を下ろす</td><td rowspan="2">削髮為僧</td></tr>
<tr><td>頭を剃る</td><td>削髮為僧</td></tr>
<tr><th colspan="4">轉喻完整事物</th></tr>
<tr><th colspan="2">慣用語</th><th colspan="2">釋　義</th></tr>
<tr><td colspan="2">頭の天辺から足の爪先まで</td><td colspan="2">從頭到腳、全部</td></tr>
<tr><td colspan="2">頭剃るより心を剃れ</td><td colspan="2">用心比外在形式更重要</td></tr>
</table>

日語部分代全體的轉喻慣用語中，有兩種情形：

（1）**以頭轉喻人**，「頭を集める」為多人群聚，同於華語的「萬頭攢動」，以多數的「頭」聚集在一起，以「頭」轉喻「人」。

（2）**以頭轉喻完整事物**，「頭の天辺から足の爪先まで」轉喻從頭到腳、全部，即為從頭到腳的腳趾，也是指整個身體。由於「從開始到哪邊結束」具有「事物的整體」的元素，故以此慣用語轉喻事物的整體性。「頭剃るより心を剃れ」在是說用心比外在形式更重要，意味與其在意外在的形式，不如將內涵充實完成，以此來轉喻不管做什麼事情，只要發自內心誠心去做就好。

2. 全體代部分轉喻

表 3-1-37　日語「頭」轉喻（全體代部分）

慣用語	釋　義	轉喻情形
念頭に置く	放在心上	轉喻腦中的思想
頭が古い	食古不化	轉喻腦中的思維

上表中，如「念頭に置く」指放在心上，將所有需要濟助、掛心的事情，全部放在腦中，這邊是將「頭」轉喻腦中的「念頭」，為範疇與成員的轉喻關係。具體優先於抽象，以具體的「頭」來轉喻抽象的「思維方式」。這是由於人類的經驗變成思考模式，如「頭が古い」轉喻古板，思考邏輯是過去的、舊的，指食古不化。

3. 部分代部分轉喻

「部分代部分」依照謝健雄〔註86〕以及連金發〔註87〕所言，可將「頭」部轉喻的類別，整理出以下三種類型。

表3-1-38　日語「頭」轉喻（部分代部分）

轉喻原因或結果			
慣用語	釋　義	慣用語	釋　義
頭打ち	事物達到極限	頭を搾る	絞盡腦汁
頭を悩ます	傷腦筋	脳味噌を絞る	絞盡腦汁
頭が打つ	頭痛	脳漿を絞る	絞盡腦汁
頭を痛める	事情多讓頭很痛	目頭を押さえる	忍住淚水
頭を擡げる	壓抑之事開始顯露	頭隠して尻隠さず	藏頭露尾
頭を突っ込む	介入、插手	頭に入れる	記住
頭の上の蠅も追えない	少管閒事	脳裏に焼き付く	銘記在心
頭の蠅も追えない	少管閒事	脳天から声を出す	大聲說話
人の疝気を頭痛に病む	操心無關己之事	話頭を転じる	轉移話題
頭を抑える	以行動或言語壓制他人		
轉喻動作狀態			
慣用語	釋　義	慣用語	釋　義
頭を縦に振る	同意	頭が低い	謙虛
頭を横に振る	拒絕	頭が高い	趾高氣昂
頭を撥ねる	佔別人便宜	頭を振る	左右搖頭表達拒絕或不知
轉喻情感			
慣用語	釋　義	慣用語	釋　義
頭から湯気を立てる	怒氣沖沖	頭を掻く	害羞、難為情
怒り心頭に発する	怒火中燒	頭から水を浴びたよう	驚恐萬分

日語慣用語中的轉喻情形，以部分代部分的情形最多，轉喻類型包含三種：

（1）轉喻原因或結果，「頭に入れる」將東西放進腦中，把要保留的記憶、事物，烙印在腦中的這一個事件，轉喻能記住。又如「頭打ち」指事物

〔註86〕謝健雄：〈當代臺灣漢語慣用轉喻：認知語言學取徑〉，《人文暨社會科學期刊》，（2008年第1期）。

〔註87〕連金發：〈臺灣閩南語「頭」的構詞方式〉，殷允美、楊懿麗、詹惠珍（編），《第五屆中國境內語言暨語言學國際研討會論文集》。（臺北：中研院語言所籌備處，1999年）。

達到極限，首先，以「頭」通過轉喻來表示東西的頂部。此外，當與「打ち（擊中）」的最初涵義「將某物瞬間強烈地放在另一件事情上」相結合時，它意味著「在瞬間強烈地到達在物品的頂部」。通過轉喻這一個結果的情形，能知道其原因，指具體現象已經擴展到抽象的含義，如薪水和職位等抽象涵義已達到頂端，不會再有上升的空間。

（2）**轉喻動作狀態**，以「頭」相關聯的動作，轉喻背後要表達的狀態。如「頭を縦に振る」是頭上下搖動，轉喻為同意；「頭を横に振る」是頭左右搖動，轉喻為反對、不同意。

（3）**轉喻情感**，關於轉喻情感的慣用語，吳宏提到〔註88〕：

> 日語慣用語在人們頭腦中形成的意義經常很委婉，很隱蔽，需要在概念上再認識、再加工才能得出。「頭から湯気を立てる」的字面意思是「頭上冒熱氣」，以此比喻某人的生氣程度，因此形成了「怒氣沖沖」這一慣用語義。

如「頭から湯気を立てる」轉喻怒氣沖沖，生氣的時候會以火來表示，頭上開始有熱氣冒出，一般用此來說明憤怒，又如「頭を掻く」轉喻人在害羞或難為情的時候，會不自覺的去搔頭，以其轉喻心中的情感。

第二節　「首」身體詞

本章探討「首」的隱喻現象，同樣需說明的是有不少是以其他字與「首」結合形成的隱喻，其中的「首」本身仍表實義而不具隱喻現象，是與其他字詞搭配形成的詞語整個起到「隱喻」作用，例如「懸首」表隱喻「殺人示眾」，「獻首」表隱喻「歸誠投降」，「濡首」表隱喻「失去常態」，這些「動詞＋身體詞」的述賓結構形成與「首」相關的詞語，因為也具有隱喻性，且非與此一器官搭配必有其搭配義存在，因此本文以為這些「首」部相關詞語也應納入討論之中。

如華語「亂首」在辭典當中有三則釋義：一是「禍亂的根源」，此處以「首」隱喻「根源」；二是「作亂的首領」，這是以「首」轉喻「人」，也明顯是部分代

〔註88〕吳宏：《日語慣用語的認知語義研究——以人體詞慣用語為中心》，（廣東：世界圖書出版公司廣東公司，2013年），頁42。

全體的轉喻；三是「頭髮散亂」之意，此以「亂」為定語修飾中心語「首」，指人「儀容不整齊」的樣子，但為何「亂」不與其他身體詞搭配而選擇以「首」為代表形成「亂首」一詞，這其中仍可說有「隱喻」表現在內。

轉喻方面亦同，如日語慣用語的轉喻中，有許多是以「首」結合而成的慣用語，此處慣用語中的「首」單獨來看仍具「人頭」的實義而無隱喻情形。

如「首が回らない」一詞是指「首」無法任意轉動，由此轉喻「債臺高築」而不敢回頭、戰戰兢兢的結果，整個慣用語可說是「**原因——結果轉喻**」。又如「首を傾げる」一詞以頭「傾斜」的動作，轉喻「歪著頭想，感到納悶奇怪」，整個詞語則可說是「**動作——狀態轉喻**」。

一、華語「首」的隱喻探討

「首」字之意，基本上與「頭」相同，兩者差異在於前者在古漢語中較常使用，後者大多出現在現代華語中，但有些詞彙已經成為固定詞組，並不能任意替換，如「第一」會用「首要」不會用「頭要」，祝福新婚夫婦會使用「白頭偕老」而不會用「白首偕老」，這些詞已有約定俗成的固定用法，意思相同、所指亦同，且卻不能任意替換，這就是詞彙「凝固化〔註89〕」的歷史積澱的結果。

可知「頭」、「首」雖相同，但搭配運用的字詞也有些許差異。教育部《重編國語辭典修訂本》關於「首」的理解如下表：

表 3-2-1　華語「首」釋義及詞例

	釋　義	詞　例
1	頭、腦袋	如：「頓首」、「叩首」、「昂首闊步」、「搔首弄姿」
2	領袖、帶頭的人	如：「元首」、「罪魁禍首」、「群龍無首」
3	開端、開始	如：「歲首」、「篇首」
4	要領	《書經．秦誓》：「予誓告汝，群言之首。」
5	量詞。計算詩、詞、歌曲	如：「一首小詩」、「兩首歌」
6	方、邊	如：「右首」、「東首」、「上首」
7	最高的、第一的	如：「首次」、「首富」、「首席代表」

〔註89〕邱湘雲：《海陸客家話和閩南語構詞對比研究》，（高雄：國立高雄師範大學國文學系博士學位論文，2006年），頁217。

8	開始、最先的	如：「首創先例」、「首當其衝」
9	朝向	《史記．卷九二．淮陰侯傳》：「北首燕路，而後遣辯士奉咫尺之書。」
10	出面檢舉告發或自陳罪狀	如：「出首」、「自首」

根據上述定義探討華語「首」相關詞彙，分為隱喻與轉喻兩類型。

（一）隱喻類型

1. 實體隱喻

「首」在身體所擔任的角色與「頭」相似，有著身體最上端、開始之義。大多的定義及詞彙意涵，已經在上一節「頭」部隱喻細說，在此就不再重複，根據 Lakoff & Johnson〔註 90〕來看「首」的實體隱喻，可歸納出以下幾個類型。

（1）形狀相似隱喻，所見如下：

表 3-2-2　華語「首」形狀相似隱喻

匕首	螓首	鷁首	石首魚	螓首蛾眉	蛾眉螓首

上表中關於形狀相似的隱喻情形，又可歸納出以下兩種情形：

a. 動物相關：如「螓首、鷁首、石首魚、螓首蛾眉、蛾眉螓首」。其中「螓首」、「螓首蛾眉」、「蛾眉螓首」三則為近義詞彙，螓為一種蟬，以螓首隱喻美人。

b. 物品相關：如「匕首、鷁首」。其中「匕首」劍頭呈半圓形像匕，即如飯匙，才有這樣的說法，而「鷁首」隱喻船，古時船頭常畫有鷁鳥，故用來指船。

（2）性質相似隱喻，所見如下：

表 3-2-3　華語「首」性質相似隱喻

亂首	有首尾	圖窮匕見	一蛇二首	首身分離	擒賊擒首	殞身碎首
首惡	身首異處	首足異處	身首分離	沒甚首尾	蓬首垢面	

上表中關於性質相似的隱喻情形，又可歸納出以下三種情形。

a. 動物相關：如「一蛇二首」，隱喻分歧，以雙頭的性質來隱喻意見不和。

b. 刑罰相關：如「首身分離、身首異處」。其中「身首異處」以身體與頭分離性質，隱喻遭他人斬首。

〔註 90〕Lakoff & Johnson 著，周世箴譯：《我們賴以生存的譬喻》，（臺北：聯經出版社，2006 年）。

c. 其他：如「亂首」隱喻禍亂的根源。

綜合上述「首」的隱喻現象，可歸出兩種類型表現如下：

（1）形狀相似隱喻：共兩類。

a. 動物相關：如「螓首、螭首、石首魚」。

b. 物品相關：如「匕首、鷁首」。

（2）性質相似隱喻：共三類。

a. 動物相關：如「一蛇二首」。

b. 刑罰相關：如「首身分離」。

c. 其他：如「擒賊擒首」。

「頭」與「首」兩者出現的詞彙相比較，可知大量減少，筆者歸納如有兩個原因：第一、因「頭」與「首」相同，以「頭」能代表的詞彙「首」則盡量不重複使用。第二、「首」為古代漢語、文言文中較常出現，現代華語因白話文推行之故，使得運用「頭」的情形相對來看比用「首」來得多，但在「首」的詞彙當中，還是能看出一些詞彙「頭」、「首」是可互換的，如「饅頭、饅首；埋頭、埋首；斬頭、斬首」等。

2. 空間方位隱喻

「首」的空間方位隱喻，根據 Lakoff & Johnson〔註 91〕所言，可分三種類型。

（1）「首」指主要的、第一個，所見如下：

表 3-2-4　華語「首」指最主要、第一個

龍首	居首	舉首	首播	首映	首謀	首演	首映典禮
為首	首輪	首航	首展	首戰	案首	首功	首屈一指
首車	首倡	首要	首創	首座	首頁	首輪片	

上表中的「首」同「頭」，依照其相似性歸納出以下兩種情形。

a. 主要的特性：如「首頁〔註 92〕」隱喻主要的頁面，「為首」隱喻帶頭。

b. 第一的特性：如：「首車、首航、首輪、龍首、首屈一指」。「首車」隱喻第一班車，「首航」第一次航行，「首輪」、「首輪片」隱喻影片第一次播出，又

〔註 91〕Lakoff & Johnson 著，周世箴譯：《我們賴以生存的譬喻》，（臺北：聯經出版社，2006 年）。

〔註 92〕全球資訊網（WWW）站引導使用者進入該站的最上面或第一張畫面，為英文 Homepage 的意譯，經常提供該站的介紹、資源索引、使用方法或約定。

如「龍首」隱喻榜首，以「龍」及「首」兩字都有在居「最上位、第一」的隱喻，此處的「榜首」是以空間概念來看，取「首」位於最上作為居於身體「最上面」的空間概念，在身體當中作為「主要的」特徵義，又延伸出「第一個」的概念隱喻到其他詞彙上，有隱喻相似之處。

（2）「首」隱喻維度空間，所見如下：

表 3-2-5　華語「首」維度空間

門首	首府	首都	北首	東首	側首	首善之地	首善之區

上表中，可將與「首」的維度空間隱喻，分為以下三種情形：

a. **一維隱喻**：如「門首」隱喻門前，前後概念屬以「點」作基準的一維空間。

b. **二維隱喻**：如「北首、東首、側首」。又如「側首」隱喻旁邊的空間，「北首、東首」隱喻北方、東方，指平面空間。

c. **三維隱喻**：如「首府、首都、首善之地、首善之區」。又如「首府、首都」隱喻主要的城市，「首善之地」、「首善之區」隱喻首都或可作模範的地方。以「首善」隱喻最好，加上地（方）、區（域）成「首善之區」，以空間來隱喻該地方。

（3）「首」時間隱喻，所見如下：

表 3-2-6　華語「首」時間隱喻

開首	後首	回首	首尾	歲首	起首	首度	首先	不堪回首	徹首徹尾

上表中可知，「首」在定義中，當成有「開始、最先」的意思。時間隱喻當中如「首先」隱喻「一開始」，「回首」隱喻回顧過去，為時間隱喻。

綜合上述，空間方位隱喻可歸出三種情形，詞彙表現如下表：

（1）**最主要、第一的**：「首」居於身體「最上面」，表現可再分為兩類。

a. **主要的特性**：如：「首頁、首犯、為首」。

b. **第一的特性**：如：「首輪、龍首」。

以「首」指「第一次」，配合其他字詞組成的詞彙是較特有的現象，這些詞彙皆以「首」來搭配成詞，且不能以「頭」取代。

（2）**維度空間**：以「首」的主要、重要性質，隱喻重要的都市，可再分三類。

a. **一維隱喻：**如「門首」隱喻門前位置。

b. **二維隱喻：**如「北首、東首」、其中「側首」隱喻旁邊的空間。

c. **三維隱喻：**如「首府、首都」，隱喻都市、城市。

空間方位隱喻中，以「首」居於空間當中「最上面」的實體意象，藉此將首作為「第一」及「主要」的詞彙最多。由空間延伸至時間，因「首」居於第一的空間概念又延伸到時間概念上。

（3）時間隱喻：與「首」相關的詞彙，能隱喻最先、第一相關的時間。如「首時、歲首、首先、發行首日」，此外喻其他的如「後首」隱喻後來，「迴首、回首、不堪回首」都在隱喻回憶以前的往事、過去的時間。

（二）轉喻類型

根據謝健雄〔註 93〕轉喻理論，以下分三類來探討。

1. 部分代全體轉喻

「首」在部分代全體中僅「人頭（轉喻為人）」一類。所見如下：

表 3-2-7　華語「首」部分代全體轉喻

教首	黔首	首領	首妻	首相	元首	蓬首	匪首	罪魁禍首	皓首蒼顏
白首	首腦	禍首	榜首	賊首	首級	首富	首長	亂首垢面	禍首罪魁

上表中的詞彙都是以「首」代「人」的轉喻，又可分為兩種類型。

（1）轉喻為人：如「首妻」轉喻元配。其中「黔首」中「黔」有「黑」意，指包著黑頭巾，故以首（部分）轉喻人（全體），便以「黔首」轉喻百姓。此處的「榜首」則是指考試錄取榜單中第一名者，為揭示錄取名單的公告「榜」中最上方所記載的第一個「人」。

（2）轉喻為擅長於某種技藝的人：如「教首」隱喻教授武術技藝的教師，同樣是以「首」轉喻人，但此類為與職業、行業相關的人。

（3）轉喻具領袖特質的人：如「元首、首長」轉喻首領、領導人。

（4）轉喻具某種外貌的人：如「蓬首、皓首蒼顏」。又如以「皓首蒼顏」斑白的頭髮，蒼老的面孔，以容貌轉喻老人。

〔註 93〕謝健雄：〈當代臺灣漢語慣用轉喻：認知語言學取徑〉，《人文暨社會科學期刊》，（2008 年第 1 期）。

2. 全體代部分轉喻

語料所見並不多，如「帕首」、「首飾」、「尸首」、「屍首」。

依照李臻儀〔註 94〕及連金發〔註 95〕物體的全域轉喻少部分之物體來看，「首」的這類表現可歸納出兩類。

（1）**指稱頭上物**：如「帕首」轉喻為束髮的頭巾、「首飾」轉喻頭部飾物。

（2）**殘餘的部分**：如「尸首、屍首」指殘骸。

3. 部分代部分轉喻

「首」在「部分代部分」之表現，根據謝健雄〔註96〕以及連金發〔註97〕，在此可以看出三種不同的轉喻表現：

（1）「首」轉喻原因或結果，所見如下：

表 3-2-8　華語「首」轉喻原因或結果

黥首	首善	群龍無首	狐死首丘	馬首是瞻
自首	首丘〔註98〕	首尾貫通	首當其衝	名列榜首

其中「首丘」相傳狐狸將死時，頭會朝向它出生的土丘（原因），以轉喻人死後歸葬故鄉（結果），由此進行語義的延伸而有了「狐死首丘」、「首丘之念」、「首丘之望」等詞語轉喻「不忘本」或對故鄉的思念；又如「自首」是以表示自行出「面」，由此推知是自行承認錯誤；「群龍無首」本指群賢俱興之際，切勿強出頭當領袖，後轉喻為一群人之中缺少領導人物，因群龍（人）無首（領導）之因，造成無法統一行動的結果。再如「黥首」指在額頭上刺字、塗墨，「黥」指在犯人臉上刺字塗墨，見此人頭上黥推知為「罪犯」，屬於因果相代轉

〔註94〕李臻儀：〈「頭」字的語意延伸與語法化：歷時研究〉，《第五屆臺灣語言及其教學國際學術研討會》，（臺中：靜宜大學，2004 年）。

〔註95〕連金發：〈臺灣閩南語「頭」的構詞方式〉，殷允美、楊懿麗、詹惠珍（編），《第五屆中國境內語言暨語言學國際研討會論文集》。（臺北：中研院語言所籌備處，1999 年）。

〔註96〕謝健雄：〈當代臺灣漢語慣用轉喻：認知語言學取徑〉，《人文暨社會科學期刊》，（2008 年第 1 期）。

〔註97〕連金發：〈臺灣閩南語「頭」的構詞方式〉，殷允美、楊懿麗、詹惠珍（編），《第五屆中國境內語言暨語言學國際研討會論文集》。（臺北：中研院語言所籌備處，1999 年）。

〔註98〕相傳狐狸將死時，頭會朝向它出生的土丘。典出《禮記．檀弓上》。比喻人死後歸葬故鄉。《楚辭．屈原．九章．哀郢》：「鳥飛反故鄉兮，狐死必首丘。」《後漢書．卷一六．寇恂傳》：「不勝狐死首丘之情，營魂識路之懷。」

喻表現。

（2）「首」轉喻「動作——狀態」相關詞語，所見如下：

表 3-2-9　華語「首」轉喻「動作——狀態」相關詞語

首肯	頓首	俯首	剽首	搔首弄姿	俯首稱臣	昂首闊步
頷首	聚首	翹首	投首	俯首認罪	驀然回首	昂首挺立
埋首	斬首	昂首	叩首	昂首挺胸	斬首示眾	

前文提及，這些「動詞＋首」的述賓結構形成與「V 頭」的述賓式結構詞語，一來也具有隱喻性，二來也顯示此動詞賓語選擇與「首」搭配而不與其他器官搭配，若搭配其他器官則無法表示原有的意義，可見「首」在其中也有其「搭配義」存在。上表中如「埋首」轉喻人努力做事情，「搔首弄姿」轉喻女子輕浮、隨便；「斬首」以動作轉喻人死亡。

（3）「首」轉喻情感，所見如下：

表 3-2-10　華語「首」轉喻情感

痛心疾首	愴然垂首	搔首踟躕	垂首喪氣	畏首畏尾	進退首鼠〔註 99〕
翹首盼望	搔首抓耳	仰首伸眉	昂首望天	首鼠兩端〔註 100〕	

上表中關於情感的轉喻情形，又可歸納出以下四種情形。

a. 傷心情緒：如「愴然垂首」。

b. 遲疑情緒：如「進退首鼠、首鼠兩端」。

c. 憤怒情緒：如「痛心疾首」。

d. 得意情緒：如「昂首望天」。

e. 期盼情緒：如「翹首盼望」。

f. 其他情緒：如「搔首抓耳、畏首畏尾」。

其中「畏首畏尾」指顧前顧後，十分戒慎恐懼的樣子，因內心害怕，不敢抬頭挺胸、勇往直前，由於心中恐懼的情感，造成身體有著這樣的動作表現，為情感喻。再如「疾首痛心」轉喻傷心痛恨到了極點，「愴然垂首」為哀痛傷心

〔註 99〕首鼠，遲疑不決。進退首鼠指拿不定主意，進退兩難。宋．陳亮〈與應仲實書〉：「又思此別相見定何時，進退首鼠，卒以其所欲求正於仲實者而寓之書。」

〔註 100〕形容躊躇不決，瞻前顧後的樣子。《史記．卷一○七．魏其武安侯傳》：「武安已罷朝，出止車門，召韓御史大夫載，怒曰：『與長孺共一老禿翁，何為首鼠兩端？』」清．紀昀《閱微草堂筆記．卷一八．姑妄聽之四》：「詭託於蹠犬之吠堯，是首鼠兩端，進退無據，實狡黠反覆之尤。」也作「首施兩端」、「首尾兩端」。

的樣子，因為心中有著哀傷的情緒，造成低下頭，是情緒低落的樣子，皆是以「首」的相關動作與「首」結合來轉喻內心情感。

綜合上述「首」的轉喻現象，詞彙表現使用情形如下：

1. 部分代全體轉喻：僅有「轉喻為人」一類，其中又可四種類型。一是轉喻為「人」：如「首妻、黔首」。二是轉喻「某職業人物」：如「教首、犀首」。三是轉喻「具某種領袖特質的人」：如「班首、賊首、匪首、魁首、首腦」。四是轉喻「具某種外貌的人」：如「皓首、蓬首、首如飛蓬、皓首蒼顏、囚首喪面」等。

2. 全體代部分轉喻：

（1）轉喻頭上物：如「帕首」轉喻束髮的頭巾，「首飾」轉喻頭部的飾物。

（2）殘餘的部分：如「尸首、屍首、首從、姿首」。

3. 部分代部分轉喻：

（1）轉喻原因或結果：如「黥首、首丘、白首如新、白首北面、馬首是瞻」。

（2）轉喻動作狀態：如「埋首、昂首挺立、俯首認罪、搔首弄姿、驀然回首」。

（3）轉喻情感：包含五種情形：

a. 傷心情緒：如「垂首喪氣、愴然垂首」。

b. 遲疑情緒：如「進退首鼠」。

c. 憤怒情緒：如「疚心疾首」。

d. 得意情緒：如「昂首望天」。

e. 期盼情緒：如「翹首盼望」。

f. 其他情緒：如「畏首畏尾」。

二、閩南語「首」的隱喻探討

關於閩南語「首」字的解釋，教育部《臺灣閩南語常用詞辭典》中並無對該詞多作說明。由於本節閩南語所出現的詞彙數量太少，故不以先前的方式呈現而是在此一併以下表來說明：

表 3-2-11　閩南語首部隱喻表現

<table>
<tr><td></td><td colspan="3">隱　喻</td><td colspan="5">轉　喻</td></tr>
<tr><td>歸屬類型</td><td colspan="3">空間方位隱喻</td><td colspan="3">部分代全體</td><td colspan="2">部分代部分</td></tr>
<tr><td>使用情形</td><td>最上方</td><td>維度</td><td>時間</td><td colspan="2">人</td><td>物體全域</td><td>因果</td><td>動作</td></tr>
<tr><td rowspan="3">詞彙</td><td rowspan="3">首頁</td><td rowspan="3">首都</td><td rowspan="3">首先</td><td>首領</td><td>首相</td><td rowspan="3">首席</td><td rowspan="3">自首</td><td rowspan="3">叩首</td></tr>
<tr><td>首長</td><td>元首</td></tr>
<tr><td>特首</td><td></td></tr>
</table>

如上表，所出現的閩南語詞語除「特首」一詞外，其餘均與華語相同。「特首〔註 101〕」轉喻「特區首長」，政府內部稱為「長官」，目前僅香港及澳門設有特首，屬特別行政區的「行政長官」，同「元首、首領、首相」。

以上閩南語的「首」詞彙隱喻表現如下：

（一）**隱喻類型：**僅有「**空間方位隱喻**」。如：「首頁」隱喻主要的頁面，「首都」為三維空間隱喻，隱喻一個國家政治決策的中心都市，又如時間隱喻「首先」隱喻最先的時間。

（二）**轉喻類型：**

1. **全體代部分轉喻**，出現兩類。

（1）**轉喻為人：**具領袖特質，如「特首」。

（2）**轉喻物體的全域：**如「首席」是以最高地位者（全體），轉喻具某種身分的人所處之地位（部分）。

2. **部分代部分轉喻**，出現兩類。

（1）**轉喻原因或結果：**如「自首」轉喻自行認罪。

（2）**轉喻動作狀態：**如「叩首」轉喻為伏身跪拜，以頭叩地的「禮節」。

臺灣以華語為主要使用語言，許多詞語華語、閩南語共用相較之下在辭典中收錄的詞彙大大減少，以筆者經驗為例，生活經驗當中極少在閩南語中使用到「首」字，詞彙方面亦同，若要講述「首」字時也常會將其以「頭」字替代。

〔註 101〕香港特別行政區行政長官（取「特區首長」簡稱為特首；英文：Chief Executive，CE），是中華人民共和國香港特別行政區政府的首長同香港特別行政區的最高代表。現在的由分別來自 38 個界別分組，代表不同行業、專業、勞工、社會服務團體及區域組織的 1200 人組成的選舉委員會選出，國務院總理任命。

三、日語「首」的隱喻探討

本節探討的日語身體詞依據 Weblio 辭典，其中關於「首」的理解如下表〔註 102〕：

表 3-2-12　日語「首」釋義〔註 103〕

	釋　義
1	脊椎動物の頭と胴をつないでいる部分。頸部（けいぶ） （連接脊椎動物頭部和軀幹的部分。頸部）
2	頸部の上の部分全体。あたま。かしら。こうべ （整個頸部的上部分。あたま。かしら。こうべ皆為頭及首的讀音）
3	頸部に似た形。また、それに該当する部分 （形狀類似於頸部。以及相應的部分）
4	衣服の頸部にあたる部分。襟（衣服頸部的一部分。衣領）
5	「馘」とも書く。職をやめさせること。解雇。馘首（かくしゅ）。 （也可以寫作「馘」被停止工作。解雇）
6	顔。特に美しい顔。また、美人。（臉。特別指漂亮的臉。以及美女）

日語與華語較為不同之處在於日語將「首」視為脖子以上的部位，並非專指「頭」。以下針對「首」的慣用語分兩部分做出分類及探討。

（一）隱喻類型

依 Lakoff & Johnson〔註 104〕及吉村公宏〔註 105〕隱喻理論，日語「首」慣用語表現如下：

表 3-2-13　日語「首」隱喻

慣用語	釋　義	慣用語	釋　義
首が飛ぶ	被解雇	首を切る	被解雇
首にする	解雇	首になる	被解雇
思案投げ首	無計可施	首が繋がる	保住飯碗
首が危ない	飯碗難保	首に縄を付ける	強迫他人
首を賭ける	賭上一切	首根っ子を押さえる	抓住他人弱點

〔註 102〕Weblio 辞書とは、複数の辞書や用語集を一度に検索し、一度に表示する、統合型オンライン辞書サービスです。

〔註 103〕該部分僅有釋義無詞例，故僅呈現釋義之部分。

〔註 104〕Lakoff & Johnson 著，周世箴譯：《我們賴以生存的譬喻》，（臺北：聯經出版社，2006 年）。

〔註 105〕吉村公宏：《はじめての認知言語学》，（東京：研究社，2004 年），頁 107。

由於失去「頭」便無法生活，由此隱喻「工作」，如「首が飛ぶ」（頭飛走）、「首を切る、首にする、首になる」（頭斷了），隱喻「被解雇」；「首が危ない」（頭很危險）隱喻「工作難保」；「首が繋がる」（頭連結住）隱喻「保住工作」，實體「頭」隱喻抽象工作。此外，依據「頭」的特性隱喻，也有代表「人生」、「一切」如「首を賭ける」（賭上頭）。

（二）轉喻類型

根據 Lakoff & Johnson〔註 106〕與謝健雄〔註 107〕理論，日語這方面出現的只有「部分代部分」轉喻，所見如下：

表 3-2-14　日語「首」轉喻

轉喻原因或結果			
慣用語	釋　義	慣用語	釋　義
首の皮一枚	苟延殘喘	首を突っ込む	參與
雁首を揃える	一起出發	首が回らない	債臺高築
鬼の首を取ったよう	汗馬功勞	寝首を掻く	被暗算
真綿で首を締める	軟刀子殺人	首を括る	上吊自殺
首を挿げ替える	調換身居要職的人	首を刎ねる	刎頸
首の座に直る	做事需耐心和練習	首をあげる	打倒敵人
首振り三年、ころ八年	抓住他人弱點		
轉喻動作狀態			
慣用語	釋　義	慣用語	釋　義
首を傾げる	歪著頭想，感到納悶奇怪	首を縦に振る	點頭，指答應
小首を傾ける	歪著頭想，感到納悶奇怪	首を横に振る	搖頭，指拒絕
首を捻る	百思不得其解	首を長くする	引頸期盼
小首をかしげる	百思不得其解	鎌首をもたげる	有活力樣

上表中可見，日語當中「部分代部分」的轉喻表現，可分兩種情形，如下：

1. 轉喻原因或結果：如「首が回らない」轉喻「債臺高築」；「首」為頭部，「回らない」指「無法旋轉」，是以脖子的轉動，轉喻生活的自由，因無論如何都籌不出錢、被債務壓得喘不過氣，使得脖子無法任意、自由的轉向，

〔註 106〕Lakoff & Johnson 著，周世箴譯：《我們賴以生存的譬喻》，（臺北：聯經出版社，2006 年）。

〔註 107〕謝健雄：〈當代臺灣漢語慣用轉喻：認知語言學取徑〉，《人文暨社會科學期刊》，（2008 年第 1 期）。

為因果轉喻。

再如「寝首を掻く」指被暗算，在趁對方睡覺時，取下對方頭頸的意思。現代用語則表示「趁人不備予以陷害」，以華語來說就是指「被人暗算」，因為睡覺時較為鬆懈（原因）導致被砍頭（結果）。

2. **轉喻動作狀態：**如「首を傾げる、小首を傾ける」以「頭」傾斜的動作，轉喻百思不得其解。「首を縦に振る」，「頭」上下搖動，轉喻答應，「首を横に振る」，「頭」左右搖動，轉喻答應。

以上為華語、閩語及日語「頭」、「首」身體詞的隱喻研究，再由研究結果比較華、閩、日三個語言異於其他語言詞彙的特色表現，可依照語言不同，各自有其的特殊詞彙現象，再歸納如下：

（一）華語特殊「頭」、「首」身體詞

1. 隱喻個性詞：華語詞彙當中，如「一蛇二首」隱喻分歧，以雙頭的性質來隱喻意見不和。

2. 隱喻年齡詞：藉由頭的樣貌隱喻人的年紀，如以「皓首蒼顏」斑白的頭髮，蒼老的面孔，隱喻老人的容貌。

3. 喪葬文化詞：臺灣傳統的喪葬文化現象，如「靈頭幡」為送葬時在棺材前引路的紙旗，由死者的兒子持舉的一種狹長、垂直懸掛的旗幟；又如「倒頭飯〔註108〕」能知若棺木擺設在家中，往生者的頭部朝屋內、腳朝門外，將供品放在腳邊，形成以「倒頭飯」來隱喻供品，還有「頭足願」以豬頭、蹄膀祭神祈福，呈現了祭祀文化。

4. 節慶文化詞：傳統民俗慶典中，參加表演的業餘樂團或遊藝團體稱之為「陣頭〔註109〕」，由遊行隊伍的技藝表演，能在路上看見臺灣傳統的文化。

5. 政治文化詞：隨著民主進步的關係，臺灣越來越多「街頭運動〔註110〕」，以共同的目標為前提，至街上遊行，表達不滿及提出訴求。

〔註108〕把半熟的米飯盛進碗裡，壓實，取出來後成一個碗的形狀，倒過來放在碗的口上面，稱「倒頭飯」。陳登科《活人塘》八：「她掉回頭又奔到屋裡，一進門，見大鳳子已替七月子做好倒頭飯、引路燈。」而這倒頭飯正是死人初死時，家人祭奠之用。

〔註109〕維基百科：搜尋「陣頭」。https://ppt.cc/f7I5Ux 檢索日期：2021年05月19日。陣頭是東亞民俗技藝，是一個民間祭祀、廟會喜慶的民俗之一。「陣頭」一名來自臺灣，臺灣陣頭分為文陣和武陣，常見陣頭有：車鼓、桃花過渡、牛犁、布馬、踩腳蹺、大鼓陣、病囝歌、十八摸、宋江陣、什家將、八家將、舞龍、舞獅、官將首等。

〔註110〕具有共同理念的人，為引起社會注意，以達到某種目的而在街頭從事的活動。

6. 華語使用「骨頭」隱喻人的個性，這是閩南語及日語當中未用到的表現。

（二）閩南語特殊「頭」、「首」身體詞

1. 閩南語的部分較為特別的詞彙，如「桌頭」轉喻在神桌旁邊幫乩童翻譯傳話的人，隱喻狼狽為奸時也會使用：「一个童乩，一个桌頭（Tsit ê tâng-ki, tsit ê toh-thâu）」隱喻兩人一搭一唱，只有童乩能理解天語（神明的語言），必須借助桌頭（翻譯）才能明白神的旨意，因事情真相只有他們知道，故以這句話來隱喻兩人狼狽為奸。

2.「出頭天」為閩南方言稱露出頭來的日子，用來隱喻脫離困苦的環境。

3.「臭頭」在華語中僅有頭上生癬或疥瘡而致毛髮脫落之義，但在閩南語中會以「臭頭」隱喻被責備得很不堪、被罵得狗血淋頭。

4.「癮」為閩南語中較特別的說法，以「癮頭（giàn-thâu）」隱喻傻里傻氣、呆頭呆腦。

5.「無頭神」轉喻健忘、而沒記性。

6.「糕仔頭」是一種在嫁女兒的時候，用來贈送給親友的食品，為澎湖地區習俗文化。

（三）日語特殊「頭」、「首」身體詞

1. 如「頭痛の種」隱喻煩惱的源頭，頭痛的原因、煩腦的源頭，事情的根源就在頭的裡面。

2. 華語以「削髮為僧」，當中使用的身體詞為「髮」，但日語慣用語則是使用身體詞為「頭」為轉喻機制，如以「頭を剃る」剃頭、「頭を丸める」把頭變成圓的來轉喻「出家」僧人的外在容貌。

3.「頭の黒い鼠」以頭上黑色的老鼠轉喻為家賊，人無法直接看到頭上的東西，用此轉喻成東西被盜竊，躲在自己頭上看不到，就像是家賊一樣。

4.「頭の蠅も追えない」自己頭上的蒼蠅都管不住了，哪有資格過問別人的事，轉喻為自顧不暇，勿少管閒事又或泥菩薩過江、自身難保。

5. 再如日語將「首」視為脖子以上的部位，並非專指「頭」。日語常以「首」隱喻「工作」，「首が飛ぶ」，原意是脖子飛了、「首を切る」是脖子切斷，皆隱喻「被解雇」；「首が危ない」脖子危險隱喻飯碗難保、「首が繋がる」脖子連接住隱喻保住飯碗。

6.「首が回らない」脖子無法自由旋轉，轉喻「債臺高築」，以脖子的轉動，轉喻生活的自由；再如「寝首を掻く」原意是睡覺時割傷脖子，轉喻趁人不備予以陷害，這一慣用語源自於三國故事中的張飛〔註 111〕，因張飛武功蓋世，在一般的情況之下難以跟他對戰，更不要提取得首級，但最後因太大意在睡夢中被取下頭顱，用此轉喻為趁人沒有防備時加以陷害。

〔註 111〕張飛を殺そうとして寝室に侵入した部下はカッと目を見開いた張飛と目があったのでビビって暗殺を断念しようとおもったのですが、やがて眠っていることに気づいて安心し、暗殺を遂げたそうです。中譯：試圖暗殺張飛的部下闖進臥室，看到張飛睜大了眼睛感到害怕而放下暗殺的念頭，過沒多久發現張飛又睡著，於是鬆了一口氣而趁機完成了暗殺。

第四章　五官身體詞隱喻研究

「五官」的定義，依教育部《重編國語辭典修訂本》、《漢典》、《國語辭典》、《說文解字》等辭典可見「五官」指臉上所見器官，如「眼（目）、耳、鼻、口、眉」等，由於口中又有數個器官，包括舌、齒等，涉及不少隱喻詞語，因此本文特別將「口」部器官另立至下一章加以探討，本章先探討「眼（目）、耳、鼻、眉」的身體詞。

第一節　「眼」身體詞

本文探討的詞語，除「眼」本身具有隱喻外，也有不少是以其他詞語與「眼」結合形成的隱喻，如華語「眼袋」是以指「袋」隱喻「眼睛浮腫」的狀態，整個詞語則屬「形狀相似喻」。

又如華語「刺眼」、是以「刺」具有的「刺激使產生不好的感覺」性質與「眼」組合，隱喻惹人注目且使人覺得不順眼，整個詞語屬「性質相似喻」；再如「一眨眼」以「眨」眼皮一開一合的相似性隱喻時間很短，這邊的「眼」仍具「人眼」的實義，但與「眼」搭配而成的詞語則具隱喻表現，因此可說是身體詞「眼」的相關隱喻。

「眼」的隱喻詞彙有不少是以其他字詞與「眼」搭配所形成的隱喻，而並非「眼」本身具有隱喻現象，例如「礙眼」表隱喻「有所妨礙」，「刺眼」表隱喻「使人覺得不順眼」,「順眼」表隱喻「合意」、「一眨眼」表隱喻「時間很短」。

這些「動詞+身體詞」的述賓結構形成與「眼」相關的詞語,因為也具有隱喻性,且非與此一器官搭配必有其搭配義存在,因此本文以為這些「眼」部相關詞語也應納入討論之中。

再由轉喻方面來看:「**原因或結果轉喻**」:如華語「障眼法」是以「障」遮蔽、遮擋「眼」,轉喻妨礙或迷亂視覺的方法;「**動作狀態轉喻**」如華語「闔眼」以「闔」指掩蓋、關閉的眼睛動作,轉喻休息、睡眠。

日語「眼」的慣用語亦同,像是「**能力轉喻**」中如「眼を付ける」是指被眼睛給「盯上」轉喻「看中」,又如「眼光紙背に徹する」是指「眼」能穿透紙張看見背後所藏的事物、東西轉喻「看穿言外之意」,這邊的「眼」無轉喻作用,而是以其他事物投射至「眼」後所形成的轉喻慣用語。

一、華語「眼」的隱喻探討

依據教育部《重編國語辭典修訂本》,「眼」的解釋如下表:

表 4-1-1　華語「眼」釋義及詞例

	釋　義	詞　例
1	目,動物的視覺器官	如:「眼睛」、「濃眉大眼」
2	孔穴	唐·杜甫〈石筍行〉:「古來相傳是海眼,苔蘚食盡波濤痕。」
3	關鍵、要點	如:「節骨眼」。《官場現形記》第三六回:「他起初還想賴,後來被家兄點了兩句眼,他無話說了。」
4	下圍棋時,無棋子的空處稱為「眼」	唐·元稹〈酬孝甫見贈〉詩一〇首之七:「無事拋棋侵虎口,幾時開眼復聯行。」
5	量詞,計算眼睛看的次數	如:「多看兩眼」、「瞪了他一眼」
6	板眼	一、比喻條理、層次。如:「他做事很有板眼。」 二、比喻辦法、主意。如:「他這人就是板眼多。」 三、比喻關鍵的地方。如:「你說的都在板眼上,批評得也很對。」

「眼」的定義如上述所言,除動物的視覺器官之外,其他釋義如「孔穴」屬「實體隱喻」、「無棋子的空處」屬「空間隱喻」;眼睛的特性在於「關鍵處」、

「要點〔註1〕」屬「空間隱喻」，由這些基本帶有的「眼」字的隱喻映射延伸發展，與其他字搭配組成詞彙，使「眼」的隱喻詞彙更為多義。

（一）隱喻類型

龐曉紅提到「眼」的隱喻情形有以下幾個特點〔註2〕：

一、Eye as a movable object：搶眼、礙眼、耀眼

二、Eye has speed：眼快、眼慢

三、Eye has shape：

（一）Eye has size：眼大（形容看不起人）、大眼瞪小眼

（二）Eye has length：目光長遠、目光短淺

（三）Eye has height：眼高、眼低

四、Eye has property：

（一）Eye has hardness：眼硬、眼軟

（二）Eye has newness：老眼昏花、舊眼光

（三）Eye has goodness：慧眼、法眼

（四）Eye has rawness：眼生、眼熟

（五）Eye has clearness：眼明、瞎眼

（六）Eye has coldness：冷眼、眼熱

（七）Eye has pleasingness：順眼、不順眼

（八）Eye has fullness：滿眼、眼空一切

（九）Eye has closedness：睜一隻眼閉一隻眼

五、Eye has features：白眼、紅眼

六、Eye has quantities：看一眼、眾目睽睽

七、Eye as human body：心眼、手眼、眉眼

〔註1〕邱湘雲：〈華語五官慣用語概念隱喻及其教學研究〉，《應華學報》，（2016 年第 17 期），頁 41。

〔註2〕龐曉紅：《「眼」隱喻的認知分析》，（甘肅：國立西北師範大學碩士學位論文，2009 年），頁 34～44。

關於「眼」的特性，可知「眼」被隱喻為容器後，啟動認知的過程，在「眼」的空間中，「看」這一功能元素被凸顯而形成新義：如這臺車我「看不上眼」。

經由語言環境的影響，進一步拓展的「心界」及「眼界」這兩個空間當中，形成「空間方位隱喻」：如「眼界開闊、眼高手低」是用眼睛所看到的東西、空間，隱喻心中所想的事物。李娟提到〔註3〕：

> 眼睛作為人體感知外部世界的重要器官之一，在人類的認知裡形成了重要和深刻的概念，這種概念投射到了其他領域，就形成了隱喻或隱喻性的語言。在眼部詞彙系統裡，既有眼部概念向其他概念投射形成的詞彙，也有其他領域投射於眼部概念形成的詞彙。

從上述可知，「眼」常容易與其他身體詞使用，是將概念投射而形成其他的詞彙，邱湘雲指出〔註4〕：

> 「眼」是人所熟知且已知的部分，「文句的關鍵處」較為抽象且難於敘說，由於「眼睛是靈魂之窗」，與「文句的關鍵處」的意義有相似性，由人體器官形成概念隱喻映射，造出「字眼」、「詞眼」、「詩眼」等譬喻性的詞語。

綜合前人研究的成果，可知人類透過眼睛以隱喻表達不少情感狀態，如「大小眼」指一種情態、「字眼」為關鍵處、「紅眼、白眼」為「部分（眼變紅、變白）」轉喻「部分（情感）嫉妒或不屑」……等隱喻表現，以下分類來探討。

1. **實體隱喻**

根據 Lakoff & Johnson〔註5〕所提出的隱喻理論，以及李娟〔註6〕及龐曉紅〔註7〕對於「眼」在實體隱喻中所歸納可以整理出以下「眼」的隱喻類型。

〔註3〕李娟：《現代漢語眼部詞彙的指稱結構及其隱喻系統研究》，（重慶：四川外語學院碩士學位論文，2011年），頁71。

〔註4〕邱湘雲：〈華語五官慣用語概念隱喻及其教學研究〉，《應華學報》，（2016年第17期），頁41。

〔註5〕Lakoff & Johnson 著，周世箴譯：《我們賴以生存的譬喻》，（臺北：聯經出版社，2006年）。

〔註6〕李娟：《現代漢語眼部詞彙的指稱結構及其隱喻系統研究》，頁71。

〔註7〕龐曉紅：《「眼」隱喻的認知分析》，（甘肅：國立西北師範大學碩士學位論文，2009年），頁34～44。

（1）形狀相似隱喻，所見如下：

表 4-1-2　華語「眼」形狀相似隱喻

炮眼	屁眼	馬眼	泉眼	眼袋	眼球	蟲眼	肚臍眼	眼鏡蛇	颱風眼
溝眼	雞眼	針眼	窗眼	眼圈	魚眼	眼鏡猴	屁股眼	鬥雞眼	黑眼圈

上表中關於形狀相似的隱喻情形又可歸納出以下兩種情形。

a. **動物相關**：如「馬眼、雞眼、蟲眼、眼鏡蛇、屁股眼」。李娟談到〔註 8〕：「眼部詞彙的隱喻化方式，將生理域的眼部作為原始域向其他非生理指稱域為目標域投射，如像動物域的投射的『雞眼』。」其中如「蟲眼」隱喻被蟲嚙的小孔，「雞眼」隱喻小圓硬塊。再如「馬眼」隱喻男性的尿道口，其形狀與馬的眼睛極像，因此用「眼」委婉表述。

邱湘雲提到〔註 9〕：「傳統委婉語又可由認知角度區分為避『不吉』及避『不潔』兩個層面，『不潔』中最明顯者就是『性』。」還有如「屁股眼」隱喻肛門，屁股上的洞狀與眼相似，礙於華人文化很少將「生殖器」直接說出，因此也委婉地以隱喻方式形容之。

b. **事物孔洞相關**：以眼睛有洞的形狀相似特徵隱喻其他事物，李娟談到〔註 10〕：

> 以「泉眼」為例，說明對眼部詞彙的延伸構造新詞的方法。「泉眼」之所以成為「泉眼」，原因可能是在於泉水的出口形狀與眼的形狀有類似之處，均為孔狀。「眼」可以直觀表述孔狀，就產生了「小孔」義，出現在辭典中。

因形狀相似以「眼」隱喻代表「孔狀」，由此延伸產生的詞彙有「炮眼、鎗眼、窗眼、針眼、窟窿眼兒」……等。其中「炮眼」隱喻裝炸藥的洞孔，「鎗眼」隱喻牆壁上開的小洞。

（2）**性質相似隱喻**，所見如下：

〔註 8〕李娟：《現代漢語眼部詞彙的指稱結構及其隱喻系統研究》，（重慶：四川外語學院碩士學位論文，2011 年），頁 72。

〔註 9〕邱湘雲：〈委婉語在臺灣語言及臺灣文學中的表現〉，《第四屆臺灣文學與語言國際學術研討會論文集》，（臺南：真理大學語文學院，2007 年），頁 6。

〔註 10〕李娟：《現代漢語眼部詞彙的指稱結構及其隱喻系統研究》，（重慶：四川外語學院碩士學位論文，2011 年），頁 71。

表 4-1-3　華語「眼」性質相似隱喻

板眼	榜眼	閉眼	順眼	話眼	生眼	瞎眼	沒長眼	近在眼前
偷眼	天眼	對眼	眼波	字眼	眼熟	養眼	眼迷心蕩	眼花繚亂
走眼	著眼	刺眼	複眼	詞眼	眼花	睡眼	刀鎗無眼	火眼金睛
眼福	醉眼	眼毒	眼饞	詩眼	眼神	少心眼	睡眼惺忪	滿眼金星
眼白	眼大	心眼	眼目	惹眼	眼熱	天眼通	口枯眼澀	
媚眼	眼生	費眼	賊眼	顯眼	眼界	著眼點	眼疾手快	
上眼	礙眼	耀眼	觸眼	俗眼	錯眼	節骨眼	眼餳耳熱	

上表中關於「眼」的性質相似隱喻，又可歸納出以下兩種情形。

a. **隱喻關鍵處、事物重要之處**：「關鍵處」可屬「空間隱喻」，但所見多指「關鍵事物的狀態」，因此在此仍需為「實體隱喻」。邱湘雲提到〔註 11〕：

> 眼與其他名詞結合尚有以「眼」的性質為喻的，如「節骨眼」中「節」、「骨」皆人體重要關節所在，與眼睛同樣具有「重要關鍵所在」之意味此時「眼」已由具體域漸向抽象域作譬喻引伸。

上表中的「眼」有關鍵處、要點的之意，若沒有眼睛就無法看到外面世界。要了解事情「關鍵之處」須靠「眼」，如「節骨眼」，因此「眼」具有重要、關鍵之喻。

b. **其他**：如「板眼、榜眼、刀鎗無眼、火眼金睛」。其中如「板眼」一詞，在傳統劇曲中的節拍，在每一小節中以鼓板敲擊的強拍為「板」；以敲鼓按拍的次強拍和弱拍為「眼」，以其固定、規律的性質映射至其他事情上隱喻做為事情有條理、層次。又如「眼」位於「五官」之上，故以「榜眼」隱喻第二名。

上述可知，話語重要處可稱「話眼」，指言談的主旨含意所在；又如論及文字及詞彙中有「字眼」、「詞眼」隱喻詩文中精要或字、詞的關鍵處；「詩眼」則是指詩句音節的扼要處或詩意的關鍵處，為鍊字之所在。「眼」具有關鍵重要的隱喻特性來指稱抽象的文字、詩詞關鍵所在，這也是「眼」的隱喻延伸表現。

2. 空間方位隱喻

若以人類的身體當作中心來看，沈家煊提到〔註 12〕：「一切都是從人自身出

〔註 11〕邱湘雲：〈華語五官慣用語概念隱喻及其教學研究〉，《應華學報》，（2016 年第 17 期），頁 41。

〔註 12〕沈家煊：〈語法化研究綜觀〉，《外語教學與研究》，（1994 年第 4 期），頁 19。

發，引申到外界事物、再引申到空間、時間、性質等。」除了 Lakoff & Johnson〔註 13〕及蘭智高〔註 14〕的空間方位隱喻理論外，李娟也提到〔註 15〕：「認知語言學認為，在隱喻中空間隱喻對人類的概念形成與表達具有特別重要的意義，多數抽象概念是通過空間隱喻得以理解與表達的。」根據前人理論及研究成果，「眼」在空間方位隱喻方面，本文原將其分為兩類探討：一、**維度空間隱喻**；二、**時間隱喻**。不過在華語「眼」的隱喻情形中，「維度空間隱喻」詞彙較少、「時間隱喻」較多，故將兩者分開探討，並把時間隱喻另立一類，不將其放入空間方位隱喻中。

李娟指出〔註 16〕：「眼的三維空間隱喻，可將『眼』隱喻化為一個可容量東西的三維空間隱喻，於是有了『眼底』。」維度空間隱喻詞彙數量較少，便不以表格而直接描述。本文所探討華語「眼」的詞彙中，如「眼底、眼底下」指眼裡、眼睛前；「眼簾」指眼皮或眼內，皆可視為三維立體空間隱喻。

又如「眼中釘、眼中疔、眼中刺」原應指眼中的釘子，因在眼中造成眼睛不適，用此來隱喻為所痛恨的人，本文探討的是「身體詞」，故在這邊所要討論地的是「『眼中』釘」，指眼裡面的空間，而非探討「眼中『釘』」，因此將其歸納在空間方位隱喻中。

3. **時間隱喻**：前面維度空間隱喻當中提到，關於華語「眼」的時間隱喻所出現的詞彙較多，故將其獨立為一類。

邱湘雲指出〔註 17〕：「由『眼』所組成的詞語還可形成更為抽象的時間譬喻，其中『眼底下』本是空間隱喻，但因眼前所見距離及時間接相近，因此空間域往往又更進一步映射到抽象的時間域。」由研究當中可知，因眼睛所看到的物體所見的距離和所經由的時間相近。

如「眼前」在空間當中能指眼睛前面視力所及的空間，若再延伸至時間中

〔註 13〕Lakoff & Johnson 著，周世箴譯：《我們賴以生存的譬喻》，（臺北：聯經出版社，2006 年）。

〔註 14〕蘭智高、張夢捷：〈關於空間和時間的思考與探討〉，《黃岡師範學院學報》，（2009 年第 6 期），頁 56～58。

〔註 15〕李娟：《現代漢語眼部詞彙的指稱結構及其隱喻系統研究》，（重慶：四川外語學院碩士學位論文，2011 年），頁 76。

〔註 16〕李娟：《現代漢語眼部詞彙的指稱結構及其隱喻系統研究》，頁 76。

〔註 17〕邱湘雲：〈華語五官慣用語概念隱喻及其教學研究〉，《應華學報》，（2016 年第 17 期），頁 49。

「眼前」一詞也能隱喻眼睛在現在這一時間點所能看到的事物，因此可指「現在」。關於華語中「眼」的時間隱喻，所見如下：

表 4-1-4　華語「眼」時間隱喻

轉眼	眼前	眼前花	一轉眼	天開眼〔註 18〕	過眼雲煙
眼下	天睜眼	一晃眼	一眨眼	轉眼之間	

李娟提到〔註 19〕：「轉眼、眨眼等動作持續時間短，用來隱喻時間快速。」眼睛轉動的速度極快，在空間距離近的事物往往在時間上也比較相近；如「一眨眼」以眼皮一開一合的相似性隱喻時間很短；「眼前花」是瞬間凋謝的花朵，隱喻一時的佳境難保長久；「過眼雲煙」隱喻事物消逝極快，不留痕跡。誠如邱湘雲〔註 20〕所述，這些隱喻都是以空間隱喻為基礎，再進一步映射至抽象的時間隱喻，如「眼前、眼下」指眼睛能看到前面的空間外，亦能指眼睛所看見的這個時間點，故以此來隱喻「目前、現在」。

綜合上述「眼」的隱喻現象，可歸三種類型、五種情形，詞彙表現如下表：

1. **實體隱喻**：包含三種情形，隱喻情形如下：

（1）**形狀相似喻**：可分兩種情形。

a. **動物相關**：如「馬眼、雞眼」。

b. **孔洞相關**：如「炮眼、泉眼」。

（2）**性質相似喻**：可分兩種情形。

a. **重要關鍵喻**：如「話眼、文眼、詩眼」。眼睛為靈魂之窗，有重要、關鍵的特性隱喻抽象的詩詞文字，文章關鍵隱喻「文眼」、詩歌中重要處隱喻「詩眼」。

b. **其他**：「板眼、榜眼、火眼金睛」。

2. **空間方位隱喻**：在本文當中出現的為「**維度空間隱喻**」：如「眼底、眼底下」指眼中、眼睛前面；「眼簾」指眼皮或眼內，為三維的空間隱喻。

3. **時間隱喻**：以「眼」看到的距離延伸至時間，以眼轉動、閉合的情形，

〔註 18〕一、三月日落後或九月日出前，在黃道兩側看到的微光。也稱為「黃道光」。二、比喻天帝明察人間善惡，報應不爽。

〔註 19〕李娟：《現代漢語眼部詞彙的指稱結構及其隱喻系統研究》，（重慶：四川外語學院碩士學位論文，2011 年），頁 30。

〔註 20〕邱湘雲：〈華語五官慣用語概念隱喻及其教學研究〉，頁 49。

隱喻時間短暫，如「一轉眼、過眼雲煙」，屬於短暫時間的隱喻、「眼前、眼下」則是用來隱喻當下、目前的時間點。

（二）轉喻類型

本章「五官」轉喻皆以謝健雄〔註21〕連金發〔註22〕為據，除在此將探討的「眼」外，後文出現的「目、耳、鼻、眉」等身體詞轉喻理論依據，便不再贅述。「眼」的轉喻僅出現「部分代全體」及「部分代部分」。

1. 部分代全體轉喻

華語的「眼」的「部分代全體」轉喻僅見「轉喻為人」一類，所見如下：

表 4-1-5　華語「眼」轉喻為人

眼線	夜眼	桃花眼	單眉細眼	凡夫肉眼	睜眼瞎子	肉眼凡胎
拙眼	勢利眼	獨眼龍	一板一眼	龍睜虎眼	死心眼兒	
凡眼	心眼兒	千里眼	碧眼金髮	橫眉瞪眼	龍眉鳳眼	
柳眼	三角眼	丹鳳眼	蛇頭鼠眼	四眼田雞	賊眉鼠眼	
杏眼	沒心眼	碧眼童顏	白眼兒狼	有板有眼	濃眉大眼	

上表出現了許多與動物之眼相關的詞彙，如以「白眼兒狼〔註23〕」轉喻人無情無義、不知感恩的人；「龍睜虎眼」轉喻人的相貌貪狠醜惡；「蛇頭鼠眼」轉喻人鬼鬼祟祟，心術不正。

此外，如「杏眼、桃花眼、丹鳳眼、碧眼童顏」以眼睛的形狀來轉喻不同外貌的人，如「丹鳳眼」指眼角上翹狹長，似丹鳳的眼睛，歐美人眼光中「丹鳳眼」可轉喻華人美女的特徵，至於「桃花眼」則轉喻異性緣好的帥哥、美女，還有「夜眼」轉喻視力極強的人。

2. 部分代部分轉喻

「眼」的「部分代部分」轉喻，表現在眼部相關動作與「眼」結合的詞語上，在其中華語「眼」的轉喻可分為「原因——結果」、「行動——狀態」、「情

〔註21〕謝健雄：〈當代臺灣漢語慣用轉喻：認知語言學取徑〉，《人文暨社會科學期刊》，（2008年第1期）。

〔註22〕連金發：〈臺灣閩南語「頭」的構詞方式〉，殷允美、楊懿麗、詹惠珍（編），《第五屆中國境內語言暨語言學國際研討會論文集》。（臺北：中研院語言所籌備處，1999年）。

〔註23〕比喻不知感恩的人。如：「他真是個白眼兒狼，受了人家的恩惠卻不知報恩。」

感」及「能力」轉喻四種類型。

（1）「眼」轉喻原因或結果，所見如下：

表 4-1-6　華語「眼」轉喻原因或結果

滿眼	傻眼	白瞪眼	丟人現眼	大開眼界	見錢眼紅	擺在眼前
挑眼	不順眼	紅眼病	吃眼前虧	兩眼翻白	避人眼目	以眼還眼
起眼	馬虎眼	障眼法	見錢眼開	遮人眼目	眼花耳熱	老眼昏花

上表中如「白瞪眼」指張大眼睛直看，轉喻沒有辦法，「馬虎眼」指故意裝糊塗或敷衍別人，邱湘雲研究提到〔註 24〕：「馬虎眼的馬虎二字原非動物，馬馬虎虎本作麻麻糊糊，可以說是一種語音隱喻。」以馬虎轉喻做事情隨便、敷衍再以「眼」讓人能看到，只是故意裝糊塗或敷衍別人的結果。

再如「以眼還眼」指採取對方所使用的手段來報復對方，以相同的方法來給對方反擊，在英語中也有「an eye for an eye」相同的用法，將這樣的事情當作原因，以報復的手段當作結果，以眼睛看到的給予報復，轉喻行為的結果。

（2）「眼」轉喻「動作——狀態」相關詞語，所見如下：

表 4-1-7　華語「眼」轉喻「動作——狀態」相關詞語

眼暈	合眼	照眼	入眼	不眨眼	不起眼	跌破眼鏡	老天有眼
閤眼	闔眼	招眼	眼跳	看走眼	眉來眼去	眉來眼去	瞞人眼目

前文提及，這些「動詞＋眼」的述賓結構形成與「V 眼」的述賓式結構詞語，一來也具有隱喻性，二來也顯示此動詞賓語選擇與「眼」搭配而不與其他器官搭配，若搭配其他器官則無法表示原有的意義，可見「眼」在其中也有其「搭配義」存在。

上表中出現的動作，如「合眼、閤眼、闔眼」為閉上眼睛，轉喻睡眠、休息。又如「不對眼」指的是看不順眼，轉喻指兩個人之間的感情不融洽。

民間習俗當中常以眼皮跳動來代表即將發生事件的預兆，如「眼跳」轉喻災禍傷財等徵兆，因此在這個部分的轉喻，以「眼」所進行、發生的動作狀態（部分）轉喻為其他（部分），如前所述之「眼跳」因眼皮顫動的狀態轉喻為事情發生前顯現的跡象。

〔註 24〕邱湘雲：〈華語五官慣用語概念隱喻及其教學研究〉，《應華學報》，（2016 年第 17 期），頁 48。

(3)「眼」轉喻情感，由外在「生理域」轉喻內在「心理情感域」，所見如下：

表 4-1-8　華語「眼」轉喻情感

白眼	淚眼	眼巴巴	眼淚洗面	眉花眼笑	擠眉弄眼	展眼舒眉
眼紅	眼瞪瞪	翻白眼	眼花撩亂	擰眉瞪眼	眼穿腸斷	愁眉苦眼
瞪眼	眼睜睜	望眼欲穿	眉開眼笑	分外眼紅	淚眼汪汪	眉高眼低

上表中，轉喻情感的情形又可歸納以下五種情形：

a. **喜悅情緒**：如「展眼舒眉、眉開眼笑、眉花眼笑」，其中「展眼舒眉」轉喻稱心遂意，心情愉悅。

b. **憤怒情緒**：如「瞪眼、擰眉瞪眼」，其中「瞪眼」轉喻非常憤怒，「擰眉瞪眼」緊皺眉毛，瞪大雙眼，轉喻非常生氣。

c. **悲傷情緒**：如「淚眼、眼淚汪汪、愁眉苦眼、眼穿腸斷」，其中「眼淚汪汪」轉喻極度憂愁悲傷，「愁眉苦眼」轉喻愁苦的神色，「眼穿腸斷」轉喻傷心。

d. **盼望情緒**：如「眼巴巴、望眼欲穿」，其中以「望眼欲穿」，轉喻盼望殷切，「眼懸懸」轉喻渴望。

e. **其他情緒**：如「白眼、差眼、眼紅、翻白眼、眼睜睜」，其中「差眼」轉喻驚慌，「眼紅」轉喻嫉妒，「翻白眼」轉喻為難，「眼睜睜」轉喻無可奈何。

李娟在以「眼」轉喻情感中提及〔註 25〕：

> 人的情感通過眼睛能夠活靈活現地表現出來。當一個人極度高興時，他會用「眉開眼笑、喜眉笑眼、開眉展眼」；羞愧時，「低眉垂眼」，現代語言中借助眼部詞描寫人類情感的隱喻的詞不勝枚舉。

李壬癸也說〔註 26〕：「以身體部位名稱來隱喻情緒反應，有喜怒哀樂、煩惱、緊張、忍受等，例如，喜有『眉開眼笑』。」這邊的「眉開眼笑」轉喻非常高興；又如「眼淚洗面」指淚流滿面，轉喻極度憂愁悲傷。心中的喜怒哀樂，許多都是以藉由「眼」來傳達心中的情感。

(4)「眼」轉喻能力，所見如下：

〔註 25〕李娟：《現代漢語眼部詞彙的指稱結構及其隱喻系統研究》，（重慶：四川外語學院碩士學位論文，2011 年），頁 75。

〔註 26〕李壬癸：〈人體部位名稱在語言上的應用〉，《語言暨語言學》，（2007 年第 3 期），頁 717。

表 4-1-9　華語「眼」轉喻能力

法眼	慧眼	開眼	沒眼斤	乾瞪眼	有色眼鏡	獨具慧眼
眼力	肉眼	眼尖	有眼光	千里眼	眼明手快	大飽眼福
斜眼	眼色	正眼	開眼界	明眼人	冷眼旁觀	另眼相看
眼高	搶眼	眼拙	使眼色	做眼色	瞧不上眼	一飽眼福
眼辨	過眼	另眼	沒眼力	溜眼睛	眉眼傳情	眼光短淺
眼光	眼孔	冷眼	小心眼	有眼無珠	另眼相待	另眼看待

人的眼睛基本功能是觀察事物，由於人的閱歷、學識甚至是生長環境及文化差異的不同，同一件事物，觀看者不同會有不同的角度，因此從眼睛也能體現出人對事物的判斷能力。

李娟曾說〔註 27〕：「我們將指稱眼睛的基本功能、指稱對事物的判斷能力、指稱探聽消息通稱為功能指稱域。」如「法眼」轉喻眼識正確；「慧眼」轉喻敏銳的眼力，是將眼睛觀察當作是一種能力，轉喻能分辨事物的外表及品質優劣。王茂也說〔註 28〕：「視力被隱喻映射為心智能力，視野被隱喻映射為心智容量。作為『心靈的窗戶』眼能反映心裡所思。」因此，我們可以知道藉由眼睛看到的事物，可以當作一種能力，由此來判別事物的外在顏色、形狀、大小以及人的言行舉止、內涵等。

判斷事物的能力如「眼光」轉喻鑑賞的能力而善於觀察會用「眼尖」轉喻眼光銳敏，反之則會用「眼拙」轉喻觀察力不靈敏。再如「有色眼鏡」若經過顏色的折射，看到的場景也會有所改變，藉此隱喻含有個人主觀色彩的眼光。龐曉紅說〔註 29〕：「There are many eye compounds such as 手眼、小心眼，and so on , which focus metonymically on ability to see , tactics and appearance as well.」借助眼睛觀察、注意的能力，評斷該事物的「價值」，因此形成「眼」的能力轉喻。

綜合上述「眼」的轉喻，可歸出兩種類型、五種情形，詞彙表現如下：

1. **部分代全體轉喻：**僅有「**轉喻為人**」，如「獨眼龍、四眼田雞」。

〔註 27〕李娟：《現代漢語眼部詞彙的指稱結構及其隱喻系統研究》，（重慶：四川外語學院碩士學位論文，2011 年），頁 11。

〔註 28〕王茂、項成東：〈漢語「眼、目」的轉喻與隱喻〉，《外國語言文學》，（2010 年第 3 期），頁 157。

〔註 29〕龐曉紅：《「眼」隱喻的認知分析》，（甘肅：國立西北師範大學碩士學位論文，2009 年），頁 49。

2. 部分代部分轉喻：共出現四種類型：

（1）轉喻原因或結果：因為嫉妒所引發的情緒或行為，轉喻出「紅眼病[註30]」這樣的結果，由觀察到他人「紅眼」推知此為「嫉妒」的心理結果；「老天有眼」指善惡終有報。

（2）轉喻動作狀態：如「合眼、闔眼、闔眼」，閉上眼睛轉喻睡眠、休息。

（3）轉喻情感：又可分五類：

a. 喜悅情緒：如「眉開眼笑」。

b. 憤怒情緒：如「瞪眼」。

c. 悲傷情緒：如「眼穿腸斷」。

d. 盼望情緒：「眼巴巴」。

e. 其他情緒：如「眼紅」轉喻嫉妒，「翻白眼」轉喻為難。

（4）轉喻能力：「眼」具有洞察、判斷的能力，依照眼睛看到的外在事物或是內在涵養給予評價，形成「眼色、慧眼、眼力」等詞語，是以眼能「看」的功能轉喻為一種能力。

二、閩南語「眼」的隱喻探討

關於閩南語對於「眼」字的解釋，教育部臺灣閩南語辭典中並無對該詞多做說明，又由於閩南語辭典中「眼」所出現詞彙數量太少，應是因為閩南語「眼」的詞彙大多與華語用法相同，故在此僅討論辭典中所列的詞彙。

表 4-1-10　閩南語眼部隱喻情形

類　型	隱　喻		轉　喻		
	實體隱喻	時間隱喻	部分代部分		
使用情形	重要關鍵	時間隱喻	轉喻能力		轉喻動作狀態
詞彙	字眼	眼前	眼力	眼光	眼神
			慧眼	千里眼[註31]	順眼

閩南語「眼」的隱喻可歸納兩類：

[註30] 「眼紅」一詞，筆者將其歸類在「轉喻情感」，該處是因「嫉妒」引發心理狀態所產生的「病」，故筆者將「紅眼病」放入「轉喻原因或結果」，在此特別說明。

[註31] 神話傳說中的天神，是媽祖座前的神將，雙眼大而暴突，能看到極遠、極細、極隱蔽的東西。

（一）隱喻類型

1. 實體隱喻

僅出現「關鍵重要喻」一種情形，閩南語詞彙中的「字眼」隱喻文中精要字句，取其「眼」的重要性與「關鍵」性質相似，故映射至字詞當中，用「字眼」隱喻文字當中關鍵、重要的地方。

2. 時間隱喻

「眼前」可視做空間喻，如「近在眼前」，而後又進一步形成時間喻，如「眼前事」，本文語料中的「眼前」則為隱喻目前、現在的時間點。

（二）轉喻類型

僅出現一種類型，即「部分代部分」，其中包含兩種表現，一是轉喻「能力」：如「眼光」轉喻鑒賞力；「千里眼」轉喻觀察敏銳，有遠見。二是轉喻「動作狀態」如「眼神」轉喻眼睛的神態，「順眼」轉喻合意。

三、日語「眼」的隱喻探討

根據為 Weblio 辭典，「眼」的定義如下表〔註 32〕：

表 4-1-11　日語「眼」釋義及詞例

	釋　義	詞　例
1	物を見る働きをする器官。(做看東西的器官。一種感覺器官)	「澄んだ美しい—」 「—をあける」
2	物を見るときの目つき。まなざし。(看東西時的眼神。眼部)	「するどい—で見る」
3	物を見る能力。視力。(看東西的能力。視力)	「—が悪い」
4	見ること。見えること。(看。可見)	「お—にかける」
5	注意して見ること。注目。(小心看。注意)	「世間の—がこわい」
6	見分ける力。洞察力。(判斷力。洞察力)	「私の—に間違いはない」
7	見たときの印象。外観。(看到的那個時候之印象。外觀)	「見た—がよくない」
8	その者が出会ったありさま。体験。(那個人遇見了。體驗)	「つらい—にあう」 「いい—を見る」

〔註 32〕Weblio 辞書とは、複数の辞書や用語集を一度に検索し、一度に表示する、統合型オンライン辞書サービスです。

9	位置・形状などが目に似たもの。（位置、形狀等與眼睛相似） 一、主要な点。物の中心。（主要的點。物體的中心位置）「臺風の─」 二、眼球の形をしたもの。（眼球形狀的東西）「うおの─」 三、縦・横の線などが交わってできるすきま。（可以垂直和水平線相交的邊）「網の─」「碁盤の─」

上述關於日語「眼」的理解，所闡述關於「眼」的說明。華語用「眼」現代較常使用；「目」為文言文中較常出現，日語在眼的使用與華語不太一樣，較少用「眼」而是較常用「目」，關於日語「目」的慣用語隱喻情形於下節會詳談。以下針對關於眼的慣用語，分為隱喻與轉喻兩部分探討。

依照 Lakoff & Johnson〔註33〕及吉村公宏〔註34〕日語「眼」的慣用語隱喻表現如下：

表 4-1-12　日語「眼」隱喻

隱　喻		轉　喻	
空間方位隱喻（維度空間喻）		部分代部分（轉喻能力）	
慣用語	釋　義	慣用語	釋　義
眼中に無い	沒放在心上	眼を付ける	看中。盯、選上
眼中に置かない	沒放在心上	眼光紙背に徹する	看穿言外之意
眼中に入れない	沒放在心上	眼中人無し	目中無人
眼下に見る	看不起		

上表中關於「眼」的隱喻有隱喻與轉喻兩種類型，表現如下：

（一）隱喻類型

僅有「**空間方位隱喻**」中「**維度空間隱喻**」類型。如「眼中に無い、眼中に置かない、眼中に入れない」隱喻為不用放在心上，指眼睛沒東西、沒放在眼裡，因此以沒將其放在眼中、沒進入到眼中的特性，隱喻對於事情「不介意，不用太在意」的情形。「眼下に見る」以對下的鄙視眼神轉喻瞧不起他人。

（二）轉喻類型

僅有「**部分代部分**」中「**轉喻能力**」類型。在定義裡提到，「物事を洞察

〔註33〕Lakoff & Johnson 著，周世箴譯：《我們賴以生存的譬喻》，（臺北：聯經出版社，2006 年）。

〔註34〕吉村公宏：《はじめての認知言語学》，（東京：研究社，2004 年），頁 107。

する能力（具洞察事物的能力）」，同華語一樣日語同樣具有這樣的能力，藉由眼睛的功能轉喻看對於事物的觀察給予評價的能力。如「眼を付ける」轉喻看中、盯上、選上，又如「眼光紙背に徹する」轉喻明白說話者心中所想、或言語中含有其他的意思。

第二節 「目」身體詞

「眼」及「目」同樣指眼睛。《說文解字》:「眼，目也。」; 段玉裁《說文解字注》提到:「眼，目也。釋名。『眼』，限也。瞳子限限而出也。」如《說文解字》所述，「眼」和「目」是同一個意思，只是發音不同。就筆者看來，這與「頭」和「首」一樣，「眼」在現代華語中較常使用，「目」多出現在古漢語、文言文;「眼」屬於口語化、「目」則是書面語常用，以下亦將「目」分為三種語言來探討。

除了「目」作為隱喻外，也有不少是「目」相關詞語與「目」搭配共同組成的詞彙具有隱喻性質，而不是以「目」本身作為隱喻，例如「**性質相似喻**」中如華語「反目」是以「反」具有相反、背叛的特性隱喻「目」指人際關係方面不和；閩南語如「戇目」是以「戇」具遲鈍、緩慢的特性隱喻至「目」指眼力遲鈍；日語慣用語中如「目の薬」、「目の毒」這兩則慣用語是以「良藥」及「毒藥」的性質隱喻對「目」造成的影響，「目の薬（眼的良藥）」隱喻看了對眼睛有幫助、「目の毒（眼的毒藥）」隱喻看了對眼睛有害處。

「**方位空間喻**」中如華語「滿目」一詞是以「滿」有全、遍、整個意作用至「目」隱喻充滿視野，這邊的詞彙多以其他字詞作為隱喻後表示「眼睛」的狀態或事物；日語慣用語如「目と鼻の間」是「間」隱喻眼睛與鼻子距離很短。

「**時間隱喻**」的詞語中閩南語如「目躡」是以「躡」指眼睛閉合的動作來隱喻時間短暫，這邊出現的「目」皆指「人眼」而無隱喻作用，但「目躡」這一眼睛的動作則暗涵隱喻在內。

轉喻方面的詞語亦是，「研究範疇」時已說明:「目」的隱喻詞彙有不少是以其他字詞與「目」搭配所形成的隱喻，而並非「目」本身具有隱喻現象，例如「眩目」表隱喻「光彩耀眼奪目」，「顯目」表隱喻「明顯耀眼」，「瞬目」表隱喻「極短的時間」，這些「動詞＋身體詞」的述賓結構形成與「目」相關的詞語，因為也具有隱喻性，且非與此一器官搭配必有其搭配義存在，因此本文以為這些「目」部相關詞語也應納入討論之中，以其他字搭配「目」結合形成的轉喻，生成轉喻的並不是「目」本身，而是與「目搭配後的所造出的詞語，例如「**部分代部分轉喻**」的類型當中有「**原因結果轉喻**」。

其中如華語「遮耳目」是以「遮蔽」五官中的「耳朵」及「眼睛」轉喻蒙蔽別人的視聽，以掩飾真相的結果，此處的「耳」、「目」無使用轉喻而是以「遮目」達轉喻作用；「**動作狀態轉喻**」如華語「目不轉睛」以「眼睛不動」的動作轉喻凝神注視的狀態；閩南語「**情感轉喻**」詞語中如「赤目」、「紅目」是以整個「眼睛的狀態」轉喻因見其人「目」變成「紅」色，進一步轉喻「嫉妒、生氣」之意；又「**能力轉喻**」中如「影目」一詞以「影」指奪人視線，映射至「目」用來轉喻被他人吸引住；日語慣用語在「部分代部分」轉喻亦有不是以「目」作轉喻所用，如「**原因結果轉喻**」中「鬼の目にも涙（鬼的眼睛也有眼淚）」以「目中淚」轉喻「惡人也有惻隱之心」，又如「情感轉喻」中收錄「目を細くする（眼睛變細）」一詞，是「變細」指眼睛的外型，以此轉喻「色瞇瞇」的樣貌，由此可知不僅有以「目」本身作為轉喻所用，也有以「目」搭配其他詞語而形成的轉喻。

一、華語「目」的隱喻探討

根據教育部《重編國語辭典修訂本》，「目」解釋如下表：

表 4-2-1　華語「目」釋義及詞例

	釋　義	詞　例
1	眼睛	如：「耳聰目明」、「魚目混珠」、「賞心悅目」
2	條款、細則	如：「項目」、「條目」、「細目」
3	書本前供方便查尋的條文	如：「書目」、「篇目」、「目次」、「四庫全書總目」
4	名稱、標題	如：「品目」、「名目」、「題目」

由上表可知「目」與「眼」的定義除表示視覺器官「眼睛」外，其他釋義大相逕庭；「眼」有「關鍵」、「要領」、「條理」等義，相對來看「目」有「條款」、「標題」等意亦是「眼」沒有的。由於兩者本身是有些許差異，在詞彙的延伸方面由於隱喻映射凸顯角度不同，使得運用情形也不盡相同。

（一）隱喻類型

莫縈竹提到〔註 35〕：

> 基於隱喻，「目」語義變化還能透過隱喻完成。如「一葉障目」中的「目」受成語影響，發生語義變化，隨後又反作用於成語本身。「目」空間中的功能「接受外界信息」和性質「可被遮蔽」與心理「空間被激活〔註 36〕」，「目」從而隱喻「人的心理」整合成「為局部或現象所迷惑」。

相對於「眼」來看，「目」的研究就少了許多，但在隱喻的情形也能依照原義的延伸，與其他字詞組合而成形成新的隱喻現象。接著同樣將隱喻的類型，分為「實體隱喻」及「空間方位隱喻」兩大主軸來分析。

1. 實體隱喻

依據 Lakoff & Johnson〔註 37〕所提出的隱喻理論及李娟〔註 38〕及龐曉紅〔註 39〕對「目」在實體隱喻中所歸納出的類型。有以下幾類情形。

（1）形狀相似隱喻，僅有一例，即「米苔目〔註 40〕」一詞，是指用米製成的條狀食品，除了是從指洞眼（目）中搓出粉條外，其形狀細長猶如眼睛一樣，於是有此稱，為形狀相似喻。

（2）性質相似隱喻，例子不少所見如下：

〔註 35〕莫縈竹：〈成語中頭部詞「眼、目」的認知特點研究〉，《赤子（上中旬）》，（2015 年第 5 期），頁 91。

〔註 36〕「激活」為中國用語，指「開啟」。

〔註 37〕Lakoff & Johnson 著，周世箴譯：《我們賴以生存的譬喻》，（臺北：聯經出版社，2006 年）。

〔註 38〕李娟：《現代漢語眼部詞彙的指稱結構及其隱喻系統研究》，（重慶：四川外語學院碩士學位論文，2011 年），頁 71。

〔註 39〕龐曉紅：《「眼」隱喻的認知分析》，（甘肅：國立西北師範大學碩士學位論文，2009 年），頁 34～44。

〔註 40〕維基百科：https://ppt.cc/fFMrtx 檢索日期：2021 年 05 月 19 日。米篩目源於廣東梅州大埔一帶，因為兩端尖，形似老鼠，客家人慣稱粉為「粄」，因此稱為老鼠粄。老鼠粄在香港稱為「老鼠粉」，因「老鼠」之名不雅，當地人以粉條兩端尖，狀似銀針，稱為銀針粉。後來傳至臺灣及馬來西亞，當地客家人稱為米篩目，是指製造時把粉團經過篩子般的擦板，從洞眼（目）中搓出粉條。由於閩南語「篩子」稱 thai（音似「苔」），在臺灣坊間又常作米苔目。

表 4-2-2　華語「目」性質相似隱喻

顯目	炫目	德目	不瞑目	綱舉目張	網目不疏	瞑目而逝	耳目一新
網目	目標	盲目	真面目	明目張膽	目光如鼠	蒿目時艱	輝煌奪目
醒目	屬目	目睹	有眉目	光彩奪目	光輝奪目	怵目驚心	歷歷在目
青目	反目	矚目	目擊者	盲目行事	目不斜視	耳聰目明	琳瑯滿目
眩目	目眩	心目〔註 41〕	比目魚	鮮豔奪目	瘡痍滿目	燦爛奪目	比目連枝

正常情況眼睛兩個一對，因此性質相似而隱喻為成雙成對。如以「比目魚」隱喻恩愛夫妻，此外又延伸「比目連枝」一成語，「比目」，指比目魚；「連枝」，由此指連理枝，同出一本而相連的樹枝，兩者都是有著在一起、不能分開的性質，隱喻情侶難以分捨，就像無法將眼睛分一樣。

上表中關於「目」性質相似的隱喻情形，又可歸出以下三種情形：

a. **動物相關**：如「比目魚」隱喻夫妻恩愛的樣子。

b. **顏色相關**：如「青目、光輝奪目、目迷五色」。其中以「青目」隱喻喜愛或看重；「光輝奪目、光彩奪目」隱喻吸引注意；「目迷五色」隱喻使人看不清楚。

c. **其他**：如「反目」隱喻不和，多指夫妻之間的關係不好，眼睛在觀看事物時，理應一同進行，這邊以「反」背叛、相反的特性用在眼睛上，若兩眼不能一同看，則會變得不協調，故以此相似性映射至人際關係上，又如「網目不疏」隱喻法令細密。

2. 空間方位隱喻

關於「目」隱喻類型的分類，本文依照「目」包含在空間中的特點，在空間方位隱喻部分依 Lakoff & Johnson〔註 42〕、蘭智高〔註 43〕及鄭萌〔註 44〕所言，「目」可分為三類探討，如前所述「目」同「眼」，因詞語較多且使用情形較為

〔註 41〕一、心和眼。《國語．晉語一》：「上下左右，以相心目，用而不倦，身之利也。」二、心中或視覺方面的感受。《文選．曹丕．與吳質書》：「觀其姓名，已為鬼錄，追思昔遊，猶在心目。」三、想法和看法。如：「在他的心目中，親情勝過一切。」

〔註 42〕Lakoff & Johnson 著，周世箴譯：《我們賴以生存的譬喻》，（臺北：聯經出版社，2006 年）。

〔註 43〕蘭智高、張夢捷：〈關於空間和時間的思考與探討〉，《黃岡師範學院學報》，（2009 年第 6 期），頁 56～58。

〔註 44〕鄭萌：〈淺析「眼」的概念隱喻——基於語料庫的英漢對比分析〉，《英語廣場》，（2015 年第 11 期），頁 28。

特殊，於是將時間隱喻獨立出一類，在此僅探討與空間相關的隱喻。

（1）隱喻「標題」，所見如下：

表 4-2-3　華語「目」隱喻標題

篇目	品目	目次	項目	地目	題目	條目	格目
價目	劇目	細目	帳目	書目	總目	欄目	綱目

「目」等同「眼」，用來指稱人的眼睛，若「目」位於人體的五官位置之上。以「書」隱喻為人，第一頁的封面如同「頭」、翻開內頁馬上出現的標題、次序就與人的眼「目」相似，故以其位置的相似性隱喻「標題」。上表中如「品目、篇目、題目」皆由此隱喻延伸而來。

蘇昶也說〔註 45〕：「人們利用眼睛觀察世界，眼在人們心中的地位是非常重要的。漢語眼用來指重要性的詞彙也非常普遍。如綱目、要目、章目。」可知「眼」跟「目」在位置上，都是凸顯「目」為五官最上方的位置，將「目」隱喻指稱其他物品「最上方、最前面」的位置讓看的人能夠一目了然。又如「篇目」隱喻篇章的標題；「品目」隱喻物品的名稱目錄；「題目」隱喻文章或詩篇的標名而後衍生指考試時要求應試人作答的問題。

（2）隱喻「維度空間」語料所見較少，僅收錄「滿目」、「目的」、「目的地」。如「滿目」隱喻充滿視野，把眼睛看到的事物都充塞其中；「目的地」隱喻想要到達的地方。

3. 時間隱喻，所見如下：

表 4-2-4　華語「目」時間隱喻

恂目〔註 46〕	目今	目前	瞬目	目下	目前目後

上表中如「目即、目今、目前、目下、即目」，原指的是眼睛所看到的空間，亦能用來指眼睛當下所及的時間，鄭萌提到〔註 47〕：

> 在漢語中「眼、目」的概念隱喻還富有時間和空間色彩。有時是通過和表示空間概念的詞組合，產生一個表示時間關係的表達，比如「目前」；有時候把眼睛賦予空間感，比如「滿目」。

〔註 45〕蘇昶：〈隱喻視域下的「眼」〉，《才智》，（2014 年第 18 期），頁 270。

〔註 46〕一眨眼、一瞬間。《列子．黃帝》：「今汝怵然有恂目之志，爾於中也殆矣夫！」

〔註 47〕鄭萌：〈淺析「眼」的概念隱喻——基於語料庫的英漢對比分析〉，頁 28。

故以「目今」、「目前」隱喻為「現在、此時」的時間概念，又如「瞬目、怐目」隱喻時間非常短，「目前目後」則隱喻頃刻之間。

綜合華語「目」的隱喻現象，可歸出三種類型、七種情形，詞彙表現如下：

1. **實體隱喻**：包括：

（1）**形狀相似隱喻**：如「米苔目」因外觀細長，隱喻如人眼，為形狀相似喻。

（2）**性質相似隱喻**：又可分為三類。

a. **動物相關**：如「比目魚」。

b. **顏色相關**：如「青目、光輝奪目」。

c. **其他**：「反目」隱喻夫妻不和，「綱目不疏」隱喻法令細密。

2. 空間方位隱喻：包括：

（1）**標題隱喻**：如「品目、篇目、題目」隱喻標題。

（2）**維度隱喻**：如「滿目」隱喻充滿眼內。

3. **時間隱喻**：從空間隱喻再一步延伸至時間上。以「目」隱喻「現在、當下」的時間，如「目今、目前、目下」；隱喻時間短暫、非常快，如「瞬目、怐目」，一眨眼的時間就過完了。

（二）轉喻類型

華語「目」僅出現「部分代全體」及「部分代部分」兩種轉喻類型。

1. 部分代全體轉喻

華語「目」轉喻有轉喻人及轉喻完整事物，共有兩種類型，所見如下。

表 4-2-5　華語「目」部分代全體

轉喻為人				轉喻事物完整的部分
土目	六案孔目〔註48〕	眉清目秀	慈眉善目	面目
面目猙獰	臼頭深目〔註49〕	眉目不清	鼠目獐頭	眉目

上表中依照類型可分「轉喻為人」及「轉喻事物完整的部分」，表現如下：

（1）**轉喻為人**：如「六案孔目」轉喻掌管吏、戶、禮、兵、刑、工六房的吏役，「土目」則轉喻土著的首領。再者有以人外貌轉喻人的詞彙，如「眉

〔註48〕舊時州縣衙門中，掌管吏、戶、禮、兵、刑、工六房的吏役稱為「六案孔目」。

〔註49〕頭頂凹入，兩眼深陷。形容人的面貌極為醜陋。

清目秀、慈眉善目、面目猙獰」；又如「眉清目秀」轉喻面貌清明俊秀，「慈眉善目」轉喻慈祥的容貌；「面目猙獰」轉喻面貌凶惡。

（2）**轉喻完整性**：如「眉目」以眉毛及眼睛轉喻整張臉；「面目」指臉與眼睛，轉喻容貌、相貌及整個人的面子，皆為以部分器官轉喻整體事物的全貌。李娟提到〔註 50〕：

> 「眉目」指人的眼睛和眉毛，泛指人的面容。「眉目」通過隱喻的手法以後，不僅可以指人的面貌，還可以借代為事物的頭緒和綱要。

如素描人像時要辨識一個人最重要的就是五官，五官當中又以眼睛與眉毛為最主要的部份，當眉毛及眼睛畫完已可以看出人物的大概及整體性，便以的部分器官，轉喻即將完成事物的頭緒、端倪、線索之完整性。

2. 部分代部分轉喻

依謝健雄〔註 51〕及連金發〔註 52〕所述，可將轉喻分為五種類型。

（1）「目」轉喻原因或結果，所見如下：

表 4-2-6　華語「目」轉喻原因或結果

刺目	目不暇給	不堪入目	掩人耳目	眾所矚目	過目不忘	面目全非
遮耳目	目所未睹	巧立名目	反目成仇	觸目驚心	有目如盲	眾目睽睽
掩人耳目	防蔽耳目	目無法紀	一目十行	一目了然	廬山面目	死不瞑目
雀屏中目	以耳為目	夫妻反目	漫無目的	目牛游刃	舉世矚目	反目互毆
魚目混珠	毫無眉目	令人注目	目不忍睹	耳濡目染	有目共睹	道路以目

上表中如「目聽」轉喻看人的笑貌容態就能知想要說的話，「魚目混珠〔註 53〕」以魚眼睛混充珍珠，用來轉喻以假亂真；「以耳為目」轉喻只聽信別人的話而不親自了解實情，「雀屏中目〔註 54〕」轉喻被人選為女婿。

〔註 50〕李娟：《現代漢語眼部詞彙的指稱結構及其隱喻系統研究》，（重慶：四川外語學院碩士學位論文，2011 年），頁 62～63。

〔註 51〕謝健雄：〈當代臺灣漢語慣用轉喻：認知語言學取徑〉，《人文暨社會科學期刊》，（2008 年第 1 期）。

〔註 52〕連金發：〈臺灣閩南語「頭」的構詞方式〉，殷允美、楊懿麗、詹惠珍（編），《第五屆中國境內語言暨語言學國際研討會論文集》。（臺北：中研院語言所籌備處，1999 年）。

〔註 53〕語本《文選．任昉．到大司馬記室牋》：「惟此魚目」句下李善注引《韓詩外傳》：「白骨類象，魚目似珠。」

〔註 54〕其後，唐高祖李淵射中，竇遂以女嫁之。典出《舊唐書．卷五一．后妃列傳上．高祖太穆皇后竇氏》。比喻中選為人婿。也泛指被選中。也作「屏開金孔雀」、「雀屏中目」。

「部分代部分」的轉喻中，邱湘雲提到〔註55〕：「以感官轉喻聽覺能力者如『遮耳目』表示蒙蔽別人的視聽能力。」以「遮掩耳目」轉喻其結果是掩飾真相；李娟〔註56〕亦說：「現代漢語中，眼部經過轉喻後可以得到如『耳目』、『眼目』，以眼部具有的重要性為基礎。」其他部分如「避眼目」以避開別人看得見之處的原因，轉喻其隱藏而不使人知的結果；「掩人耳目」遮住別人的耳朵及眼睛是「因」加上「使看不見、聽不著」轉喻「欺騙、蒙蔽他人」是推知所見的結果。

（2）「目」轉喻「動作——狀態」相關詞語，所見如下：

表 4-2-7　華語「目」轉喻「動作——狀態」相關詞語

目送手揮	滿目瘡痍	目不轉睛	舉目無親	側目而視
目不轉視	目披手抄	耳視目聽	荊榛滿目	眉垂目合

前文提及，這些「動詞＋目」的述賓結構形成與「V 目」的述賓式結構詞語，一來也具有隱喻性，二來也顯示此動詞賓語選擇與「目」搭配而不與其他器官搭配，若搭配其他器官則無法表示原有的意義，可見「目」在其中也有其「搭配義」存在。

上表如「眉垂目合」轉喻閉目養神或睡覺時的樣子，「目披手抄」轉喻為勤於攻讀，「目送手揮〔註57〕」轉喻人技藝精熟、能達到多面兼顧，優游自得的境界。

（3）「目」相關詞語轉喻情感，所見如下：

表 4-2-8　華語「目」轉喻情感

怒目	目逃	目不交睫	眉目傳情	橫眉豎目	駭人耳目
張目	側目	目眩神迷	面目可憎	目睜口呆	觸目駭心
悅目	瞋目〔註58〕	目眩神搖	目瞪口呆	目眩心花	愁眉苦目

〔註55〕邱湘雲：〈華語五官慣用語概念隱喻及其教學研究〉，《應華學報》，（2016 年第 17 期），頁 54。

〔註56〕李娟：《現代漢語眼部詞彙的指稱結構及其隱喻系統研究》，（重慶：四川外語學院碩士學位論文，2011 年），頁 74。

〔註57〕在眼睛追視著遠去飛鳥的同時，手仍不斷的撫弦彈琴。語本《文選·嵇康·贈秀才入軍詩五首之四》：「目送歸鴻，手揮五絃。」原用以形容人能手眼並用、俯仰自得的神態。後來也用來比喻技藝精熟，能兩面兼顧，揮灑自如的境界。如：「藝術的創作若經不斷的磨練，總可臻情技交融，目送手揮，無所窒礙的境界。」也作「手揮目送」。

〔註58〕瞪大眼睛怒視。

拭目	動心駭目	動心怵目	橫眉怒目	目光如炬	瞠目結舌
瞠目	怒目而視	傷心慘目	拭目以待	賞心悅目	

上表中可將關於「目」情感的轉喻分為幾類探討，表現如下：

a. **高興情緒**：如「悅目」指愉悅眼目，轉喻感到歡喜。

b. **憤怒情緒**：如「怒目、張目、瞋目」轉喻發怒；「橫眉豎目」轉喻憤怒。

c. **悲傷情緒**：如「傷心慘目」轉喻悲慘，「愁眉苦目」，轉喻憂傷、愁苦。

d. **情慾情緒**：如「眉目傳情」轉喻女子勾引他人的嫵媚姿態。

人的七情六慾並非以上述幾種情形就能簡單歸類，但不論是在形容什麼樣的情緒都是由人的「眼睛」來傳達，轉喻心中欲表達之情感。李娟提到〔註 59〕：

> 人的情感通過眼睛能夠活靈活現地表現出來。生氣、發怒時「怒目而視」；震驚時「目瞪口呆」，語言中借助眼部詞描寫人類情感的隱喻不勝枚舉。

人靠眼球的運作、轉動來表達自己想要指稱的事物或狀態，如「笑瞇瞇」轉喻笑的時候，使得「眼睛」呈一直線。又如「目瞪口歪」轉喻非常生氣，以「眼睛」及「嘴巴」的動作表心中所想。透過外部身體器官表現內心深處的情緒、想法是身體詞中特有的轉喻現象，藉由器官的動作體現抽象的情感。

（4）「目」轉喻能力，所見如下：

表 4-2-9　華語「目」轉喻能力

明目	目光	目光如電	明目達聰	目光如豆	目中無人
窮目	目擊	目不識丁	目無王法	刮目相看	目空四海
目送	極目	目不識字	引人矚目	引人側目	目光所及
慧目	引人注目	目無尊長	以目相送	目光短淺	刮目相待

上表如「慧目」為佛教用語，用來轉喻能洞見真理的眼睛，眼睛就像有智慧一樣，能夠經由看到所判斷。又如「目光」為眼神，用來轉喻人的識見，藉由他人的人生經歷，成為自己的見解、見識，以此當作基礎來看待外在的事物。

〔註 59〕李娟：《現代漢語眼部詞彙的指稱結構及其隱喻系統研究》，（重慶：四川外語學院碩士學位論文，2011 年），頁 75。

李娟〔註60〕和王茂〔註61〕也提到過，藉由「目光」所看，將其視為一種能力轉喻。由目光當基礎打造出一系列四字成語，「目光短淺」轉喻見識淺陋；「目光如豆」轉喻器識狹隘；「目光如電」轉喻眼光湛然有神。此外，可表「看一眼」之意，如「目即成誦」看過一遍就能背誦出來，轉喻記憶力極強；「以目相送」用眼神、眉目送別他人離開。

鄭萌也說〔註62〕：「人類獲取信息並不是盲目的，而是有選擇性的，挑選有用的、所需的信息和美好的事物。」於是凸顯「眼、目」可以觀看事物的能力，將「眼、目」轉喻為觀察、辨別和欣賞事物的能力。

（5）**「目」轉喻其他**，所見如下：

「目」轉喻其他的詞語較少，只見「吏目」、「科目」、「注目禮」。其中「吏目」轉喻職官名，「注目禮」轉喻軍禮，「科目」轉喻隋唐時分科取士的名目，如秀才、明經、進士頭銜及名稱。

綜合華語「目」的轉喻現象，可歸出兩種類型、七種情形，詞彙表現如下：

1. **部分代全體轉喻**：所見包括：

（1）**轉喻為人**：如「六案孔目」轉喻吏役，「土目」轉喻土著的首領。

（2）**轉喻物體完整性**：如「眉目」轉喻整張臉；「面目」轉喻容貌、相貌。

2. **部分代部分轉喻**：所見包括：

（1）**轉喻原因或結果**：如「目無法紀」轉喻為膽大妄為，「雀屏中目」轉喻被選為女婿，「魚目混珠」轉喻以假亂真，由某些原因造成結果的轉喻。

（2）**轉喻動作狀態**：如「目不轉睛」喻凝神注視，「手揮目送」喻技藝精熟。

（3）**轉喻情感**：又可分四類：

a. **高興情緒**：如「悅目」。

b. **憤怒情緒**：如「張目、瞋目」。

c. **悲傷情緒**：如「愁眉苦目」。

〔註60〕李娟：《現代漢語眼部詞彙的指稱結構及其隱喻系統研究》，（重慶：四川外語學院碩士學位論文，2011年），頁11。

〔註61〕王茂、項成東：〈漢語「眼、目」的轉喻與隱喻〉，《外國語言文學》，（2010年第3期），頁157。

〔註62〕鄭萌：〈淺析「眼」的概念隱喻——基於語料庫的英漢對比分析〉，《英語廣場》，（2015年第11期），頁28。

d. 情慾情緒：如「眉目傳情」。

（4）轉喻能力：如「目光」轉喻人的識見，「目光短淺」轉喻見識淺陋。

（5）轉喻其他：如「吏目、科目」轉喻為官職，「注目禮」轉喻軍禮。

二、閩南語「目」的隱喻探討

黃舒榆提到〔註63〕：

> 「眼」的基本機能就是視覺基於相關性的特徵進而產生「視力」、「視線、視野」、「眼神、目光」、「外觀、外表」等轉喻含義。基於兩個不同事物間的相似性關係，將眼睛的形態特徵、方位特映射至目標域中，產生了「空間」、「容器」、「顏色」等隱喻含義。

教育部《臺灣閩南語常用詞辭典》所見，關於「目」的說明如下表：

表 4-2-10　閩南語「目」釋義及詞例

	釋　義	詞　例
1	眼睛	例：大細目 tuā-sè-ba̍k（大小眼。即不公平。）
2	節	例：手目 tshiú-ba̍k（手關節）、竹仔目 tik-á-ba̍k（竹節）。
3	細孔	例：米篩目 bí-thai-ba̍k（米篩的網目，也指篩出的米條食品）。
4	量詞	例：一目甘蔗 tsit ba̍k kam-tsià（一節甘蔗）。

由上定義可知閩南語「目」與華語中的「眼」及「目」用法上大致相同，指生物的視覺器官眼睛、與眼外觀相似的細孔，唯一不同之處，於閩南語辭典中出現「節」一釋義，指的是動物骨骼相連接的部分或植物枝幹分段的地方，詞彙有「手目（tshiú-ba̍k）」指手關節、「竹仔目（tik-á-ba̍k）」指竹節，這種說法不見於華語，以下將閩南語「目」的隱喻分為隱喻與轉喻兩類來探討。

（一）隱喻類型

關於閩南語「目」的隱喻研究中，黃舒榆指出〔註64〕：「『眼部』的實體隱喻可細分為三類：1.『眼』的容器隱喻；2.『眼』映射至時間域；3.『眼』隱喻為態度。」黃舒榆將隱喻歸為一類「實體隱喻」，分為容器、時間，不過

〔註63〕黃舒榆：《臺灣俗諺語身體隱喻與轉喻研究——以陳主顯《臺灣俗諺語典》為例》，（臺南：成功大學碩士臺灣文學系碩士在職專班學位論文，2011 年），頁 96。

〔註64〕黃舒榆：《臺灣俗諺語身體隱喻與轉喻研究——以陳主顯《臺灣俗諺語典》為例》，頁 96。

本文以為「態度」應屬生理域代指心理域的轉喻。結合上述及 Lakoff & Johnson〔註65〕、李娟〔註66〕及龐曉紅〔註67〕所言，筆者仍將其分為「實體隱喻」及「空間方位隱喻」兩類探討。

1. 實體隱喻

根據 Lakoff & Johnson〔註68〕的隱喻理論，可整理出閩南語「目」的三種隱喻類型，所見如下：

表 4-2-11　閩南語「目」實體隱喻

形狀相似			性質相似					
手目	布目〔註69〕	羊仔目	戇目	反目	鈍目	顯目	眵目〔註70〕	鷹仔目
目空	目箍〔註71〕	米篩目	目尾	目屎	柴目	白目	鑿目〔註72〕	大細目
竹目	深目	雞仔目	吐目	礙目	目地	目標	大目孔	目屎膏

（1）形狀相似隱喻，如「羊仔目」隱喻睡覺無法完全閉上，「雞仔目」隱喻雞眼，因為角質層增生形成的小圓硬塊，常生在腳掌或腳趾像雞的眼睛。

（2）性質相似隱喻，如「戇目」以「戇」指笨、傻的性質隱喻眼力遲鈍、認不出人，眼球中能看見事物的地方是黑色瞳孔的部分，故以「白目」以「眼睛」只現出眼白無瞳孔的性質隱喻「不識相、不知好歹」。

2. 空間方位隱喻

以 Lakoff & Johnson〔註73〕及蘭智高〔註74〕的空間方位隱喻理論為基礎，加

〔註65〕Lakoff & Johnson 著，周世箴譯：《我們賴以生存的譬喻》，（臺北：聯經出版社，2006 年）。

〔註66〕李娟：《現代漢語眼部詞彙的指稱結構及其隱喻系統研究》，（重慶：四川外語學院碩士學位論文，2011 年），頁 71。

〔註67〕龐曉紅：《「眼」隱喻的認知分析》，（甘肅：國立西北師範大學碩士學位論文，2009 年），頁 34～44。

〔註68〕Lakoff & Johnson 著，周世箴譯：《我們賴以生存的譬喻》，（臺北：聯經出版社，2006 年）。

〔註69〕布目：音讀（pòo-ba̍k）：布的經緯線之間的方格。

〔註70〕眵目：音讀（tshuh-ba̍k）：眼花。形容人視力模糊，看不清楚。

〔註71〕目箍：音讀（ba̍k-khoo）：眼眶。例：目箍紅紅 ba̍k-khoo âng-âng（眼眶紅紅的）。

〔註72〕鑿目：音讀（tsha̍k-ba̍k）：一、刺眼、扎眼。二、礙眼、不順眼。

〔註73〕Lakoff & Johnson 著，周世箴譯：《我們賴以生存的譬喻》，（臺北：聯經出版社，2006 年）。

〔註74〕蘭智高、張夢捷：〈關於空間和時間的思考與探討〉，《黃岡師範學院學報》，（2009 年第 6 期），頁 56～58。

上李娟〔註 75〕三人的成果，原在此共有三種隱喻，因本文將時間隱喻獨立出來另外探討，因此此處的空間隱喻有兩類，所見如下：

表 4-2-12　閩南語「目」空間方位隱喻

維度空間隱喻	隱喻標題		
目的	目錄	項目	題目

空間方位隱喻類型所見中，可分成「**維度空間隱喻**」及「**時間隱喻**」兩種。

（1）**維度空間隱喻**：如「目的」隱喻做事情想要達到的目標，可以將其目標隱喻為一個空間，如登山一樣，必須翻山越嶺，經過困難才能登峰，抵達到所期待的境地「空間」，通常會以「目的地」作使用，由此可知為「空間」隱喻，但閩南語辭典中並無收錄該詞彙。

（2）**標題的隱喻**，如「目錄」隱喻書前的目次，「項目」隱喻事物分類的條目。

3. 時間隱喻

閩南語「目」的時間隱喻詞語，同前華語「眼」、「目」及閩南語「眼」的時間隱喻，將眼前所看到的「空間」而加以延伸進一步探討到「時間」，故本文將「**時間隱喻**」獨立一類在分類中，且因閩南語收錄詞彙少在此不以表格呈現，所見有詞語如「目前」、「目矋仔」、「一目矋仔」。

覃修桂〔註 76〕：「空間距離近的事物往往靠近時間，又可映射隱喻時間，表示空間距離接近的事物可用『眼底、眼前、眼下、目前』，表示時間上的『現在、此刻』。」上表中如「目前」為眼睛的前面，指的是最近、現在這個時間；「目矋仔、一目矋仔」指眼睛閉著的時間，用來隱喻時間很短，與華語中的「瞬目、恂目」相對應，皆是「目」在閉合所花費的時間，來隱喻時間的表現。黃舒榆〔註 77〕也說：「『目前』指眼睛朝向前方所看到的事物，意指現在正在『目』發生的事物，可隱喻現在這個時間或即將要發生的狀況。」因此可以知道，除

〔註 75〕李娟：《現代漢語眼部詞彙的指稱結構及其隱喻系統研究》，（重慶：四川外語學院碩士學位論文，2011 年），頁 76。

〔註 76〕覃修桂：〈「眼」的概念隱喻——基於語料的英漢對比研究〉，《外國語》，（2008 年第 5 期），頁 41。

〔註 77〕黃舒榆：《臺灣俗諺語身體隱喻與轉喻研究——以陳主顯《臺灣俗諺語典》為例》，（臺南：成功大學碩士臺灣文學系碩士在職專班學位論文，2011 年），頁 98。

眼睛所看到的「空間」外也可用來映射隱喻看到的當下「時間」點形成「**時間隱喻**」。

綜合「目」的隱喻現象，可分出三類：

1. **實體隱喻**：共有三種情形。

（1）**形狀相似隱喻**：如「目空」隱喻眼窩；「手目、竹目、布目」隱喻關節。

（2）**性質相似隱喻**：如「反目」隱喻不和，通常指夫妻或朋友之間的關係。

2. **空間方位隱喻**：共有兩種情形。

（1）**維度空間**：如「目的」或「目的地」隱喻經過長時間的努力才能到達的空間。

（2）**標題隱喻**：以「目」具有顯著、重要的特性，隱喻到檢索時書前面的書目如「目錄」。

3. **時間隱喻**：如「目前」隱喻當下，「目矚仔、一目矚仔」隱喻時間短。

（二）轉喻類型

關於閩南語「目」的轉喻研究中，黃舒榆將轉喻分為三類〔註78〕：

> 一、部分代表整體：（一）轉喻為人。二、整體代表部分：（一）轉喻為勢力。（二）轉喻為眼神、目光。三、部分代表部分：（一）轉喻判斷力或鑑賞力。（二）轉喻為見識。

參考上述，再依謝健雄〔註79〕及連金發〔註80〕所述來探討。本節探討的閩南語「目」中，出現轉喻情形僅出現「部分代部分」的類型，轉喻表現如下。

表 4-2-13　閩南語「目」轉喻（部分代部分）

轉喻情感		轉喻能力			
赤目	目空赤	死目	注目	過目	老人目
紅目	喙笑目笑	影目	目色	上目	

〔註78〕黃舒榆：《臺灣俗諺語身體隱喻與轉喻研究——以陳主顯《臺灣俗諺語典》為例》，頁 98。

〔註79〕謝健雄：〈當代臺灣漢語慣用轉喻：認知語言學取徑〉，《人文暨社會科學期刊》，（2008 年第 1 期）。

〔註80〕連金發：〈臺灣閩南語「頭」的構詞方式〉，殷允美、楊懿麗、詹惠珍（編），《第五屆中國境內語言暨語言學國際研討會論文集》。（臺北：中研院語言所籌備處，1999 年）。

閩南語辭典中可見僅有「部分代部分」轉喻的類型，其中包含兩種情形：

（1）**轉喻情感**：如「赤目、紅目、目空赤」指眼紅，用來轉喻嫉妒、看到好的事物時心中想得到；「喙笑目笑」嘴巴和眼睛都在笑轉喻高興、喜悅樣。

（2）**轉喻能力**：回嘉瑩〔註81〕：「『眼』部視覺機能的『視力』要素可從生理域映射到判斷域中，是轉喻機制與隱喻機制共同作用的結果，如『眼光好、眼光高』。」因此能透過眼睛、眼神，轉喻成一種能力。如「死目」指眼拙，轉喻眼力差，「影目」指搶眼、醒目、顯眼，將眼睛轉喻為能力，藉此被他人所吸引、眼睛不自覺往該處看去。

三、日語「目」的隱喻探討

由 Weblio 辭典中所見，「目」的定義如下〔註82〕：

表 4-2-14　日語「目」釋義及詞例

	釋　義	詞　例
1	め（眼）	「目前／刮目（かつもく）・耳目・衆目・属目（しょくもく）・着目・注目・鳥目・瞠目（どうもく）・眉目・瞑目（めいもく）・面目」
2	目で見る。めくばせする（用眼睛看、使眼色）	「目撃・目送・目測・目礼／一目」
3	めじるしとするもの。内容を表すもの（待辦事項、內容的表示）	「目次・目的・目標・目録／曲目・書目・題目・名目」
4	分類上の区分（分類的區別）	「科目・項目・綱目・細目・種目・条目」
5	大切な箇所（重要的部分）	「眼目・要目」
6	主となる者（主要人物）	「頭目」
7	碁盤上の交点（棋盤上的交點）	「一目・井目（せいもく）」

劉珏指出〔註83〕：

〔註81〕回嘉瑩：《日漢慣用語的對比研究——以身體詞彙「眼睛」和「心」為中心》，（哈爾濱：黑龍江大學日語語言文學研究所碩士學位論文，2009年），頁34。

〔註82〕Weblio 辞書とは、複数の辞書や用語集を一度に検索し、一度に表示する、統合型オンライン辞書サービスです。

〔註83〕劉珏：〈淺談日本人對日語慣用句中身體詞彙的理解〉，《廣東工業大學學報（社會科學版）》，（2002年第3期），頁78。

> 人的感覺中視覺最為重要，由於人對外部世界的瞭解八、九成通過眼，因此日語中的「目」這個詞自然就與「看到」、「了解」等意聯繫到了一起，這些意義與判定、判斷有關，使「目」這個詞又增添了「判斷」這層涵義。

舉例來說，日語慣用語中常會以用「目がある」指「有眼力」；倘若閱讀者對於「目」具有「判斷力」這點不了解的話，可能會望文生義，以字面上來翻譯是「有眼睛」而已，眼睛能表達隱藏在人心中的感情，加上眼比臉上其他器官更具有豐富的表現力，使日語慣用語中由「目」所形成的慣用語相當豐富。王延紅提到〔註84〕：

> 「目」的比喻類型，有隱喻型「目玉焼き」為「煎蛋」，這裡將黃色與蛋白的組成雞蛋，與人的「眼珠」聯繫起來，利用了形狀上的相似性。「網の目」指「網眼」，利用兩者都是細小的「孔」的相似性。轉喻型中「青い目」指代外國人，是最典型的部分代替整體。

由上可知，日語「目」所使用的隱喻情形，皆是由「目」一詞之定義作延伸而發展到更多的慣用語當中，這其中便是認知隱喻在作用。以下分隱喻與轉喻兩部分探討。

（一）隱喻類型

鄭宇超在實體隱喻當中談到〔註85〕：

> 日本人對「目」的認識主要有以下四種：一、表示眼睛、眼神。眼睛具有十分生動的表變化和表情，比臉部其他部位更富有表現力。二、與「看」有關。眼睛是視覺器官，因此「目」表示視線、集中注意力等各種「看」的狀態。三、表示判斷力、眼力、見識。人不光停留在用眼睛所看到的表面現象上，還要在「看」的基礎上進行主觀判斷。四、表示局面、經驗、遭遇。以「目」作為形式名詞，多表遇到意外、不好的境遇、經歷。

〔註84〕王延紅：〈日語「目」的語義擴展的認知考察〉，《中國科教創新導刊》，（2011年第20期），頁93。

〔註85〕鄭宇超：〈日語慣用句語義闡釋与五官認知〉，《赤峰學院學報（漢文哲學社會科學版）》，（2010年第4期），頁131～132。

依 Lakoff & Johnson〔註 86〕及吉村公宏〔註 87〕日語「目」慣用語可分兩種隱喻類型，日語「目」慣用語表現如下：

1. 實體隱喻

參考 Lakoff & Johnson〔註 88〕、吉村公宏〔註 89〕、鄭宇超〔註 90〕、吳宏〔註 91〕所言探討如下：

（1）性質相似隱喻，表現如下：

表 4-2-15　日語「目」性質相似

慣用語	釋　義	慣用語	釋　義
鵜の目鷹の目	眼力很好	目もくれない	沒放在眼裡
親の欲目	偏愛自己的孩子	目も及ばず	美到無法直視
臺風の目	在中心具有影響力	目を回す	忙得團團轉
折り目正しい	有禮貌、循規蹈矩	目を覚ます	覺醒、醒悟
大目に見る	原諒、不追究	目を光らせる	提高警覺
目の保養	賞心悅目	目を潜る	避人耳目
目の薬	看了有益	目を盗む	避人耳目
目もあやに	光彩奪目	目を曝す	到處看遍
目が覚める	覺醒、醒悟	目を肥やす	增加很多知識
目が堅い	到深夜還不想睡	目を掠める	避人耳目
目が光る	嚴格地盯著	裏目に出る	適得其反
目が冴える	因興奮而睡不著	目を光らす	提高警覺
目が散る	眼花撩亂	目を開く	大開眼界
目が曇る	判斷力很弱	目を見す	遭遇不好、倒楣的事
目が肥える	增加很多知識	目を見る	遭遇不好、倒楣的事
目が眩う	眼花撩亂	目を喜ばす	賞心悅目

〔註 86〕Lakoff & Johnson 著，周世箴譯：《我們賴以生存的譬喻》，（臺北：聯經出版社，2006 年）。

〔註 87〕吉村公宏：《はじめての認知言語学》，（東京：研究社，2004 年），頁 107。

〔註 88〕Lakoff & Johnson 著，周世箴譯：《我們賴以生存的譬喻》，（臺北：聯經出版社，2006 年）。

〔註 89〕吉村公宏：《はじめての認知言語学》，頁 107。

〔註 90〕鄭宇超：〈日語慣用句語義闡释与五官認知〉，《赤峰學院學報（漢文哲學社會科學版）》，（2010 年第 4 期），頁 131～132。

〔註 91〕吳宏：《日語慣用語的認知語義研究——以人體詞慣用語為中心》，（廣東：世界圖書出版公司廣東公司，2013 年），頁 42。

目じゃない	不在乎、不在意	片目が開く	否極泰來、只懂一點字
目に障る	有害於眼	人目を盗む	偷偷摸摸進行
目に染みる	光彩奪目	目っ張を回す	忙得團團轉
目を喜ばす	賞心悅目	目に遭う	遭遇不好、倒楣的事
目の上の瘤	絆腳石	痛い目にあう	倒楣
目の正月	賞心悅目	日の目を見る	出頭天
目の敵	眼中釘	猫の目のよう	變化無常
目の毒	看了有害	目の付け所	需要注意的地方

上表如「臺風の目」字面上指的是「颱風眼」，隱喻在中心且具有影響力，如颱風的特性般，風暴外因空氣旋轉得太厲害，外面的空氣不易進到去，造成圈外暴雨，中心點卻風平浪靜。王延紅談到〔註 92〕：「2009 年世界経済の潮流、中国が『臺風の目』になる可能性。」利用颱風中心產生的巨大威脅力，來隱喻中國的重要地位和作用，是以颱風的性質隱喻中國地位和作用的抽象概念隱喻。

又如「目が覚める」隱喻的是覺醒、醒悟。吳宏提到〔註 93〕：

> 「目が覚める」這一慣用語字面構成要素已經完全融合唯一整體，其字面意義為我們建構了這樣一個字面場境：某人從狀態中清醒過來，睜開雙眼，這一個視覺擴展為「醒悟」這一抽象意，是為性質相似為基礎的隱喻擴展。

因「睜開雙眼」這一個行為性質，意味著眼睛從看不見外面世界的狀態，改變成為能夠看清楚，而覺醒也意味人在認識上由模糊變清楚，故此是性質相似喻。鄭宇超〔註 94〕提到，如日語慣用語中，以眼睛看到東西的慣用句大多都表示不好、遭遇倒楣之事，如「目を見す、目を見る、目に遭う、痛い目にあう」都是屬於這樣的類型。此外以「目の……」（眼睛的……）東西，以其性質隱喻對眼睛的作用，如「目の敵（眼睛的敵人）」隱喻眼中釘；「目の毒（眼睛的毒藥）」隱喻看了對眼睛有害；「目の薬（眼睛的良藥）」隱喻看了對

〔註 92〕王延紅：〈日語「目」的語義擴展的認知考察〉，《中國科教創新導刊》，（2011 年第 20 期），頁 93。

〔註 93〕吳宏：《日語慣用語的認知語義研究——以人體詞慣用語為中心》，（廣東：世界圖書出版公司廣東公司，2013 年），頁 42。

〔註 94〕鄭宇超：〈日語慣用句語義闡釋与五官認知〉，《赤峰學院學報（漢文哲學社會科學版）》，（2010 年第 4 期），頁 131～132。

眼睛有益；「目の保養（眼睛的保養）」隱喻賞心悅目之事。

鄭宇超〔註95〕指出：「美術館通いをしているうちに、目が肥えてきた。我常去美術館，在這期間鑑別能力提高了。」眼睛所看如同「進食」，看得東西越多就像是吃進去的食物後能增加體力，由此隱喻經由增廣見聞後自己的眼力、程度提升。這些類型都是由「眼」性質相似隱喻形成的慣用語。

2. 空間方位隱喻

日語「目」在「空間方位隱喻」中可歸出「維度空間隱喻」及「時間隱喻」兩種類型，所見如下。

表 4-2-16　日語「目」空間方位隱喻

維度空間隱喻			
慣用語	釋　義	慣用語	釋　義
目と鼻の間	近在咫尺	目と鼻の先	近在咫尺
時間隱喻			
慣用語	釋　義	慣用語	釋　義
目にも留まらぬ	時間短暫	目の黒い内	在有生之年
目を立てる	起頭	目の玉の黒い内	在有生之年

上表中又將空間方位隱喻的情形分為兩類，表現如下：

（1）維度空間隱喻：如「目と鼻の間、目と鼻の先」指眼睛和鼻子的距離，隱喻距離非常短，近在咫尺，為空間隱喻。

（2）時間隱喻：如「目の黒い内〔註96〕、目の玉の黒い内」隱喻在有生之年，「目にも留まらぬ」指一轉眼，用來隱喻時間非常短暫。

（二）轉喻類型

日語「目」慣用語的轉喻類型出現「部分代全體」及「部分代部分」兩類。

〔註95〕鄭宇超：〈日語慣用句語義闡釋与五官認知〉，頁131～132。

〔註96〕目の黒いうちとは、「私の目の黒いうちは家への出入りは許さない」などと用いるが、メイクの失敗で真っ黒なパンダ目になった女のコがボーイフレンドに会いたくなくて言っている言葉ではない。この「目の黒いうち」は「瞳の黒いうち」であり、「死んでしまって白目をむいてしまわないうち」つまり「生きているうち」という意味。中譯：「趁還有黑眼球時」是指「當我眼睛還看得見時不准進入家門」等。化妝失敗而變成熊貓黑眼的女孩卻表示不想見男友，一句話也說不出來。這邊「趁還有黑眼球時」是指「眼睛黑色」意，因死亡後眼球會變白無瞳孔，因此用來指「還活著的時候」。

1. 部分代全體轉喻

日語「目」慣用語中「部分代全體」轉喻僅有一例，即「見目より心」轉喻內心比外在更為重要，任何事情不要只看表面，而是要去了解其內在，用這件事（部分）來轉喻其他事情（全體）。

2. 部分代部分轉喻

日語「目」慣用語中在「部分代部分」轉喻共出現四種情形，表現如下。

（1）「目」轉喻原因或結果，所見如下：

表 4-2-17　日語「目」轉喻原因或結果

慣用語	釋　義	慣用語	釋　義
目には目を、歯には歯を	以眼還眼、以牙還牙	目に入れても痛くない	舐犢情深
一目置く	對比自己能力優秀的人表示敬意	目の中へ入れても痛くない	舐犢情深
鬼の目にも涙	惡人有惻隱之心	目も当てられない	慘不忍睹
弱り目に祟り目	禍不單行	目を晦ます	打馬虎眼
人目を忍ぶ	掩人耳目	いい目が出る	運氣好、走運
人目を憚る	怕人看見	目を背ける	慘不忍睹
生き馬の目を抜く	雁過拔毛	目尻を下げる	色瞇瞇
大目玉を食う	挨了一頓罵	目星を付ける	心裡有數
二目と見られない	慘不忍睹	目鼻が付く	有頭緒
目から鼻へ抜ける	聰明伶俐	目先を変える	開創新的風格
目から鱗が落ちる	恍然大悟	目糞鼻糞を笑う	五十步笑百步
目が出る	運氣好、走運	片目を入れる	祈成功、許願
目で見て口で言え	親自確認之後再說	人目が煩い	怕出名
罰は目の前	現世報	目処が付く	有頭緒
目に物見せる	給點顏色瞧瞧	目処を付ける	有頭緒
目釘を湿す	準備拔刀	目安を付ける	做大致的估算
泣き目を見る	遭遇不幸、倒楣事	目明き千人盲千人	世人賢愚各半
目をつぶる	睜一隻眼閉一隻眼		

上表中，如「罰は目の前」指在眼睛前面出現懲罰，「悪事を行えば、すぐ

に報いの罰がある。天罰覿面〔註97〕。」(做壞事很快就會受到懲罰。)用來轉喻現世報。以做太多壞事(原因),轉喻最後會得到報應,接受到懲罰(結果)。又如「目の中へ入れても痛くない〔註98〕」轉喻非常疼愛孩子同華語「掌上明珠」。

(2)「目」轉喻「動作——狀態」相關慣用語,所見如下:

表 4-2-18　日語「目」轉喻「動作——狀態」相關慣用語

慣用語	釋　義	慣用語	釋　義
目が離せない	離不開眼睛	目を側める	側目
目が留まる	留下印象	目を転じる	改變觀點
目に映る	映入眼簾	目を眠る	閉眼睡覺
目に掛かる	與上司會面	目を逸らす	移開視線,假裝沒看到
目に掛ける	給人過目、觀賞	目を伏せる	做錯事不敢抬頭
目に触れる	看見、注意到存在	目を向ける	關心、照顧
目に入る	映入眼簾	人目に余る	看不慣
目に留まる	留下印象	目安上げる	提出訴訟
目を塞ぐ	死亡、裝死	側目にかく	側目

上表中,如「目を塞ぐ」指眼睛閉上,轉喻為死亡、裝死,「目を伏せる」指眼睛看下方,轉喻為做錯事不敢抬頭、正眼看別人,「目を逸らす」將眼睛移開,轉移視線,轉喻為裝作沒有看到的樣子。

(3)「目」轉喻情感,所見如下:

表 4-2-19　日語「目」隱喻情感

慣用句	中　譯	慣用句	中　譯
耳目を驚かす	令人震驚	目を見張る	敬佩感嘆睜大眼
目から火が出る	眼冒金星	目を細くする	笑瞇瞇
目を皿のようにする	受驚睜大眼睛	目が回る	眼花、頭暈

〔註97〕天罰覿面(てんばつてきめん)「天罰」隱喻天降懲罰。「覿面」隱喻效果、報應當機立現。

〔註98〕「主に子や孫などの幼子を非常に愛らしく感じるさま。ほんの小さな異物が入っても痛むことがある目の中に入れたとしても痛くないほど可愛いという比喩的な解釈をはじめとして。」中譯:僕人對於主人、爺爺對於孫子非常疼愛的意思。很小的東西放到眼睛裡面會痛,但他們太可愛將其放入眼中也不會痛,用這樣來比喻喜愛他們。

目が据わる	憤怒而眼神呆	目を三角にする	怒目而視
目が点になる	驚嚇、驚訝	目を剥く	怒目而視
目が眩う	眼花撩亂	目を白黒させる	翻白眼
目が眩む	被金錢沖昏頭	目引き袖引き	擠眉弄眼
目が眩れる	失去判斷力	目を細める	笑眯眯
目に角を立てる	怒目而視	目の色を変える	改變原來態度
目の玉が飛び出る	大吃一驚	目口はだかる	感到驚訝
目の前が暗くなる	前途黯淡、絕望	目玉が飛び出る	大吃一驚
目を楽しませる	賞心悅目	目角を立てる	怒目而視

上表如「目の玉が飛び出る」，轉喻大吃一驚，因受到太大的驚嚇、震撼，使得眼睛裡面的球飛出去了。又如「目を細める、目を細くする」轉喻高興，使眼睛成為細細的直線，笑眯眯一樣；「目を白黒させる」以翻白眼轉喻輕視與不屑、厭惡或不歡迎之意。「目を三角にする」轉喻非常生氣，日本人認為，生氣時眉毛會變得斜斜的，加上眼睛，看起來就會呈現三角形，如下圖 4-1。再如「目から火が出る」則轉喻眼冒金星，因頭受到強烈的打擊，使得眼睛裡面噴出火一樣，轉喻「驚嚇」的情感狀態，如下圖 4-2。

圖 4-1 「目を三角にする」

來源〔註99〕：音速語言學習（日語）

圖 4-2 「目から火が出る」

來源〔註100〕：ことわざ·慣用句の百科事典

日本人有著這樣的文化思維及生長背景，加上日本的動漫發展在世界當中首屈一指，經常會將身體詞慣用語中的轉喻透過動畫、漫畫體現之而予人生動

〔註99〕音速語言學習（日語）臉書專頁：https://ppt.cc/fNvGsx，檢索日期：2021 年 05 月 19 日。

〔註100〕ことわざ·慣用句の百科事典：https://ppt.cc/fOLHYx，檢索日期：2021 年 05 月 19 日。

的情感表達意象。

（4）「目」轉喻能力，所見如下：

表 4-2-20　日語「目」轉喻能力

慣用句	中　譯	慣用句	中　譯
見る目がある	有眼力、懂識人	目に物言わす	用眼表達感受
耳目に触れる	所見所聞	目は口ほどに物を言う	眉目傳情
人目につく	顯眼、引人注目	目は心の鏡	眼睛是靈魂之窗
人目に立つ	顯眼、引人注目	目は心の窓	眼睛是靈魂之窗
人目を引く	顯眼、引人注目	目を呉れる	用眼遠送
目に立つ	顯眼、引人注目	目を皿にする	眼張得非常大
長い目で見る	高瞻遠矚	目を据える	目不轉睛
白い目で見る	冷眼對待	目を奪われる	被吸引住
目が行く	目光被吸引	目を長くする	高瞻遠矚
目が高い	有眼光	目先が利く	有眼力
目が合う	對到眼	目を引く	引起人注意
目が早い	眼神敏銳	人目に晒す	引起人注意
目が届く	注意得到	人目に付く	引起人注意
目が無い	有眼無珠	人目を奪う	引起人注意
目が利く	機靈、機警	目端が利く	有眼力
目八分に見る	瞧不起	目に一丁字なし	不識字、無學問
目の鞘を外す	密切注意	目くじらを立てる	吹毛求疵
目端を利かす	隨機應變	目の鞘が外れる	密切注意
目に見える	一眼看出	目に見えるよう	淺顯易見

上表如「見る目がある」轉喻有眼力、懂得看人，將眼睛當作一種「能力」藉由眼睛所看到的表面現象，進一步做出判斷，如「目を皿にする」隱喻的眼張得非常大，把眼睛變得如跟盤子般，藉由眼睛放大的能力，使在觀看東西時的觀察力增強，「目」在此表示有「專注、集中」的注意力。

又如「目は心の鏡、目は心の窓」隱喻眼睛是靈魂之窗，經由眼睛的判斷能力能知道別人的為人、心裡在想什麼。吳宏說〔註 101〕：「目は心の窓，人們通過眼睛作為人類獲取信息的最初泉源，在人體器官中佔有非常重要的地位」將

〔註 101〕吳宏：《日語慣用語的認知語義研究——以人體詞慣用語為中心》，（廣東：世界圖書出版公司廣東公司，2013 年），頁 181。

吸收情報、得到訊息當成一種能力，由「目」的觀察力才能使人類認識、了解外面更多未知的事物。

第三節　「耳」身體詞

人能藉由「耳」具備的「聽覺」能力，去理解、探索外面的世界，崔林說〔註 102〕：

> 「耳」是一個很好的表達方式。這裡包含的認知機制是「耳朵是個物體」和「聽見就是觸摸到」。因此，聽覺也是藉助於觸覺得以理解的，因為它是說話者能夠感受到的關於其周圍環境的最直接的信息來源。

人的五官中最重要的莫過於「眼」及「耳」，失去了視力無法看到事物、更不能借助眼睛來傳達心中的想法；而失去了聽力無法聽到聲音便無法接收語言訊息。

本文收錄的詞語中，有不少以其他字詞搭配「耳」所組成的為隱喻詞語，其中的「耳」本身不具隱喻現象，但搭配組成的「耳相關詞語則具有隱喻現象，如「**性質相似喻**」中，華語「洗耳」是以「洗」隱喻清除「耳」中的汙穢、汙垢，形成「洗耳」一詞隱喻專心、恭敬的聆聽；「**方位空間喻**」中如華語「耳際」是以「際」作為隱喻「耳」旁邊的空間，這邊的「耳」無使用隱喻的相似性，而是以其他字詞來隱喻「耳」。

在「研究範疇」時已說明：「耳」的隱喻詞彙有不少是以其他字詞與「耳」搭配所形成的隱喻，而並非「耳」本身具有隱喻現象，例如「刺耳」表隱喻「言語不中聽」，「拂耳」表隱喻「說出的話讓人不愛聽」，「洗耳」表隱喻「專心、恭敬的聆聽」，這些「動詞＋身體詞」的述賓結構形成與「耳」相關的詞語，因為也具有隱喻性，且非與此一器官搭配必有其搭配義存在，因此本文以為這些「耳」部相關詞語也應納入討論之中。例如「**部分代部分轉喻**」中華語「掩耳盜鈴」是以「掩」作轉喻機制，遮住「耳」使自己聽不到來轉喻「自欺欺人」的結果，是為「**原因——結果**」相代的轉喻；日語慣用語如「耳に胼

〔註 102〕崔林、官金玲：〈英語中包含「眼」和「耳」的習語中的隱喻和轉喻〉，《世紀橋》，（2012 年第 17 期），頁 104。

胝ができる」以聽了太多話的結果導致耳朵「長繭」轉喻同樣的話聽了太多次而聽膩。「**動作狀態轉喻**」如華語「打耳光」中以「打」他人臉部動作轉喻傷害他人尊嚴；日語慣用語如「耳を立てる」是以耳朵「站立」的動作狀態轉喻專心傾聽，經由其他事物的相關性作用到「人耳」形成轉喻。

一、華語「耳」的隱喻探討

以據教育部《重編國語辭典修訂本》所見，「耳」解釋如下表：

表 4-3-1　華語「耳」釋義及詞例

	釋　義	詞　例
1	人及動物的聽覺器官與平衡器官	可分外耳、中耳、內耳三部分
2	形狀像耳朵的東西	《易經．鼎卦．六五》：「鼎，黃耳金鉉。」
3	凡器物兩旁附有以便於提攜的把手均稱為「耳」	如：「木耳」、「銀耳」。

相對於「眼」、「目」來看，「耳」的定義少了許多，除了指人的聽覺、平衡器官外，形狀像「耳」的東西、器物旁邊的把手，都是以外型與「耳」相似之處所形成的隱喻詞彙。「耳」的語義延伸至聽覺，以「耳」所聽到的聲音，當作消息來源，以知道的消息作為評斷的基準，幫助人對外界事物的理解、讓大腦能夠吸收運用外界訊息，透過隱喻的相似性與轉喻的相關性，讓「耳朵」「聽」的作用發揮到更大的效益。

（一）隱喻類型

關於「耳」的隱喻研究，陳羲〔註 103〕指出：

> 多數「耳」字成語存在隱喻現象，但也有「耳」字成語中「耳」為本義「耳朵」。如：肥頭大耳，指一個肥胖的腦袋，兩只大耳朵。形容體態肥胖，有時指小孩可愛，以耳朵形狀為基礎，說明體態肥胖。

一般以「耳」的形狀來當做基礎，由此來隱喻人的外在、體態。不過本文以為「以耳代人」可屬「轉喻」。除了形狀喻外「耳」的在其他的隱喻中也有不一樣的表現，人們可以藉由聽覺器官與外部世界互動所得到、獲得的經驗，隱

〔註 103〕陳羲、周玟觀：〈「耳」字成語的認知隱喻機制〉，《齊齊哈爾大學學報（哲學社會科學版）》，(2020 年第 6 期)，頁 118。

喻映射到我們的情感或認知狀況當中。陳盈盈提到〔註 104〕：

> 「耳」在概念隱喻中，具有幾種特性：一、「耳」喻「能力」。主要作用是分辨聲音，從而獲取信息形成某種能力。二、「耳」喻「竊聽、打探」。「耳」在獲取信息的過程中，採取的可能不是直接的，而是間接的方式，即竊聽或是打探。三、「耳」的功能「聽」是信息輸入的重要方式。四、「耳」和其他詞一起喻指「親密的關係」。如在耳邊悄悄耳語表親密。五、「耳」喻「羞愧、窘迫和興奮等情感或者態度」。「耳」是人類五官的一個重要部分，所以「耳」是與人類各種各樣的情感態度密切相關的。

綜合陳羲〔註 105〕及陳盈盈〔註 106〕所提到關於「耳」的隱喻情形，依 Lakoff & Johnson〔註 107〕等所言，觀察華語中「耳」的隱喻表現有以下兩大類。

1. 實體隱喻

「耳」的詞彙使用，取決於人們概念系統中有關於該身體詞器官以及其功能之間的聯繫，換句話說華語一般用「耳」的基本功能來決定隱喻模式，即以「耳」代表聽或是聽見，以此基礎做為隱喻的根基，有以下幾種詞語表現。

（1）形狀相似隱喻，所見如下：

表 4-3-2　華語「耳」形狀相似隱喻

帽耳	木耳	白木耳	招風耳	耳脖子	耳刀兒

上表中所指之物與「耳」外觀形狀相似者，如「帽耳」隱喻帽子邊護耳的部分；又如以「耳刀兒」隱喻「阝」部首，楷書作ㄗ狀，或阜邑二字，以外觀形狀隱喻到帽子、文字，為形狀相似的隱喻。

（2）性質相似隱喻，所見如下：

〔註 104〕陳盈盈、李天賢：〈「耳」基於語料的漢英人體詞「耳（ear）」的概念隱喻對比研究〉，《現代語文》，（2013 年第 18 期），頁 137。

〔註 105〕陳羲、周玟覲：〈「耳」字成語的認知隱喻機制〉，《齊齊哈爾大學學報（哲學社會科學版）》，（2020 年第 6 期），頁 118。

〔註 106〕陳盈盈、李天賢：〈「耳」基於語料的漢英人體詞「耳（ear）」的概念隱喻對比研究〉，頁 137。

〔註 107〕Lakoff & Johnson 著，周世箴譯：《我們賴以生存的譬喻》，（臺北：聯經出版社，2006 年）。

表 4-3-3　華語「耳」性質相似隱喻

震耳	悅耳	接耳	順耳	軟耳朵	逆耳之言	耳聽八方
逆耳	附耳	耳熟	咬耳朵	耳根軟	如風過耳	交頭接耳
耳生	洗耳	耳語	耳朵尖	耳朵軟	震耳欲聾	言猶在耳
耳尖	耳背	耳根	耳根子	如雷貫耳	忠言逆耳	

上表如陳盈盈〔註 108〕提及：「形容詞『硬』修飾『耳』一般表示正面、積極的意思，而『軟』則是負面、被動的。」以「耳根軟、耳朵軟、軟耳朵」隱喻缺乏主見，容易聽信他人的話，此是基於「耳」的性質相似所形成的隱喻。

2. 空間方位隱喻

根據 Lakoff & Johnson〔註 109〕及蘭智高〔註 110〕所言，「耳」的空間方位隱喻表現如下。因語料所見僅有六則，故不以表格呈現，有「入耳」、「耳房」、「耳際」、「耳門」、「不入耳」、「耳根廂」。其中「耳門」隱喻正門兩旁的小門。陳盈盈〔註 111〕說：「『耳房』和『耳門』中帶『耳』是指『附屬於某物兩邊的物體空間』」。「耳房」隱喻正房相連兩側的小屋，「耳門」隱喻指大門旁邊的小門，「耳」附屬於「頭」此相似性延伸到空間概念，又如「耳際」隱喻耳邊的空間，「耳根廂」隱喻耳朵的側邊空間，為立體空間隱喻。再如「入耳」、「不入耳」指聲音進入耳朵裡面的「空間」，可將該空間視為一個容器，聲音傳入該容器中，屬於「容器隱喻」。

綜合上述華語「耳」的隱喻現象較少，但可歸出兩種類型，詞彙表現如下：

陳羲〔註 112〕於研究結語中提及：「『耳』字成語中豐富的隱喻現象，表明了身體隱喻映射的便利性與普遍性。」隱喻情形如下：

1. 實體隱喻：共兩種情形

（1）形狀相似隱喻：如「帽耳」隱喻帽子邊的護耳；「招風耳」隱喻耳朵

〔註 108〕陳盈盈、李天賢：〈「耳」基於語料的漢英人體詞「耳（ear）」的概念隱喻對比研究〉，《現代語文》，（2013 年第 18 期），頁 137。

〔註 109〕Lakoff & Johnson 著，周世箴譯：《我們賴以生存的譬喻》，（臺北：聯經出版社，2006 年）。

〔註 110〕蘭智高、張夢捷：〈關於空間和時間的思考與探討〉，《黃岡師範學院學報》，（2009 年第 6 期），頁 56～58。

〔註 111〕陳盈盈、李天賢：〈「耳」基於語料的漢英人體詞「耳（ear）」的概念隱喻對比研究〉，《現代語文》，（2013 年第 18 期），頁 138。

〔註 112〕陳羲、周玟觀：〈「耳」字成語的認知隱喻機制〉，《齊齊哈爾大學學報（哲學社會科學版）》，（2020 年第 6 期），頁 120。

豎起。

（2）性質相似隱喻：如「耳生、耳熟」以生、熟的性質，「耳生」隱喻不常聽到；「耳熟」隱喻常聽到。

2. 空間方位隱喻：僅出現「維度空間隱喻」。如「耳際」隱喻耳邊空間，「耳門」隱喻正門兩旁空間。又「入耳」、「不入耳」為「容器隱喻」。

（二）轉喻類型

崔林提到〔註 113〕：

> 事實上隱喻和轉喻常常交織在一起，既有區別又互相補充，並且在許多情況下，兩個機制是共同起作用的。如：「Not believe your ear」表明某人不相信他所聽到的事情，屬於轉喻原因結果類型。

根據崔林及謝健雄〔註 114〕的轉喻理論，所見僅有「部分代部分」一類。其中「耳」部「部分代部分」轉喻出現兩種情形。

（1）「耳」轉喻原因或結果，所見如下：

表 4-3-4　華語「耳」轉喻原因或結果

耳聾	耳重	耳孫〔註 115〕	馬耳東風	耳根清淨	不堪入耳
刺耳	牛耳	執牛耳	秋風過耳	充耳不聞	洗耳恭聽
耳沉	耳順	耳熟能詳	掩耳盜鈴	耳順之年	

上表如「刺耳」轉喻聲音尖銳或吵雜言語不中聽，使聽話者的耳朵如同被刺到感到痛處的結果。用來指人的耳朵不靈敏、聽力不好，就會以「耳沉、耳重、耳聾」的特性轉喻聽覺較一般人來得低。「耳熟能詳」轉喻非常熟悉，「馬耳東風」轉喻對事情漠不關心，「耳順〔註 116〕」轉喻為六十歲，姜祝青〔註 117〕在轉喻原因或結果提到：「漢語『耳』，第一，喻年齡，常用『耳順』喻六十歲。

〔註 113〕崔林、官金玲：〈英語中包含「眼」和「耳」的習語中的隱喻和轉喻〉，《世紀橋》，（2012 年第 17 期），頁 104。

〔註 114〕謝健雄：〈當代臺灣漢語慣用轉喻：認知語言學取徑〉，《人文暨社會科學期刊》，（2008 年第 1 期）。

〔註 115〕八世孫，即玄孫的曾孫。泛指遠孫。

〔註 116〕語出《論語．為政》：「六十而耳順。」後以耳順為六十歲的代稱。南朝梁．王琰《冥祥記．陳秀遠》：「少信奉三寶，年過耳順。」

〔註 117〕姜祝青：〈認知視角下英漢「耳」的詞義對比研究〉，《現代語文》，（2015 年第 3 期），頁 134。

第二，喻環境，環境安靜，『耳』邊不會吵雜，常用『耳根清靜』喻環境安靜。」此外，華語中成語以「掩耳盜鈴〔註 118〕」轉喻為自欺欺人，由此又延伸出相似成語，如「竊鐘掩耳、盜鈴掩耳」皆可說是屬於轉喻因果關係的情形。

（2）「耳」轉喻「動作——狀態」相關詞語，所見如下：

表 4-3-5　華語「耳」轉喻「動作——狀態」相關詞語

掩耳	側耳	打耳光	摑耳光	伏首貼耳	耳提面命

前文提及，這些「動詞＋耳」的述賓結構形成與「V 耳」的述賓式結構詞語，一來也具有隱喻性，二來也顯示此動詞賓語選擇與「耳」搭配而不與其他器官搭配，若搭配其他器官則無法表示原有的意義，可見「耳」在其中也有其「搭配義」存在。姜祝青〔註 119〕：「可將『耳』喻教訓。『耳』是身體的一部份，當發生衝突時，耳成了發洩對象。」如「打耳光」以手掌摑打臉頰，臉亦象徵一個人的尊嚴，轉喻教訓他人傷人面子尊嚴；「摑耳光」以手掌擊耳後部，轉喻忽然的打擊。又如「掩耳」轉喻不願去聽聞；「側耳」轉喻專注，「打耳喑」以在耳朵旁邊沉默，這邊並非真的沉默，而是很小聲，以這個動作轉喻為在耳邊輕聲說話。又如以「伏首貼耳」轉喻為恭順馴服樣，「面命耳提」轉喻對人教誨懇切。

（3）「耳」轉喻情感，所見如下：

表 4-3-6　華語「耳」轉喻情感

耳熱	清耳悅心	面紅耳赤	酒酣耳熱	抓耳撓腮	心跳耳熱	搔耳捶胸

陳羲〔註 120〕指出：「耳朵在情緒表現，可以分成兩類。一、處於高位的生理特徵，如面紅耳赤；二、耳朵的接觸，如搔頭摸耳。」，筆者以為華語「耳」的情感喻中，由內在的變化及外部動作，來轉喻表達身體情感變化，可分為兩類來看：

a. **身體自然的變化**，如「耳熱」轉喻人興奮的狀態。「面紅耳赤」轉喻羞愧，

〔註 118〕《呂氏春秋．自知》中記述說，春秋時晉國六卿范氏被滅，百姓都跑到范氏家中拿東西，有人拿了一口鐘，想背走，但鐘太大，無法背走，便用錘子砸，結果鐘發出巨大響聲，那人擔心別人聽到來爭奪，便捂著耳朵繼續砸鐘。

〔註 119〕姜祝青：〈認知視角下英漢「耳」的詞義對比研究〉，《現代語文》，（2015 年第 3 期），頁 134。

〔註 120〕陳羲、周玟觀：〈「耳」字成語的認知隱喻機制〉，《齊齊哈爾大學學報（哲學社會科學版）》，（2020 年第 6 期），頁 118。

「酒酣耳熱」轉喻酒喝得意興正濃的暢快神態。

b. 身體動作的表現，如「抓耳撓腮」，轉喻人在喜悅、生氣、焦急或苦悶時的神情，「搔耳捶胸」抓耳朵、捶胸膛轉喻焦躁悔恨的模樣。

再者人遇到興奮、緊張、急迫的情景時，心理會產生變化，由大腦將情感傳達到身體各個部位狀態也會隨之反應，如當人遇到緊張、丟臉的事情或場合時會「面紅耳赤」。

（4）「耳」轉喻能力，所見如下：

表 4-3-7　華語「耳」轉喻能力

耳聰	耳聞	耳鑒〔註 121〕	順風耳	耳食之談	隔牆有耳	隔窗有耳
耳食	耳食〔註 122〕	耳邊風	口耳之學	耳食之言	耳食之聞	屬垣有耳〔註 123〕

上表中如「耳性」轉喻能記住聽過的話、「沒耳性」轉喻沒記性，又如「耳食」以耳代口，辨察食物轉喻見識淺輕易相信傳聞，由「耳食」進而延伸出的成語如「耳食之談、耳食之言、耳食之聞」轉喻沒有根據的傳聞，不求真相；又如「耳鑒」以耳朵代替眼睛鑑賞事物譏刺鑑賞不真確。陳義說道〔註 124〕：

> 人的大腦會針對聽到的聲音信息判斷辨別事物的存在與真偽，可見辨別力能從聽覺延伸。聽是耳的正常功能，但存在一些成語將耳的功能改成其他，如「耳食之談、耳食目聽、耳食之徒」等出現了「耳食」、「耳視」的情況。

這裡指出華語還有以其他功能替代另外的功能的情形，如以「耳」當「嘴」來吃東西形成「耳食」、以「耳」當「眼」形成「耳眼」，以能力使用不恰當轉喻見識短淺或諷刺他人沒內涵。陳盈盈也說〔註 125〕：

> 「耳」不是指具體的耳朵，而是耳朵所具備的不同尋常的獲取信息

〔註 121〕以耳朵代替眼睛鑑賞事物。譏刺鑑賞不真確。宋．沈括《夢溪筆談．卷一七．書畫》：「藏書畫者，多取空名，偶傳為鍾、王、顧、陸之筆，見者爭售，此所謂『耳鑒』。」

〔註 122〕以耳代口，辨察食物。比喻見識淺，輕易相信傳聞，不求真相。

〔註 123〕以耳附牆，竊聽他人談話。語本《詩經．小雅．小弁》：「君子無易由言，耳屬於垣。」

〔註 124〕陳義、周玟觀：〈「耳」字成語的認知隱喻機制〉，《齊齊哈爾大學學報（哲學社會科學版）》，（2020 年第 6 期），頁 118。

〔註 125〕陳盈盈、李天賢：〈「耳」基於語料的漢英人體詞「耳（ear）」的概念隱喻對比研究〉，《現代語文》，（2013 年第 18 期），頁 137。

能力。如「隔牆有耳」中的「耳」也是功能喻指「竊聽、打探」。

華語中常以「隔牆有耳、隔窗有耳、屬垣有耳」，指牆外有人偷聽，祕密外洩，後來隱喻說祕密時，要防備有人偷聽。「耳」的作用是讓人聽見外界的聲音，接收至耳朵、進入大腦，其中「耳」代表人們對外界事物具有敏銳的感知能力。

綜合華語「耳」的轉喻現象，可歸出「部分代部分」這種轉喻類型、四種情形，詞彙表現如下：

（1）**轉喻原因或結果**：如「掩耳盜鈴」以摀住自己耳朵偷竊鐘以防他人聽到發現，用來轉喻自欺欺人的結果，屬於有因果關係情形。

（2）**轉喻動作狀態**：如「掩耳」轉喻不願意聽、「側耳」轉喻非常專心聆聽，動作的背後有其他的意思期待，皆為透過相關動作轉喻要表達的事情。

（3）**轉喻情感**：可分兩類：

a. 身體自然的變化：如「耳熱」轉喻人興奮、「面紅耳赤」，轉喻羞愧，b. 身體動作的表現：「搔耳捶胸」轉喻焦躁悔恨的模樣。

（4）**轉喻能力**：如「耳聰」轉喻耳朵有偷取、竊聽他人的秘密、消息的能力。

二、閩南語「耳」的隱喻探討

依照辭典為教育部《臺灣閩南語常用詞辭典》，關於「耳」的說明如下：「一、耳朵。二、形狀像耳朵的東西。」以下將依 Lakoff & Johnson〔註 126〕所述，分析閩南語「耳」隱喻表現，因收錄的詞彙不多因此不分表敘述，以下分為隱喻與轉喻兩部分探討。

表 4-3-8　閩南語「耳」隱喻

隱喻類型	隱喻（實體隱喻）					轉喻（部分代部分）
隱喻情形	形狀喻	性質相似喻				轉喻能力
詞彙	木耳	大耳	耳空重	耳空輕	臭耳聾	入耳
	白木耳	噪耳	有耳無喙	搧大耳	噪人耳	順風耳

閩南語「耳」的隱喻可將其分為隱喻與轉喻兩種類型，表現如下。

〔註 126〕Lakoff & Johnson 著，周世箴譯：《我們賴以生存的譬喻》，（臺北：聯經出版社，2006 年）。

（一）隱喻類型

僅出現實體隱喻，共有兩種情形：

1. 形狀相似隱喻：如「木耳、白木耳」隱喻形狀長得像人的耳朵的菇類。

2. 性質相似隱喻：如「耳空重」隱喻聽覺力低不靈敏；「耳空輕」隱喻耳根軟，易聽信別人的話，「有耳無喙」隱喻只准聽不准說，用來斥責小孩亂說話。

閩南語詞彙中，較為特別、獨有的詞彙「搧大耳」，隱喻哄騙、唬弄，以虛誇不實的言語哄騙；又「噪人耳（tshò-lâng-hīnn）」隱喻人很吵雜，多用來罵人。

（二）轉喻類型

僅出現「部分代部分」，且僅有一種情形，即「轉喻能力」：如「入耳」隱喻聽進耳裡，如鄭萌〔註127〕所說，人在感知外界事物時，是經過挑選才得以接受，並非任意性，故將「入耳」當作能力，經過篩選後才進入耳朵；又如「順風耳」用來隱喻聽力靈敏，這種能力也並非每個人都擁有。

三、日語「耳」的隱喻探討

Weblio 辭典中對於「耳」的定義〔註128〕如下表：

表 4-3-9　日語「耳」釋義及詞例

	釋　義	詞　例
1	頭部の左右にあり、聴覚および平衡感覚をつかさどる器官（位於頭部左側和右側並控制聽覺和平衡感的器官）	「耳まで真っ赤になる」
2	聞く能力。聴力。また、聞くこと。聞こえること（聽力、聽得到的事）	「耳がいい」「耳に快い音楽」
3	耳のように器物の両側についている部分。取っ手（像耳朵一樣在器物兩側的部分。把手）	「鍋の耳」「水差しの耳」
4	紙や食パンなどのふち・へり。織物で、横糸が折り返す部分（紙和麵包。編物中，毛線摺疊的部分。）	「パンの耳」「紙の耳をそろえる」
5	針の糸を通す穴。めど（針線穿過的孔。目標）	「針の耳」
6	本製本の書籍で、背の両側のやや隆起した部分（該則無詞例）（在書本上，在背面兩側有點凸起的部分）	
7	兜（かぶと）の吹き返しの異称。（頭盔的別稱）（該則無詞例）	

〔註127〕鄭萌：〈淺析「眼」的概念隱喻——基於語料庫的英漢對比分析〉，《英語廣場》，（2015年第11期），頁28。

〔註128〕Weblio 辞書とは、複数の辞書や用語集を一度に検索し、一度に表示する、統合型オンライン辞書サービスです。

相對於華語及閩南語來看，日語對「耳」解釋相較是最豐富，除了華語、閩南語的解釋外，還多加「聽力」、「把手」、「物品於兩側凸起的部分」等，在日本人的思維中，杯子的把手可以當作「耳」、書背後亦可作為「耳」來看。鄭宇超提到〔註 129〕：

> 「耳の日〔註 130〕（愛耳日）」，除了讓人們愛護耳朵、注意耳朵的健康外，也要人們認識到要感謝自己擁有健康的耳朵，聽優美的音樂以善待自己的耳朵，讓更多人關心耳疾的人。可看出日本人多麼重視耳朵。

為了耳朵特別訂出節日，可知日本人對於「耳」的重視，日語慣用語中「耳」的隱喻表現也有不少的詞彙，「耳」在慣用語中的隱喻情形，鄭宇超指出〔註 131〕：

> 日語慣用語中，表現，有兩類，第一類：幾乎都與「聽」有關，這同時也說明耳朵作用的單一性。這些慣用語中表現的情形有以下幾種：
>
> 一、聽的樣態。「耳に入る」，自然傳入耳中。二、聽的能力。「耳が早い」，消息靈通；「耳が遠い」，耳背。三、聽的心情。「耳が汚れる」，聽了不悦。第二類：形容物於和耳朵相似的位置、場所。引申之義就是表示麵包、布、紙張、硬幣的邊、緣處。如「借りたお金を耳を揃えて返す（我要把所借的錢全部湊齊歸還）」，這邊的「耳」本來是指古代紙幣的邊緣，現在經常指代鈔票本身，若不知道日本文化、這個引申義，就會不了解其隱喻情形。

鄭宇超所提出第一類，與「聽」相關的，於此概念思維十分熟悉並不難理解，但對於第二類指「物品邊、緣處」，以及「耳を揃える」的隱喻生成背景則較陌生。日語「耳」的慣用語中所使用的隱喻情形，僅出現轉喻的部分。

〔註 129〕鄭宇超：〈日語慣用句語義闡釋与五官認知〉，《赤峰學院學報（漢文哲學社會科學版）》，（2010 年第 4 期），頁 132。

〔註 130〕3 の字が耳の形に似ていることと、「み（3）み（3）」の語呂合わせから。（3 的形狀與耳朵相似，3 與耳在日語中讀音相同，為諧音雙關而得來的）

〔註 131〕鄭宇超：〈日語慣用句語義闡釋与五官認知〉，頁 132。

（一）轉喻類型

日語「耳」的慣用語表現，在轉喻中僅出現「部分代部分」一類。

表 4-3-10　日語「耳」轉喻

轉喻原因或結果			
慣用語	釋　義	慣用語	釋　義
耳に胼胝ができる	聽膩了	小耳に挟む	聽到風聲
馬の耳に念仏	對牛彈琴	寝耳に水	晴天霹靂
耳に挟む	聽到風聲	耳を擘く	震耳欲聾
耳を掩いて鈴を盗む	掩耳盜鈴	耳を打つ	刺耳
耳が痛い	刺耳	耳を洗う	不為外在世俗所動
耳に逆らう	忠言逆耳	耳を疑う	不相信自己的耳朵
耳に障る	刺耳	耳を滌ぐ	不為外在世俗所動
耳を塞ぐ	充耳不聞	耳を揃える	將人數、金錢不足處補齊
耳を聾する	震耳欲聾	空耳を潰す	假裝不知道
聞き耳潰す	假裝不知道	耳を信じて目を疑う	相信別人所說，不信親眼所見
轉喻動作狀態			
慣用語	釋　義	慣用語	釋　義
耳を立てる	豎起耳專心傾聽	聞き耳を立てる	豎起耳專心傾聽
轉喻能力			
慣用語	釋　義	慣用語	釋　義
耳が遠い	耳背	聾の早耳	壞話聽得清
耳が早い	順風耳	耳に付く	記住、牢記
耳に留める	記住、牢記	耳に留まる	記住、牢記
耳に残る	記憶猶新	壁に耳あり	隔牆有耳
耳に入る	傳到耳裡	聞く耳を持たない	不願意去聽
耳に入れる	偶爾聽到	耳朶に触れる	耳聞、聽到
耳が肥える		對言語、藝術有批評、欣賞能力	
轉喻情感			
耳が汚れる		氣憤、感到不悅	

上表中「耳」在「部分代部分」共有四種轉喻情形，表現如下。

（1）轉喻原因或結果：如「耳が痛い、耳を打つ」以耳朵痛、耳朵被打的結果，轉喻刺耳，指的是聽了不喜歡的話而感到不舒服。「耳を揃える」，轉喻將短缺的金額、人數補齊。又如「耳に胼胝ができる」轉喻隱喻同樣的話都聽膩、聽煩了，將聽了很多事情的原因造成耳朵使用過度長出繭，為原因轉喻結果類型。又如「馬の耳に念仏」轉喻不懂道理的人講道理是沒用的。在這有數則慣用語，以漢字表示意思同華語，如「耳を掩いて鈴を盜む」。

（2）**轉喻動作狀態**：如「耳を立てる、聞き耳を立てる」將耳豎起，轉喻為專心傾聽，耳朵直立、豎立是要專心、集中在聽覺，收集外在事物之意。

（3）**轉喻能力**：如「耳が肥える」轉喻對言語、藝術有批評、欣賞能力。開啟聽覺是就像在品嘗美食一樣，吸收得越多變得飽滿。吳宏曾提〔註 132〕：「『耳』作為聽覺器官，其主要就是透過『耳朵』這一個行為來實現『聽』這一個聽覺行為，就是一種能力。」通過耳的能力，人類可以得知外界事物的消息，聽到他人的聲音訊息。

（4）**轉喻情感**：如「耳が汚れる」指耳受到汙染，用來轉喻聽到令人不舒服的訊息。

第四節　「鼻」身體詞

不同的語言因文化背景不同，取捨角度不同而造出不同的詞語有所差異，可在不同的民族思維文化下背景，洞察賦予它意義的文化腳本跟民族性「鼻」隱喻也是如此。楊小洪〔註 133〕提到：

> 從認知語言學的角度梳理了「鼻」語彙賴以建構的六個認知要素：一、鼻子本身。二、突出器官。三、嗅覺器官。四、呼吸器官。五、發聲器官。六、排泄器官。漢語和日語比較，漢語在第六項沒有相應語彙，並不是在相關語言中沒有，僅意味該語言相應的鼻語彙除了字面意義之外，沒有其他引申之義。

楊小洪認為「鼻」的隱喻生成，是仰賴著以上所提出的六點，華語中值得一提的有相對應的詞彙，如「擤鼻涕、挖鼻屎」，鼻涕與鼻屎都算是人體的排泄

〔註 132〕吳宏：《日語慣用語的認知語義研究——以人體詞慣用語為中心》，（廣東：世界圖書出版公司廣東公司，2013 年），頁 184。

〔註 133〕楊小洪：〈「鼻」語匯的文化語境與文化賦值〉，《外國語（上海外國語大學學報）》，（2007 年第 5 期），頁 31。

物，是無隱喻的情形，但日語慣用語中有「目糞鼻糞を笑う（眼屎笑鼻屎）」隱喻為五十步笑百步，慣用語卻運用了是有隱喻來造詞。

本文收錄的「鼻」身體詞彙，除以「鼻」當作隱喻外，亦有其他詞語搭配「鼻」所構成的隱喻詞語，其中的「鼻」不具隱喻現象，但此由「鼻」搭配所成的詞語則具有隱喻現象，例如「**性質相似喻**」中，如華語「鼻青臉腫」是「青色的鼻子」及「擁腫的臉部」隱喻受傷；日語慣用語如「鼻が高い」以鼻「高」的特性來隱喻人「驕傲」的模樣。

轉喻方面來看，「鼻」的隱喻詞彙有不少是以其他字詞與「鼻」搭配所形成的隱喻，而並非「鼻」本身具有隱喻現象，例如「觸鼻」表隱喻「氣味攻鼻」，「穿鼻」表隱喻「不能自主」，「碰鼻」表隱喻「遭受挫折」，這些「動詞＋身體詞」的述賓結構形成與「鼻」相關的詞語，因為也具有隱喻性；且非與此一器官搭配必有其搭配義存在，因此本文以為這些「鼻」部相關詞語也應納入討論之中。例如「**部分代部分**」類型中如「**原因結果**」的轉喻情形，華語如「刺鼻」一詞是以「刺」作為轉喻使用，以鼻子受刺激產生不好的感覺推知其原因是因「氣味強烈」；又如閩南語如「實鼻」以「實」轉喻指充滿整個鼻子得知「鼻塞」的原因；日語慣用語如「鼻を撮まれても分からない」一詞以鼻「被拿走也不知」轉喻太暗看不見、伸手不見五指的情況。「**情感轉喻**」類型中，如華語「鼻酸」以「酸」來指鼻子感到酸酸的轉喻傷心難過；「**動作狀態轉喻**」中日語慣用語如「鼻で笑う」以鼻「嘲笑」他人的動作轉喻不屑或瞧不起，經由詞語作用到「人鼻」形成轉喻。故「鼻」本身有轉喻情形外，也有以「鼻」與其他詞語相搭配所形成的轉喻性詞語。

一、華語「鼻」的隱喻探討

據教育部《重編國語辭典修訂本》，華語「鼻」解釋如下表：

表 4-4-1　華語「鼻」釋義及詞例

	釋　義	詞　例
1	動物的呼吸器官之一，主司嗅覺。（該則無詞例）	
2	器物上隆起或突出供把握的部分	如：「門鼻」、「印鼻」
3	針孔	北周．庾信〈七夕賦〉：「縷條緊而貫矩，針鼻細而穿空。」

4	地理學上指陸地突出海面的尖端部分	如：「鵝鑾鼻」。也稱為「岬」。
5	開始的	如：「鼻祖」

由上述定義中，可知華語「鼻」的概念建立在嗅覺器官此聞氣味，五官中「鼻」的位置比較凸出、較前端，以此特徵，又將「鼻」有孔的形狀，隱喻映射到針孔上，又與位置性質相同而運用到地理學上，將隆起的尖端部分稱作「鼻」。劉志成〔註 134〕指出：「鼻子不僅僅具有呼吸和嗅覺的功能，還有根據形貌和位置等物理特徵引申出大量的義項出來。」根據「鼻」特性延伸出的隱喻，以下將其分成隱喻與轉喻兩部分來探討。

（一）隱喻類型

劉志成提及〔註 135〕：「『鼻』通過隱喻根據事物的凸顯特點（salience）而對事物進行認知取象，認知取象常常基於事物的形貌、位置和功能三個維度來進行。」在認知語言學中，隱喻大多以事物的外在、位置及功能三個方面為基礎，進而延伸至更多、更細的分類。劉志成〔註 136〕在「鼻」的空間方位隱喻當中又提到：

> 「鼻子」不能引申出具有空間方位的義項，是由於鼻子處於面部的中心，既沒有對稱性可以引出「邊」或者「面」的意思，周圍被嘴、眼、臉頰等包圍，也不能形成上下左右的概念，因此很難引申出方位義項。

其中指出「鼻」的隱喻特色。綜合上述，將依劉志成、Lakoff & Johnson〔註 137〕所言，觀察華語「鼻」的隱喻情形如下。

1. 實體隱喻

（1）形狀相似隱喻，所見如下：

〔註 134〕劉志成：〈英漢人體詞「nose」和「鼻」一詞多義對比研究〉，《成都師範學院學報》，（2015 年第 1 期），頁 44。

〔註 135〕劉志成：〈英漢人體詞「nose」和「鼻」一詞多義對比研究〉，《成都師範學院學報》，（2015 年第 1 期），頁 45～46。

〔註 136〕劉志成：〈英漢人體詞「nose」和「鼻」一詞多義轉義范疇認知對比研究〉，《雲南農業大學學報》，（2015 年第 1 期），頁 79。

〔註 137〕Lakoff & Johnson 著，周世箴譯：《我們賴以生存的譬喻》，（臺北：聯經出版社，2006 年）。

表 4-4-2　華語「鼻」形狀相似隱喻

屩鼻〔註 138〕	楯鼻〔註 139〕	白鼻心	蟻鼻錢	針鼻兒	象鼻蟲	門鼻兒

形狀相似喻中，很多隱喻鼻子的位置或是外觀、特性，上表中如「屩鼻」隱喻鞋頭突出的部分，相似之處在於鞋子突出的部分如同鼻一樣。又如「蟻鼻錢」隱喻一種古錢，因正面文字連寫，筆畫有如一隻螞蟻，而兩口與鼻孔形狀相似因此如此稱呼，「針鼻兒」隱喻針尾穿線的孔，也與鼻孔形狀一樣。此外，鼻子在五官當中是較為突起的地方，故以其形狀來隱喻物品突出可供把握的部分，如「楯鼻」隱喻盾牌的把手、「門鼻兒」指釘在門上的半圓形的金屬物，配合釕銱兒〔註 140〕、鐵棍等，可以把門扣住或加鎖。這些物品都是與鼻的外觀形狀相似所形成的隱喻類型。

（2）**性質相似隱喻**，所見如下：

表 4-4-3　華語「鼻」性質相似隱喻

觸鼻	穿鼻	鼻祖	碰鼻	鼻凹糖	牛鼻子	挑鼻子	鼻青臉腫	開山鼻祖

上表關於「鼻」的性質相似隱喻中，歸納出三種不同的類型，具體如下：

a. **外貌相關**：如「鼻青臉腫」隱喻受傷，臉部受傷烏青紅腫的慘狀。較為特別的有「牛鼻子〔註 141〕」隱喻為道士，帶有譏諷之意。

b. **行為相關**：如「碰鼻」隱喻遭受挫折，「挑鼻子」隱喻故意找差錯。又如「穿鼻」指在牛鼻間穿上繩子，用來隱喻像牛一樣受人牽引，不能自主。

綜合上述「鼻」的隱喻現象，可歸出兩種類型，三種情形，詞彙表現如下：

（1）**形狀相似隱喻**：與鼻子形狀相似，以突起處隱喻者如「屩鼻」、以鼻孔相似處隱喻者如「蟻鼻錢」，再如以突出供把握的部分隱喻者，如「楯鼻、門鼻兒」。

（2）**性質相似隱喻**：共有兩類：

a. **外貌相關**：如「牛鼻子、鼻青臉腫」。

〔註 138〕音讀（ㄐㄩㄝˊ　ㄅㄧˊ），指鞋頭突出的部分。

〔註 139〕音讀（ㄕㄨㄣˇ　ㄅㄧˊ），盾牌的把手。

〔註 140〕裝在門窗上，用來拴鎖的金屬扣環或絞紐。也作「屈戌兒」

〔註 141〕譏稱道士之詞。說法有二：一、道士頭上的高髻很像牛鼻子。二、相傳道教始祖李聃騎牛出函谷關，後世乃以牛鼻子稱道士。《醒世姻緣傳》第一三回：「似這臭牛鼻子、禿和尚，就是萬年沒有漢子也不養他。」《三寶太監西洋記通俗演義》第三九回：「你這個牛鼻子，我也不奈你何。」

b. 行為相關：如「碰鼻、穿鼻、挑鼻子」。

（二）轉喻類型

華語「鼻」轉喻僅出現「部分代全體」及「部分代部分」，如下。

1. 部分代全體轉喻

劉志成於「鼻」的研究中提及〔註 142〕：

> 鼻子的轉喻意義在臨近性和突顯原則的作用下，可表「人」，部分代整體的轉喻義中的形貌特徵，「鼻」處於面部的核心，又非常的突出，容易成為注意力和取象的焦點，所以英漢語中都有用鼻子來指代人的語法。如某人鼻子很大、很突出，就會稱呼「大鼻子」，「指著鼻子罵」就是「指著某人罵」。

根據謝健雄、劉志成所言，可知「鼻」作為人的一部分，可轉喻到人的整體上，如下。

表 4-4-4　華語「鼻」部分代全體

詞　彙	釋　義
塌鼻子	泛指鼻梁不高的鼻子、謔稱鼻梁不高的人
趴鼻子	形容人鼻子扁平
冷鼻凹	冷酷無情的面孔
直鼻權腮	鼻子挺直，面頰寬闊。用以形容相貌
鼻偃齒露	鼻子扁塌，鼻孔上仰，牙齒暴露於外。形容人面貌十分醜陋
鼻塌嘴歪	形容人的醜態

上表中，都是以「鼻」的外型轉喻具某種外貌的人，外貌屬於人的一部份，故將其視為轉喻人的外貌情形。如「塌鼻子」指人鼻梁塌陷的外型，又如「鼻偃齒露、鼻塌嘴歪」都是以五官相貌較不端正，以此轉喻人的外型相貌醜陋，這些詞語都是以「鼻」的外觀特徵，附加在人身體的一部份，以其部分特徵代替全體的人。

2. 部分代部分轉喻

「部分代部分」轉喻，依照謝健雄〔註 143〕，可分為三種類型，表現如下。

〔註 142〕劉志成：〈英漢人體詞「nose」和「鼻」一詞多義轉義范疇認知對比研究〉，《雲南農業大學學報》，（2015 年第 1 期），頁 79。

〔註 143〕謝健雄：〈當代臺灣漢語慣用轉喻：認知語言學取徑〉，《人文暨社會科學期刊》，

（1）「鼻」轉喻原因或結果，所見如下：

表 4-4-5　華語「鼻」轉喻原因或結果

刺鼻	沖鼻	嗆鼻	斫鼻〔註 144〕	斲鼻〔註 145〕	牽鼻子	鼻鼾如雷	仰人鼻息

轉喻原因或結果，是部分代部分轉喻當中最常見的一個類型，因為某種原因，可推知其結果，如「牽鼻子」轉喻一方要按照另一方的意思行事，劉志成〔註 146〕說：「漢語中比如牽著鼻子走，轉喻一個人自尊喪失。」如同動物被人類以繩索繫在頸上，行動的方向必須遵循著牽繩之人，因此有喪失尊嚴之意。又如「仰人鼻息」指依靠別人鼻子裡呼出的氣息而勉強存活，轉喻依靠他人生活或看別人的臉色行事，不能自主。「鼻」主嗅覺因此還有與味道相關的轉喻詞語，如「刺鼻、嗆鼻、沖鼻」是因為味道太濃烈，煙氣或味道刺激鼻腔，表示使人感覺不舒服，這些都是具有因果關係的轉喻類型。

（2）「鼻」轉喻情感，所見如下：

表 4-4-6　華語「鼻」轉喻情感

鼻酸	捏鼻	酸鼻	捻鼻	嗤之以鼻	掐鼻皺眉	鼻中出火

上表可將情感的轉喻歸納出四種不同的情形，具體如下：

a. 悲傷情緒：人在難過時，會覺得鼻子酸酸的。如「鼻酸、酸鼻、寒心酸鼻」。

b. 痛苦情緒：因痛苦而緊皺眉頭和鼻頭。如「掐鼻皺眉」。

c. 輕視情緒：表示不屑的意思。如「捏鼻」，捏有握住、遮掩之意，故以掩住自己的鼻子，來表示輕視、不屑他人的動作。

d. 其他情緒：如「鼻中出火」轉喻生氣，「捻鼻」捻同捏，用拇指與其餘手指夾住鼻子，轉喻不在乎、態度輕鬆樣，以「鼻」來轉喻內心的情感、想法。

（3）「鼻」轉喻能力，所見如下：

（2008 年第 1 期）。

〔註 144〕斫：音讀ㄓㄨㄛˊ，比喻技術熟練、卓越。

〔註 145〕斲：音讀ㄓㄨㄛˊ，古代一位名叫石的工匠，能雙眼矇住，靠著聽力，用斧頭揮砍他人鼻尖上薄如蠅翼的白土，而鼻子毫無損傷。典出《莊子．徐无鬼》。後比喻技術熟練、卓越。宋．黃庭堅〈題王仲弓兄弟巽亭〉詩：「儻無斲鼻工，聊付曲肱夢。」也作「斫鼻」。

〔註 146〕劉志成：〈英漢人體詞「nose」和「鼻」一詞多義轉義范疇認知對比研究〉，《雲南農業大學學報》，（2015 年第 1 期），頁 79。

表 4-4-7　華語「鼻」轉喻能力

撲鼻	豁鼻子	新聞鼻	異香撲鼻

通過鼻子來指代嗅覺，嗅覺就是一種「能力」，通過嗅出味道可以辨識東西。來隱喻內心的情感、想法。劉志成提到〔註 147〕：

能聞到香氣、氣味代表具有嗅覺能力，而具有「嗅覺能力」不僅能聞到具體事物的氣味，也能聞到抽象事物的氣味，而能聞到抽象事物的氣味則可以引申為「探出、察覺」，隱喻為察覺力。

如「新聞鼻」指具備敏銳的判斷能力，將鼻子尋找事物的放大，轉喻到對新聞事件的敏感性，靠「鼻」的嗅覺能力，找尋社會當中的事件。又「撲鼻」轉喻氣味衝到鼻子裡來，能聞到香氣、氣味，是因為鼻子具有嗅覺能力。

綜合上述「鼻」的轉喻現象，可歸出兩種類型、四種情形，詞彙表現如下：

1. **部分代全體轉喻**：皆為以鼻為人體的一部份，以其人的外型轉喻為人。如如「鼻偃齒露、鼻塌嘴歪」轉喻人外型、相貌醜陋。

2. **部分代部分轉喻**：共有三種類型。

（1）**轉喻原因或結果**：如「鼻鼾如雷」轉喻熟睡，味道的轉喻中，又如「刺鼻、嗆鼻、沖鼻」因味道太濃烈，造成使人不舒服的結果。

（2）**轉喻情感**：共有四種情形：

a. **悲傷情緒**：如「鼻酸、酸鼻」。

b. **痛苦情緒**：如「掐鼻皺眉」。

c. **輕視情緒**：如「嗤之以鼻」。

d. **其他情緒**：如「鼻中出火」轉喻生氣，「捻鼻」轉喻不在乎、態度輕鬆樣。

（3）**轉喻能力**：如「新聞鼻」，轉喻到對新聞事件的敏感性。

以上出現的轉喻詞語，這些「動詞＋鼻」的述賓結構形成與「V 鼻」的述賓式結構詞語，一來也具有隱喻性，二來也顯示此動詞賓語選擇與「頭」搭配而不與其他器官搭配，若搭配其他器官則無法表示原有的意義，可見「鼻」在其中也有其「搭配義」存在。

〔註 147〕劉志成：〈英漢人體詞「nose」和「鼻」一詞多義對比研究〉，《成都師範學院學報》，（2015 年第 1 期），頁 43。

二、閩南語「鼻」的隱喻探討

依照教育部《臺灣閩南語常用詞辭典》所見，關於「鼻」的說明如下表：

表 4-4-8　閩南語「鼻」釋義及詞例

	釋　義	詞　例
1	人體的呼吸及嗅覺器官	例：鼻空 phīnn-khang（鼻孔）、伊彼支鼻真媠。I hit ki phīnn tsin suí.（他那隻鼻子很漂亮。）
2	聞氣味	例：這蕊花鼻著真芳。Tsit luí hue phīnn-tio̍h tsin phang.（這朵花聞起來真香。）
3	鼻涕	例：流鼻 lâu phīnn（流鼻涕）、擤鼻 tshìng-phīnn（擤鼻涕）。
4	物體突出而像鼻子的部分	例：草鞋鼻 tsháu-ê phīnn（草鞋紐）
5	嗅覺	例：伊的鼻真利。I ê phīnn tsin lāi.（他的嗅覺很靈敏。）
6	小孔	例：針鼻 tsiam-phīnn（針孔）

相較於華語「鼻」的定義中，閩南語定義多出「嗅覺器官延伸出來的能力」及「鼻涕」兩個，其他的定義同華語。以下依劉志成〔註 148〕及 Lakoff & Johnson〔註 149〕所述，觀察語料所見閩南語「鼻」的隱喻與轉喻，如下：

表 4-4-9　閩南語「鼻」隱喻

類型	隱喻（實體隱喻）			轉喻（部分代全體）	轉喻（部分代部分）	
情形	形狀相似			轉喻為人	原因或結果	轉喻能力
詞彙	凹鼻	針鼻	鸚哥鼻	啄鼻仔	實鼻〔註 150〕	好鼻獅
	鼻龍	蛀鼻	獅仔鼻		鼻芳〔註 151〕	虎鼻師

（一）隱喻類型

僅出現「**實體隱喻**」，且出現的是**形狀相似**喻，如「凹鼻」以凹的外型，隱喻鼻子塌陷，「獅仔鼻」隱喻鼻翼大；「鸚哥鼻」隱喻鼻子高、挺、而且長，鼻端往內鉤。「針鼻」則是以與鼻孔相似處，隱喻針孔。

〔註 148〕劉志成：〈英漢人體詞「nose」和「鼻」一詞多義對比研究〉，《成都師範學院學報》，（2015 年第 1 期），頁 45～46。

〔註 149〕Lakoff & Johnson 著，周世箴譯：《我們賴以生存的譬喻》，（臺北：聯經出版社，2006 年）。

〔註 150〕音讀（tsa̍t-phīnn），指鼻塞。因感冒或過敏等原因使得鼻子阻塞，呼吸不順。

〔註 151〕音讀（phīnn-phang），聞其香味，卻不能吃。

（二）轉喻類型

共出現兩種類型，所見如下：

1. 部分代全體：僅有「轉喻為人」：如「啄鼻仔」轉喻洋人。因歐美人的鼻樑較高，而以此外貌特徵泛指歐美地區的外國人，鼻屬於人的一部份，故為部分（鼻）轉喻全體（人）。

2. 部分代部分：共有兩種情形：

（1）轉喻原因或結果：如「實鼻」鼻子裝滿、塞滿樣，轉喻鼻塞，又「鼻芳」轉喻聞其香味卻不能吃，後延伸向他人展示好東西或透露讓人羨慕的好消息。

（2）轉喻能力：如「好鼻獅、虎鼻師」喻嗅覺靈敏，以「鼻」轉喻嗅覺能力。

三、日語「鼻」的隱喻探討

日語辭典 Weblio 中，對於「鼻」的定義如下表〔註 152〕：

表 4-4-10　日語「鼻」釋義及詞例

	釋　義	詞　例
1	体の器官の一。はな（身體的器官之一。鼻）	「鼻炎・鼻音・鼻孔・鼻息 / 酸鼻・耳鼻科」
2	物事の初め（事物的創始）	「鼻祖」
3	脊椎動物の嗅覚（きゅうかく）の受容器（脊椎動物的嗅覺感知器）	「鼻がつまる」

由上可知日語「鼻」的定義與華語、閩南語大致相同，關於「鼻」的慣用語，就是基於以上詞義為基礎，發展到日語中的詞彙、慣用語中。楊小洪〔註 153〕說：

> 日語的「鼻子」質地感和色彩感強，標誌性語境要素有表示位置的「高」、顏色的「白」、質地的「硬」和形狀的「歪」，其表達情緒和品格，有成功的「得意」、臨危的「膽怯」、性格的「倔強」和品行

〔註 152〕Weblio 辞書とは、複数の辞書や用語集を一度に検索し、一度に表示する、統合型オンライン辞書サービスです。

〔註 153〕楊小洪：〈「鼻」語匯的文化語境與文化賦值〉，《外國語（上海外國語大學學報）》，（2007 年第 5 期），頁 31。

的「乖僻」。

由上可知，如「鼻が高い」來表鼻子很高，以位置很高的特性隱喻驕傲、引以為傲的性質。有趣的是華語以「臉色蒼白」轉喻人感到畏縮、膽怯、害怕，日語則是以「鼻白む」由鼻子顏色變白轉喻情感。以下分隱喻與轉喻兩類探討。

（一）隱喻類型

依照 Lakoff & Johnson〔註 154〕、吉村公宏〔註 155〕所見，和楊小洪〔註 156〕在日語關於「鼻」慣用語的研究，可將實體隱喻分以下幾種情形探討。

表 4-4-11　日語「鼻」隱喻

慣用語	釋　義	慣用語	釋　義
鼻筋が通る	鼻子挺、鼻梁高	鼻が胡坐をかく	蒜頭鼻、鼻子矮
鼻が高い	驕傲、引以為榮	鼻っ柱が強い	倔強、固執己見
鼻息が荒い	氣勢凌人	鼻持ちならない	俗不可耐、令人作嘔
鼻に付く	感到厭惡、厭煩	鼻を高くする	驕傲、引以為榮
鼻を欠く	賠了夫人又折兵	鼻の下が干上がる	喪失謀生之路
小鼻が落ちる	生命垂危	鼻血も出ない	全部用光、絲毫不剩

上表中，可將實體隱喻的類型，分為兩種情形，表現如下。

1. **形狀相似隱喻**：如「鼻筋が通る」，隱喻鼻子挺、鼻梁高，「鼻が胡坐をかく」指鼻子盤腿而坐，以其外型隱喻蒜頭鼻、鼻子矮，以物體的形狀來隱喻。

2. **性質相似隱喻**：如「鼻っ柱が強い」隱喻人倔強、固執己見；「鼻息が荒い」指人用傲慢的氣勢壓迫別人，隱喻氣勢凌人。

（二）轉喻類型

「鼻」慣用語中，僅出現「部分代部分」一類。日語「鼻」轉喻出現四種情形，所見如下。

〔註 154〕Lakoff & Johnson 著，周世箴譯：《我們賴以生存的譬喻》，（臺北：聯經出版社，2006 年）。

〔註 155〕吉村公宏：《はじめての認知言語学》，（東京：研究社，2004 年），頁 107。

〔註 156〕楊小洪：〈「鼻」語匯的文化語境與文化賦值〉，《外國語（上海外國語大學學報）》，（2007 年第 5 期），頁 31。

表 4-4-12　日語「鼻」轉喻

轉喻原或因結果			
慣用語	釋　義	慣用語	釋　義
鼻毛を抜く	被騙	鼻を突き合わせる	經常見面
鼻毛を数える	被女人迷住	鼻毛を伸ばす	被女人迷住
鼻毛が長い	被女人迷住	鼻毛を読む	被女人迷住
鼻を撮まれても分からない		漆黑一片，伸手不見五指	
轉喻動作狀態			
慣用語	釋　義	慣用語	釋　義
鼻に掛ける	自滿、炫耀	鼻にかける	自滿、炫耀
鼻脂引く	準備完成	鼻に当てる	自滿、炫耀
鼻で笑う	取笑、瞧不起他人	鼻先で笑う	取笑、瞧不起他人
轉喻情感			
慣用語	釋　義	慣用語	釋　義
鼻の下が長い	色瞇瞇	鼻を蠢かす	洋洋得意
小鼻をうごめかす	洋洋得意	酸鼻を極める	令人鼻酸、慘不忍睹
小鼻を膨らます	不滿意、不高興		
轉喻能力			
慣用語	釋　義	慣用語	釋　義
鼻を折る	挫別人銳氣	鼻っ柱をへし折る	挫別人銳氣
鼻息を窺う	看人臉色行事	鼻薬を嗅がせる	施小恩惠、賄賂
鼻を鳴らす	撒嬌	鼻を突く	刺鼻、撲鼻
鼻であしらう	嗤之以鼻	鼻を打つ	氣味撲鼻、刺鼻
鼻先であしらう	嗤之以鼻	鼻の先であしらう	嗤之以鼻
鼻が曲がる	惡臭撲鼻	鼻が利く	對錢敏感
鼻を明かす	搶先		

1. **轉喻原因或結果**：如「鼻を撮まれても分からない」轉喻伸手不見五指。日語慣用語特別的之處，以鼻毛被數、拔、觀察……等轉喻被女人迷住。是日語特別之處，如楊小洪〔註 157〕：

> 拔鼻毛等於行騙，單獨地來看，這個引申義不好理解；但日語鼻語彙，鼻毛を読む（數鼻毛）來轉喻女人玩弄癡情男人，期間的邏輯

〔註 157〕楊小洪：〈「鼻」語匯的文化語境與文化賦值〉，《外國語（上海外國語大學學報）》，（2007 年第 5 期），頁 34。

> 就躍然紙上，拔鼻毛者作出數鼻毛的姿態，待到捏住鼻毛後突然將其拔下，引申為行騙。數鼻毛者，作為兩性間的一種親密行為，由毛而刺激鼻，引起快感；拔鼻毛者，由毛傷及鼻，引起痛感，鼻當作情緒的體現者。

上述可知，鼻毛的行為可能是被騙錢，也可能是被騙感情，由鼻毛所引發出的原因轉喻被騙的這樣的推理結果。又如「鼻を突き合わせる」轉喻兩個人經常見面。在慣用語中可以看出不同民族的思維方式也有不同之處，而這也是本文研究的目的，希望藉由不同語言運用不同的隱喻比較，探索詞彙如何形成的過程。

2. **轉喻動作狀態：**如「鼻にかける、鼻に当てる、鼻に掛ける」鼻往上提高的動作，轉喻自滿、炫耀的樣子；「鼻脂引く」直譯為鼻子上抹油，轉喻準備完成。

3. **轉喻情感：**如「鼻の下が長い」轉喻人色瞇瞇時，「酸鼻を極める」轉喻難過、傷心。以心裡的情感，藉由外在的動作或生理特徵表現出來。

4. **轉喻能力：**如「鼻息を窺う」轉喻懂得察言觀色，在日本的文化當中，懂他人鼻息如懂他人心意，「空気を読む〔註158〕」這是非常重要之事，「鼻を折る」轉喻挫別人銳氣。

第五節　「眉」身體詞

「眉」雖不如「眼」可以傳遞眼神，不如「嘴」可以說出話語，相較之下不是那麼重要的人體器官，但也有不可忽略的部分，如現代華語會以「濃眉」隱喻男性化、粗曠感；「淡眉」指女性化、清秀感；「淡眉」的男性被認為較女性化、甚至被覺得「娘：(女性化)」，是因為我們對「眉毛」認知特性已不知不覺中根深到我們的內心，已習焉不覺，如呼吸空氣一樣，成為自然的反應而已。

華語語言當中存在各種關於「眉」的詞彙和成語，人常利用「眉」隱喻表達各種內容。丁麗〔註159〕研究「眉」時指出：

〔註158〕場の空気（ばのくうき）とは、日本における、その場の様子や社会的雰囲気を表す言葉。中譯：場域的空氣，它代表了日本的地方和社會氛圍。

〔註159〕丁麗：《漢語「眉」的隱喻研究》，(上海：東華大學外國語言學及應用語言學碩士學位論文，2016年)，頁34。

Indicates that there are eight specific metaphorical types abouts "*mei*" (brow) .

1. Mapping from "*mei*" (brow) to emotion.（「眉」映射至情感）
2. Mapping from "*mei*" (brow) to object.（「眉」映射至物件）
3. Mapping from "*mei*" (brow) to attitude.（「眉」映射至態度）
4. Mapping from "*mei*" (brow) to time.（「眉」映射至時間）
5. Mapping from "*mei*" (brow) to chracter.（「眉」映射至角色）
6. Mapping from "*mei*" (brow) to longevity/age.（「眉」映射至年齡）
7. Mapping from "*mei*" (brow) to social relationship.（「眉」映射至社交）
8. Mapping from "*mei*" (brow) to maths.（「眉」映射至數字）

從研究的結果中可以知道，丁麗題目雖為「A study of metaphors on Chinese "mei" (brow) 」，論文的內容亦提到「Metaphor」隱喻及「Metonymy」轉喻兩種類型，但在實際分析歸類卻將隱喻與轉喻放在一起且僅以「Metaphor」呈現，上述的八種類型，根據丁氏的研究成果進一步探討其中所見的隱喻表現有：

一、**情感喻**：如「眉目傳情」，屬部分代部分中的轉喻情感。

二、**空間喻**：如「山眉、書眉」，屬方位空間隱喻中的位置相似隱喻。

三、**態度喻**：如「冷眉冷眼」，屬能力轉喻；「低眉順眼」為性質相似隱喻。

四、**時間喻**：如「燃眉之急、迫在眉睫」，屬部分代部分轉喻，原因結果類。

五、**角色喻**：如「慈眉善目、賊眉鼠眼」為人的外貌，屬部分代全體轉喻為人。

六、**長壽喻**：如「壽眉」屬因果相代的轉喻。

七、**社會關係喻**：丁氏文中提及卻無詞彙例證，故無法探討。

八、**數字喻**：如「一字眉、八字眉」，屬實體隱喻中的形狀相似喻。

由此以認知隱喻的立場作為研究的主軸，以下將探討華語、閩南語及日語中，關於「眉」的隱喻現象。

一、華語「眉」的隱喻探討

據教育部《重編國語辭典修訂本》，「眉」的解釋如下表：

表 4-5-1　華語「眉」釋義及詞例

	釋　義	詞　例
1	人的前額與上眼瞼連接處，橫形高超生有細毛的部分	如：「眉毛」、「八字眉」、「橫眉豎眼」、「舉案齊眉」
2	泛稱上端為「眉」	如：「書眉」

「眉」為人眼上面之處有毛的器官，因在五官中位於較上處，以其位置性質，將上端稱為「眉」。身體詞經常用來當作衡量周圍事物的基礎或參照物，陳勇〔註 160〕指出：「女士們越來越重視『眉』的線條美，其位置劃分非常明細，如『眉尖、眉宇』，可見『眉』是漂亮的象徵。」，以下也將其分成隱喻與轉喻兩部分來探討。

本文收錄的「眉」身體詞彙，除以人的「眉毛」當作隱喻外，亦有其他字詞搭配「眉」形成的隱喻性詞語，其中的「眉」並不具隱喻現象，但以「眉」的相關動作來隱喻，「**性質相似喻**」中如華語「眉尾相結」是以「結」的性質補充說明「眉」打結相連隱喻「緊跟不放」。

「研究範疇」時已提及：「眉」的隱喻詞彙有不少是以其他字詞與「眉」搭配所形成的隱喻，而並非「眉」本身具有隱喻現象，例如「列眉」表隱喻「所見為真，毫無疑慮」，「畫眉」表隱喻「夫妻恩愛」，「燃眉」表隱喻「情況危急」，這些「動詞＋身體詞」的述賓結構形成與「眉」相關的詞語，因為也具有隱喻性，且非與此一器官搭配必有其搭配義存在，因此本文以為這些「眉」部相關詞語也應納入討論之中。例如「**部分代部分**」類型中「**原因結果轉喻**」的情形，華語如「燃眉」一詞是以「燃燒」作為轉喻使用，以火勢已經蔓延到「眉毛」用來轉喻「情況危急」的結果；日語慣用語如「眉を落とす」以眉毛是否「剃除」的結果推知「婚姻狀況」。「**情感轉喻**」類型中如日語慣用語「眉を曇らす」以「眉」聚集在一起像是「雲」般轉喻皺眉頭、不悅；「**動作狀態轉喻**」華語如「蹙眉」以「蹙」的動作「聚攏」講述眉毛的狀態，轉喻不滿、不悅或憂愁；經由與其他詞語搭配，以「眉」的狀態變化來形成轉喻。

〔註 160〕陳勇：〈英漢語言中「眉」的隱喻對比研究〉，《現代語文（語言研究版）》，（2014 年第 8 期），頁 152。

（一）隱喻類型

上述丁麗〔註 161〕的研究中也將隱喻歸納出八種情形，以於前面泛論中提及，外何漂飄也提到〔註 162〕：

> 漢語常用「眉」隱喻義來表達各種內容。一、「眉」代表緊要關頭。二、「眉」代表自尊、尊嚴。三、「眉」代表事物的關鍵或頭緒。四、「眉」代表情緒。五、「眉」代表男女之間的傳情。

以本文中欲探討的「眉」來看，「燃眉之急」一詞丁氏認為因時間短暫、形勢危急，屬時間隱喻；但何漂飄認為「眉」位於眼睛上方，其性質和「眉」一樣重要，代表緊要關頭屬性質相似喻，二者分析見解不同，筆者認為火已經燒到眉毛，事態嚴重情況危急表因果關係，應屬部分代部分的轉喻。以下將針對前面人研究成果，將華語「眉」的隱喻分為實體隱喻及空間方位隱喻來探討。

1. 實體隱喻

根據 Lakoff & Johnson，實體隱喻可依出現類型再細分為幾類。

（1）形狀相似隱喻，因詞彙較少故不以表格呈現，語料所見的詞語有「眉月」、「蛾眉月」、「眉宇」。出現的詞彙大多以眉毛形狀隱喻其他事物：如「眉月、蛾眉月」相似性在於農曆初一之後初見形體細小而的月亮、因蛾眉細長而彎曲是以隱喻月亮外型和眉毛一樣。又如「眉宇」一詞眉額之間，相似處為面有眉額，同屋舍有檐宇，故以此隱喻容貌。

（2）性質相似隱喻，所見如下：

表 4-5-2　華語「眉」性質相似隱喻

眉梢	齊眉	畫眉	齊眉舉案	畫眉張敞	眉尾相結	眉南面北

關於「眉」性質方面的隱喻情形，又可歸納以下兩種情形，如下：

a. 行為狀態：如「齊眉〔註 163〕」隱喻夫妻相敬如賓，古代妻子送餐給丈夫時，總是將木盤高舉，與眉平齊，以此來表示夫妻之間兩者互相尊敬對方；「畫

〔註 161〕丁麗：《漢語「眉」的隱喻研究》，（上海：東華大學外國語言學及應用語言學碩士學位論文，2016 年），頁 34。

〔註 162〕何漂飄：〈漢語「眉」的隱喻和轉喻義解讀〉，《現代語文（語言研究版）》，（2014 年第 8 期），頁 85。

〔註 163〕東漢孟光送飯食給丈夫梁鴻時，總是將木盤高舉，與眉平齊，夫妻互敬互愛的故事。典出《後漢書・卷八三・逸民傳・梁鴻傳》。後比喻夫妻相敬如賓。

眉」一詞典故出自漢人張敞為妻子畫眉，整個長安城內都知道他為妻子畫眉畫得嫵媚動人，以此隱喻夫妻恩愛。

b. **其他**：「眉尾相結」是以眉毛打結相連的性質隱喻緊跟不放；「列眉」用來指事情如眉毛般整齊排列，清晰明白的相似性，隱喻所見為真，毫無疑慮。又如「眉南面北」隱喻彼此不和，相互對立，就像是一個在南一個在北，毫無交集。丁麗〔註164〕文中另指出，隱喻數字有「一字眉、八字眉」，以數字的形狀隱喻眉毛形狀，筆者認為此時所指眉毛是數字隱喻而不屬「身體隱喻」。

2. 空間方位隱喻

丁麗提到〔註165〕：「Mapping from "*mei*" (brow)　to time. 如『燃眉之急、迫在眉睫』」，但筆者認為轉喻事態危急的狀態較明顯，故列到轉喻當中。依 Lakoff & Johnson 及蘭智高〔註166〕的空間維度隱喻理論來看，在語料所見僅出現維度空間隱喻，無時間隱喻。

表 4-5-3　華語「眉」維度空間

眉睫	眉批	眉睫之內	近在眉睫

上表如「眉批」隱喻寫在書籍或文章上端空白處的評語，相似性在於該處位置與眉毛所處的位置相同，位都在上方。又如「眉睫之內、近在眉睫」眉毛和睫毛之間，隱喻極近的距離，以眉毛及睫毛兩者當作基準點，兩者距離非常短，故以此用來隱喻極短、極近的距離空間。

綜合上述「眉」的隱喻現象，可歸出兩種類型、三種情形，詞彙表現如下：

1. **實體隱喻**：共三種情形，隱喻情形如下：

（1）**形狀相似喻**：如「眉月、蛾眉月」隱喻朔月，「眉宇」隱喻容貌。

（2）**性質相似喻**：可分兩類。

a. **行為狀態**：如「齊眉、畫眉」隱喻夫妻恩愛。

b. **其他**：如「眉尾相結」隱喻緊跟不放；「列眉」隱喻事情清晰、明

〔註164〕丁麗：《漢語「眉」的隱喻研究》，（上海：東華大學外國語言學及應用語言學碩士學位論文，2016 年），頁 34。

〔註165〕丁麗：《漢語「眉」的隱喻研究》，頁 34。

〔註166〕蘭智高、張夢捷 1V：〈關於空間和時間的思考與探討〉，《黃岡師範學院學報》，（2009 年第 6 期），頁 56～58。

白；又如「眉南面北」隱喻彼此不和，相互對立。

2. 空間方位隱喻：僅出現「維度空間隱喻」。如「眉批」隱喻書籍或文章上端的評語，「眉睫之內」指眉毛和睫毛之間的空間，隱喻極短的距離空間。

（二）轉喻類型

何漂飄〔註167〕：「長期以來，語言學家往往重視隱喻，忽視轉喻，相對隱喻來說，轉喻是一種更為基本的認知方式。漢語『眉』的轉喻也很豐富。」雖丁氏、何氏兩人研究裡應包含轉喻，但可惜的是他們對轉喻內容卻無具體著墨。本文以為「眉」轉喻可分三類探討，但華語「眉」僅出現「部分代全體」及「部分代部分」轉喻，可分成以下類型。

1. 部分代全體轉喻

在部分代全體的轉喻當中，華語常藉由眉毛外型的不同、差異，轉喻為具某種外貌的人物，以此五官中部分的眉毛轉喻為全體的人，所見如下：

表 4-5-4　華語「眉」轉喻為人

柳眉	白眉	秀眉	虎眉	臥蠶眉	馬良白眉	雙眉直豎	菩薩低眉
蛾眉	秋眉	濃眉	宮眉	柳葉眉	皓齒蛾眉	巾幗鬚眉	蛾眉皓齒

上表中，皆以眉毛造型轉喻具此成特徵、外貌的人。趙學德指出〔註168〕：

> 中國古代，眉是愛美女子吳不看重的妝容部位，美妙動人的眉是提升女性魅力和誘惑迷倒男子的一大「利器」，最典型的「蛾眉」慢慢成為「絕代佳人」的代名詞；同時，男子以濃密為美，「須眉」成為男子的代稱。

傳統詞語中以細、少的眉毛特徵轉喻女性，濃、粗的眉毛轉喻男性。透過女性的眉妝，如「柳眉、蛾眉、娥眉、臥蠶眉」等，可以化成不同形狀的眉毛，皆用以代指「女性」。又如「宮眉」轉喻古代具此宮妝的女子，這些都是以於「女性」特徵的一部份轉喻其整體的「人」。

再者也用「眉」來指稱男性相貌，如「虎眉」轉喻相貌威武，「濃眉」轉喻

〔註167〕何漂飄：〈漢語「眉」的隱喻和轉喻義解讀〉，《現代語文（語言研究版）》，（2014年第8期），頁85。

〔註168〕趙學德：〈構式語法視域下人體詞「眉」的認知研究〉，《浙江科技學院學報》，（2020年第2期），頁117。

男子陽剛。此外還有以如「巾幗鬚眉」轉喻有男子氣概的女子；「秋眉」轉喻衰老，指老人的眉毛，「秀眉」隱喻長壽。還有以不同顏色的眉毛轉喻人的，如「白眉」指三國時馬其眉中有白毛，又因馬良兄弟五人並有才名；而馬良最為傑出，因此也轉喻稱眾人中較優秀傑出的人才，至於「黑眉烏嘴」則轉喻面目骯髒、不乾淨。

2. 部分代部分轉喻

（1）「眉」轉喻原因或結果，所見如下：

表 4-5-5　華語「眉」轉喻原因或結果

燃眉	不讓鬚眉	迫在眉睫	紫芝眉宇	摧眉折腰
眉壽	百齡眉壽	火燒眉毛	燃眉之急	

上表如「看人眉睫」以觀看他人的眉毛和睫毛所做的表情、喜怒表現，轉喻能夠得知看人臉色的結果。「摧眉折腰」轉喻卑躬屈膝、阿諛諂媚才會做的動作。「不讓鬚眉」轉喻女子處事能力不輸於男子；「紫芝眉宇」轉喻稱讚他人相貌之詞。又如「燃眉」指火燒眉毛般緊迫，轉喻事態嚴重，經由語義擴充，延伸出「燃眉之急、迫在眉睫」等成語，以迫近眉毛睫毛，轉喻緊急情況。其中如「眉壽、百齡眉壽」轉喻人年老時，眉毛會長出幾根特別長的毫毛，故以此作為長壽的象徵。

（2）「眉」轉喻情感，所見如下：

表 4-5-6　華語「眉」轉喻情感

顰眉	愁眉	眉開	摧眉	蹙眉	愁眉不展	眉飛色舞	西施顰眉
低眉	橫眉	皺眉	眉繭	橫眉	喜上眉梢	柳眉倒豎	揚眉吐氣
伸眉	舒眉	展眉	鎖眉	愁眉苦臉	雙眉緊鎖	顰眉蹙額	吐氣揚眉

上表中能知，以眉毛的表現，轉喻心情及情緒，丁麗、高蘊華指出〔註 169〕：

情感，如喜怒哀樂等，是抽象的概念，既看不見，又觸不到。「眉」是人體的重要部位，也是人們表達情感的窗口；「眉」代表人的情感，「眉」的動作變化所體現出的身體體驗，成為「眉」到情感域的映射基礎。

〔註 169〕丁麗、高蘊華：〈「眉」的隱喻認知特點——以漢語現當代文學語料為例〉，《海外英語》，（2016 年第 21 期），頁 202。

除丁氏外，陳勇亦指〔註170〕：「『眉』作為人體的一部份，『眉』的舉動有時也有獨特的意義。人不用語言表達感情時，眉可以充當肢體語言投射人的情緒。」人類能借助眉的變化，表達心中的情感，「眉」轉喻情感中，有以下幾種情形。

a. **喜悅情緒**：如「眉飛色舞、喜上眉梢」喜悅之情流露於眉宇之間。

b. **憤怒情緒**：如「橫眉」轉喻人憤怒。

c. **悲傷情緒**：如「皺眉」轉喻不滿、不悅或憂愁，「愁眉」轉喻發愁。

d. **苦惱情緒**：如「眉繭、愁眉苦臉」，轉喻神情愁苦。

（3）「眉」轉喻能力，所見如下：

表 4-5-7　華語「眉」轉喻能力

眉語	勾眉	眉來語去	丟眉弄色

上表如「眉來語去」轉喻男女之間傳達情意。在能力轉喻的表達中，趙學德曾說〔註171〕：「眉毛在情慾表達中，可以將其視為一種能力。」丁麗、高蘊華也說〔註172〕：「『眉』成為重要的傳情工具，用來表是愛情或夫妻感情，如眉目傳情、眉來眼去，擠眉弄眼。」「眉」的能力隱喻是基於情感轉喻延伸而出。如「眉語」以眉目動作傳達情意，就像是以眉毛的語言溝通；又如「丟眉弄色」轉喻挑逗傳情。

綜合上述，華語「眉」的轉喻現象，出現兩種轉喻，共四種情形：

1. **部分代全體**：僅出現「**轉喻為人**」轉喻，因眉為人體的一部份，以其部分（眉）轉喻為全體（人），在這都是以人的外型、特徵、性質不同，有著不一樣外貌的特點，但不論外表如何，指稱的對象皆為人。轉喻女性者如「柳眉、蛾眉」；轉喻男性者如「虎眉、濃眉」；轉喻老人如「秋眉、秀眉」。

2. **部分代部分**：共見三種情形：

（1）**轉喻原因或結果**：如「燃眉」指火燒眉毛般緊迫，轉喻事態嚴重。

（2）**轉喻情感**：可分五類。

a. **喜悅類型**：如「眉飛色舞」。

〔註170〕陳勇：〈英漢語言中「眉」的隱喻對比研究〉，《現代語文（語言研究版）》，（2014年第8期），頁152。

〔註171〕趙學德：〈構式語法視域下人體詞「眉」的認知研究〉，《浙江科技學院學報》，（2020年第2期），頁120。

〔註172〕丁麗、高蘊華：〈「眉」的隱喻認知特點——以漢語現當代文學語料為例〉，《海外英語》，（2016年第21期），頁202。

b. 憤怒類型：如「柳眉剔豎」。

c. 悲傷類型：如「皺眉」。

d. 苦惱類型：如「眉繭」。

（3）轉喻能力：如「眉語」轉喻能傳達情意；「丟眉弄色」轉喻挑逗傳情。

在「眉」轉喻的詞語中，有許多「動詞＋眉」的述賓結構形成與「V 眉」的述賓式結構詞語，一來也具有隱喻性，二來也顯示此動詞賓語選擇與「眉」搭配而不與其他器官搭配，若搭配其他器官則無法表示原有的意義，可見「眉」在其中也有其「搭配義」存在。

二、閩南語「眉」的隱喻探討

依照教育部《臺灣閩南語常用詞辭典》，關於「眉」的說明如下表：

表 4-5-8　閩南語「眉」釋義及詞例

	釋　義	詞　例
1	眉毛	例：目眉 bȧk-bâi（眉毛）、徛眉 khiā-bâi（豎眉）
2	像眉形物	例：指甲眉 tsíng-kah-bâi（指甲像眉狀處）、月眉 gue̍h-bâi（月牙）

閩南語「眉」用法大致與華語相同，指眼睛上方的毛以及像是眉形狀的物體。閩南語語料中僅出現隱喻而無轉喻情形。所見如下：

表 4-5-9　閩南語「眉」隱喻

隱喻類型	實體隱喻		空間方位隱喻
隱喻情形	形狀相似	性質相似		時間隱喻
詞彙	指甲眉	徛眉	花眉	月眉

上表中，可歸納兩種類型，實體隱喻及空間方位隱喻：

1. 實體隱喻

共出現兩類，表現如下：

（1）形狀相似喻：如「指甲眉」隱喻指甲下端像眉形，顏色較白的部分。

（2）性質相似喻：如「徛眉」豎眉隱喻戲劇中奸臣面相；「花眉」隱喻小白臉。

2. 空間方位隱喻

又進步一成為「時間隱喻」，如「月眉」隱喻初三、初四所看見的弦月，由於形狀就像眉毛一樣，雖建立在形狀相似喻中，但這邊專指月初的時間點，故將此歸為時間隱喻。

三、日語「眉」的隱喻探討

日語辭典 Weblio 中對於「眉」的定義〔註 173〕如下：「まゆ。まゆ毛（眉。眉毛）。」日語的辭典中，對於「眉」之定義除了眉毛外並無多作解釋，以下將針對「眉」所出現的慣用語，僅出現轉喻而無隱喻。

依謝健雄〔註 174〕日語「眉」的轉喻僅出現「部分代部分」一類，出現情形如下。

表 4-5-10　日語「眉」轉喻

轉喻原因或結果			
慣用語	釋　義	慣用語	釋　義
焦眉の急	事態嚴重，情況危急	眉に唾をつける〔註 175〕	提高警惕
眉に火がつく	事態嚴重，情況危急	眉一つ動かさない〔註 176〕	撲克牌臉
眉を読む	察言觀色	眉毛を読まれる	察言觀色
眉を落とす	結婚		
轉喻情感			
慣用語	釋　義	慣用語	釋　義
眉を顰める	皺眉頭、不悅	眉を開く	舒展愁眉、表示放心
眉を寄せる	皺眉頭、不悅	愁眉を開く	舒展愁眉、表示放心
眉を集める	皺眉頭、不悅	眉を伸べる	舒展愁眉、表示放心

〔註 173〕Weblio 辞書とは、複数の辞書や用語集を一度に検索し、一度に表示する、統合型オンライン辞書サービスです。

〔註 174〕謝健雄：〈當代臺灣漢語慣用轉喻：認知語言學取徑〉，《人文暨社會科學期刊》，（2008 年第 1 期）。

〔註 175〕コトバンク：https://ppt.cc/fD5x2x 檢索日期：2021 年 05 月 19 日。（狐、狸などにだまされないように眉に唾をつけるというところから）欺かれないように用心する。眉毛に唾をつける。眉毛を濡らす。中譯：（在眉毛上抹口水以免被狐狸，狐狸等愚弄）。將口水塗在眉毛避免被欺騙。弄濕眉毛。

〔註 176〕眉一つ動かさないとは、全く表情を変えないという意味。「彼は悲報を受けても眉一つ動かさない」のように非常時にも冷静に対処する様子や、「親分は眉一つ動かさず子分を始末した」のように冷徹、冷酷な態度を表す。中譯：眉毛一動也不動就意味著面部表情完全沒有變化。面對「接收到悲傷的消息時眉毛也不動」這樣的緊急情況也能從容應對，「父母親眉毛都還沒動，小孩就知道事情始末」這樣的冷酷無情態度。

眉を曇らす	皺眉頭、擔心	眉を吊り上げる	眉毛豎立、表示生氣
柳眉を逆立てる	美人生氣		

上表中，部分代部分的轉喻共出現兩種情形，表現如下。

（一）**轉喻原因或結果：**如「焦眉の急、眉に火がつく」為華語的「燃眉之急」，轉喻情況危急；又如「眉に唾をつける」在日本的傳說中，將唾沫抹在眉上可以防止被狐狸迷，以此來轉喻提高警覺，再如「眉一つ動かさない」轉喻人不苟言笑、非常冷酷。

又如「眉を落とす」將眉毛剃掉，轉喻結婚，林容慧〔註 177〕在日本文化當中提到：「日本女性須作為人妻人母而貢獻己身，剃眉齒黑即是完全拋棄往昔虛榮心、好享樂之明顯證明。」可以從眉毛推知女性是否結婚；又如「眉を読む」以觀察他人眉毛的變化推知情緒轉喻懂得察言觀色，屬於轉喻原因或結果的類型。

（二）**轉喻情感：**可分三類：

1. **擔心情緒：**如「眉を顰める、眉を集める、眉を曇らす」。

2. **安心情緒：**如「眉を開く、愁眉を開く、眉を伸べる」

3. **憤怒情緒：**如「眉を吊り上げる、柳眉を逆立てる」。

（三）**轉喻能力：**如「眉を読む、眉毛を読まれる」轉喻成懂得察言觀色。

綜合本章「五官」身體詞，包含「眼、目、耳、鼻、眉」，綜合本文隱喻詞彙的研究成果，比較華、閩、日三個語言異於其他語言詞彙的特色表現，依照語言的不同，發現這三種語言各自有其特殊詞彙現象，如下：

（一）華語特殊「五官」身體詞

1. 華語當中「眼」的隱喻，較為特別的如以「榜眼」隱喻科舉時代殿試第二名，以榜單、告示牌所公告之名次，由上至下排列，第一名在最上面以頭「榜首」做為隱喻，第二名接著排序如同眼睛的位置，故用「榜眼」隱喻。再如「一眨眼、一轉眼、轉眼之間」，以眼睛閉合的瞬間，隱喻時間短，以「眼」隱喻時間的詞語也不少。

2. 華語「耳」的隱喻當中，會以「耳根」隱喻人的主見，如「耳根軟」隱喻缺乏主見，容易聽信他人的話。

〔註 177〕林容慧、詹慧珊：〈日本近世時期紅化妝文化之研究〉，《臺南女院學報》，(2005 年第 24 期)，頁 159。

3. 華語「鼻」的隱喻當中較為特別的有「牛鼻子」隱喻為道士，在外型上道士頭上的高髻很像牛鼻子，此外還有一說，相傳道教始祖李聃騎牛出函谷關，後世乃以牛鼻子稱道士。

「鼻」具有「嗅覺能力」不僅能聞到具體事物的氣味，也能聞到抽象事物的氣味，而能聞到抽象事物的氣味則可以引申為「探出、察覺」，隱喻為察覺力，即「新聞鼻」指具備敏銳的判斷能力，轉喻到對新聞事件的敏感性。

4. 華語又常以「眉型」隱喻男女的陽光或陰柔特性，如「宮眉」隱喻古代宮妝的女子眉，「虎眉」隱喻相貌威武；最典型的「蛾眉」慢慢成為「絕代佳人」的代名詞；同時，男子以濃密為美，「須眉」成為男子的代稱。在空間方位隱喻中，又常以眉毛和睫毛之間為喻，如「眉睫之內、近在眉睫」隱喻極近的距離。

（二）閩南語特殊「五官」身體詞

1. 閩南語「目」的詞彙中，較為特別的如「喙笑目笑」嘴巴和眼睛都在笑，轉喻非常高興、喜悅的樣子，相當於華語的「眉開眼笑」。

2. 閩南語「耳」的隱喻當中，以「有耳無喙」隱喻只准聽不准說，常以「囡仔人有耳無喙」斥責小孩不要亂問大人的事，就算聽見了也不可以亂傳。

3. 閩南語「鼻」轉喻嗅覺能力，如「好鼻獅、虎鼻師」轉喻嗅覺靈敏的人。

4. 閩南語「眉」的隱喻當中，如「指甲眉」隱喻指甲下端像眉形，顏色較白的部分，如「月眉」是以初三、初四所看見的弦月來隱喻時間。

（三）日語特殊「五官」身體詞

1. 日語「眼」慣用語隱喻中，以進入眼中為喻，如「眼中に無い」喻指沒放在眼裡，隱喻不在意、沒關係；「眼光紙背に徹する」以眼睛具有透視紙的能力，轉喻明白說話者的話語。

2. 日語「目」慣用語隱喻中，較為特別的是以「目の……」（眼睛的……）隱喻對眼睛的作用，如「目の敵」是為「容器隱喻」；「目の毒」隱喻對眼睛有害；「目の薬」隱喻對眼睛有益；「目の保養」隱喻賞心悅目之事，以眼睛還有黑眼球的時候「目の黒い內」隱喻在有生之年，日本人認為死亡後眼睛會往後翻，白眼球會比較多，故以此則來說只要我還活著之義。此外，以在眼前的處罰「罰は目の前」轉喻現世報；若眼睛跑進異物就會非常疼痛，但因為太喜歡縱使將孩子放入眼中也不覺得痛，以「目の中へ入れても痛くない」轉喻非常

疼愛孩子。日本人常會以誇張、將抽象的事物作為隱喻，如以「目から火が出る」眼睛噴火轉喻生氣或受到驚嚇；以生氣時眼睛呈三角形為喻，「目を三角にする」轉喻非常生氣。

3. 日語「耳」的隱喻中，較特別的是將其賦予紙張、硬幣的邊、緣處，是為「空間隱喻」也。如「借りたお金を耳を揃えて返す（我要把所借的錢全部湊齊歸還）」，這邊的「耳」本來是指古代紙幣的邊緣，現在隱喻鈔票本身，此外又延伸到了數字概念上，如「耳を揃える」，隱喻將短缺的金額、人數補齊。

4. 經由華語和日語對比還可以發現，華語中非常暗看不見會說「伸『手』不見五指」，但在日語則以「『鼻』を撮まれても分からない」即使被捏鼻也不知取「鼻」為喻，隱喻漆黑一片。再如以「鼻毛」轉喻女人玩弄癡情男人，如鼻毛を読む（數鼻毛）拔鼻毛者作出數鼻毛的姿態，待到捏住鼻毛後突然將其拔下，轉喻為行騙、數鼻毛者，作為兩性間的一種親密行為。以「鼻息を窺う」轉喻「空気を読む（讀空氣）」用以指懂得察言觀色，這都是日語「五官」隱喻特殊之處。

5. 至於日語「眉」慣用語隱喻中，以眉毛完全不動為喻「眉一つ動かさない」轉喻人不苟言笑、非常冷酷，如華語所說的「撲克牌臉」。

第五章　口部身體詞隱喻研究

本文第三章的標題為「頭部身體詞研究」，頭部包含的身體詞彙範圍很廣，故於第三章先探討「頭部」，所講的是頭顱這個大範圍，以「頭（首）」為主，接著在第四章繼續談「五官」包含「眼（目）、耳、鼻、眉」，五官當中未提及「口」這個詞，是因為筆者認為其中隱喻表現特別多，故將其獨立至本章探討。本章探討的「口部」身體詞包含了「嘴（口）、舌、牙、齒」等。

第一節　「嘴」身體詞

生物為了生存，必須攝取食物、呼吸，口對於器官來說是非常重要，如第一節「頭部」中的「頭」及「首」、第二節「五官」的「眼」及「目」，以及這一節要的「口部」的「嘴」及「口」，差異在於前者的「頭、眼、嘴」為現代華語、口語較為常見；「首、目、口」則於古文當中較常使用，現在則在書面語或口語的特定詞彙使用，就算是同義異詞，在各自所形成的詞彙當中也是不能任意替換的。關於「嘴」相關詞語，喻迪指出〔註1〕：

> 「嘴」是現代漢語的常用詞之一，現多指人嘴，最開始並不指人嘴，《說文》中指鳥頭上的毛角，從毛角義引申指鳥嘴，再到動物嘴和人嘴，經歷了幾百年的演變軌跡。最後定格於以指人嘴為主要職能

〔註1〕喻迪：〈淺談「嘴」的詞義演變〉，《青年文學家》，（2018年第5期），頁182。

的演變。

文章中指出「嘴」在以前的漢語中大多是指「鳥嘴」，直到兩宋時期「嘴」的用途才慢慢擴大，指稱鳥嘴以外的用法開始變多，才有了指人的嘴與動物的嘴而於唐五代才出現「口嘴」、「唇嘴」等連用的形式。張薇指出口、嘴的差異〔註2〕：

> 在語義接近的義項上，由於「口」、「嘴」本義的差別，在構詞上對語義也存在著「淺」性制約。指具體的進飲食時，「口」偏重的是內部的腔，而「嘴」側重的是外部的唇及口的周圍。此外，「嘴」除了指唇外，還可以指面頰，如掌嘴並不是打嘴，而是打耳光，「嘴」在這裡與面部有關，因而「嘴臉」稱，指人的面貌、臉色，含有貶義。

由上可知華語中雖「口、嘴」有些許差別，但都能以「嘴巴」來看待，英語中都以「Mouth」來說；日語則只有以「口」來當作人的嘴巴。華語「口」、「嘴」有相同的義項、也有各自不同的義項，在不同的義項上兩者顯然不能夠隨意替換。以下探討華語與閩南語的「嘴」身體詞，日語則只有「口」而無「嘴」相關的詞彙及用法。

「研究範疇」時已提及：「嘴」的隱喻詞彙有不少是以其他字詞與「嘴」搭配所形成的隱喻，而並非「嘴」本身具有隱喻現象，例如「吃嘴」表隱喻「愛吃美味或奇特的食物」；「打嘴」表隱喻「丟臉、出醜」；「貪嘴」表隱喻「貪吃」，這些「動詞＋身體詞」的述賓結構形成與「嘴」相關的詞語，因為也具有隱喻性，且非與此一器官搭配必有其搭配義存在，因此本文以為這些「嘴」部相關詞語也應納入討論之中。

例如轉喻「**部分代部分**」類型中「**原因結果轉喻**」的情形，華語如「嘴吃屎」以臉部朝下的結果如同像是在地上「吃屎」作為轉喻推知「跌倒」的結果；「**動作狀態轉喻**」華語如「張嘴」以「嘴」表示「張開」的動作轉喻「乞討或借貸」；「**情感轉喻**」類型中如華語「努脣脹嘴」以「嘟起」的動作形容「嘴」狀態，以此轉喻「生氣」。因此除了「嘴」本身具有隱喻情形外，也有與「嘴」搭配的相關詞語形成的轉喻。

〔註2〕張薇：〈「口」、「嘴」辨析〉，《語言教學與研究》，(2005年第2期)，頁78。

一、華語「嘴」的隱喻探討

根據教育部《重編國語辭典修訂本》，華語「嘴」解釋如下表：

表 5-1-1　華語「嘴」釋義及詞例

	釋　義	詞　例
1	本指鳥口。後泛指人與動物的口	如：「張嘴」、「閉嘴」。《西遊記》第六回：「（三郎）又變了一隻朱繡頂的灰鶴，伸著一個長嘴，與一把尖頭鐵鉗子相似，徑來喫這水蛇。」
2	器物上形狀或功能像嘴的部位	如：「瓶嘴」、「茶壺嘴」、「煙嘴」
3	突出如口的地形	如：「山嘴」、「沙嘴」
4	比喻說話	如：「貧嘴」、「多嘴」、「插嘴」

「嘴」原指鳥口，現也可指人和動物的口部，在隱喻作用下其他外觀形狀或功能像嘴一樣的東西、部位、地形，也可用「嘴」稱之，最後可喻指說話能力或功能。賈燕子指出〔註 3〕：

> 「嘴」的產生時代遠遠晚於「口」，為何能逐漸取代「口」成為概念域的強勢上位詞？第一，為了追求強烈的語用表達效果。「嘴」的本義「鳥嘴」很容易讓人們聯想到其他蘊含的「尖利」、「堅硬」、「凸出」等語義特徵。第二，長期使用「嘴」獨特的語義特徵產生磨損，逐漸成了中性詞。第三，「嘴」字形的勝出，進一步推動了「嘴」上位化的完成。

由上可得知「嘴」一詞發展越來越廣泛的原因在於鳥嘴與人嘴相似，以此隱喻到人的嘴巴上，又因鳥嘴具有尖利、堅硬、凸出等特質能予人鮮明意象，因而容易隱喻到其他事物上。綜合上述可將「嘴」詞語分隱喻與轉喻二方面來探討如下。

（一）隱喻類型

臺灣語言研究中並無單篇以「嘴」或「口」的認知隱喻研究，相關方面都是以兩者「嘴、口」一起探討，不論「嘴」或「口」其實在現代華語當中都可

〔註 3〕賈燕子：〈「口」「嘴」上位化的過程和原因〉，《重慶郵電大學學報（社會科學版）》，（2015 年第 5 期），頁 154。

以將其視為「嘴巴」來看。關於「嘴、口」的隱喻中，徐銀提到〔註4〕：

> 英語「mouth」漢語「口、嘴」的隱喻認知特點，有以下幾種：
>
> 一、映射到「形狀、事物域」。形狀像嘴的如：溪嘴、山嘴；指作用、功能像嘴的事物如：山嘴、奶嘴。二、映射「情感、態度域」。嘴是臉部運動範圍最大、最有表情的部位。如：抿嘴微笑、撅嘴。三、映射到「社交域」。通過隱喻的手法，指代話語、言語，且大多數含貶義。如：說嘴郎中、人多嘴雜、吵嘴、鬥嘴……等。四、映射到「性格域」。說話反映性格特徵，很多詞用來形容人的特性。如嘴勤、嘴懶、嘴緊、嘴鬆。五、映射到「知識、智力域」。如嘴清嘴白指話說得清楚、耍嘴皮子指賣弄口才、七寸嘴諷刺能說會道。

有關於「嘴、口」的隱喻，徐銀將其分為五類來看，筆者分類大致與之，不過徐氏第四點當中的「性格域」，筆者將其歸類為「性質相似喻」，如「嘴緊」就是因為嘴巴具有「緊」的特性，才能緊閉不說出口；反之，「嘴鬆」則是因「鬆」的性質，隱喻容易從嘴巴說出秘密。劉軍英說〔註5〕：

> 「口、嘴」作為原始域，目標域或雙域的隱喻認知特點如下幾點：一、「口、嘴」向非人體域的映射。(一)向具體域的映射：山嘴。(二)向抽象的映射：情感域，如：大嘴的；性格域、社會關係域如：抿嘴；動作域、數量域、抽象域，如：嘴緊。二、非人體域向「口、嘴」的映射。(一)方位域。(二)描繪域，以物體大小軟硬好壞屬性，如嘴軟、嘴硬。三、「口、嘴」與人體域其他器官之間的映射。如嘴皮、嘴臉。

相較之下，劉軍英並無將隱喻與轉喻分開來談有所不足，雖可以認知隱喻來談但「隱喻」和「轉喻」其實是不太一樣，但其中如「社會域」、「空間域」也無詞語加以說明；在「動作域」的方面，筆者認為可將其歸類於轉喻中，很

〔註4〕徐銀：〈英語「mouth」漢語「口、嘴」詞彙的隱、轉喻認知對比〉，《江蘇科技大學學報(社會科學版)》，(2009年第4期)，頁65。

〔註5〕劉軍英：〈英漢「口、嘴」詞彙的隱喻認知特點「口、嘴」〉，《新鄉學院學報(社會科學版)》，(2009年第5期)，頁126～127。

多動作的背後都是具有因果關係，一如謝健雄〔註6〕及連金發〔註7〕所言。以下依據 Lakoff & Johnson〔註8〕的理論為基本定義，加上徐銀〔註9〕所提分析華語「嘴」的概念隱喻表現，發現語中出現「形狀相似喻」，所見如下：

表 5-1-2　華語「嘴」形狀相似隱喻

山嘴	沙嘴	鳥嘴銃	雷公嘴	尖嘴鉗
缺嘴	鴉嘴鋤	鴨嘴筆	鴨嘴帽	三瓣嘴

上表如「山嘴」隱喻山腳伸出的尖端部分，「沙嘴」隱喻海岸堆積地形，而「缺嘴」隱喻嘴巴的外型有殘缺，是以嘴具有「尖銳」外型隱喻而形成的形狀相似喻。

徐銀指出〔註10〕：「嘴的這一型狀特徵可以投射到其他領域，指代形狀凸出的部分，如『山嘴』。也能投射到破裂處如『缺嘴』。」華語以動物嘴的形狀來隱喻的如「鳥嘴銃」，以鴨子嘴巴形狀來隱喻的如「鴨嘴筆、鴨嘴帽」，具有扁平如嘴的外觀性質。

綜合上述「嘴」的隱喻現象僅出現「實體隱喻」當中的「形狀相似喻」。嘴具有尖端、凸出特性而出現隱喻性詞語。如「山嘴、沙嘴」隱喻地形，「缺嘴」隱喻兔唇；「鳥嘴銃」隱喻鳥嘴形狀的槍，又如以「嘴」外形映射至其他事物。

（二）轉喻類型

轉喻方面同樣依序根據謝健雄〔註11〕將轉喻分三類探討，以下於本章出現「口」部身體詞轉喻理論亦同，不多贅述。關於「嘴、口」的轉喻中，徐銀指

〔註6〕謝健雄：〈當代臺灣漢語慣用轉喻：認知語言學取徑〉，《人文暨社會科學期刊》，（2008 年第 1 期）。

〔註7〕連金發：〈臺灣閩南語「頭」的構詞方式〉，殷允美、楊懿麗、詹惠珍（編），《第五屆中國境內語言暨語言學國際研討會論文集》。（臺北：中研院語言所籌備處，1999 年）。

〔註8〕Lakoff & Johnson 著，周世箴譯：《我們賴以生存的譬喻》，（臺北：聯經出版社，2006 年）。

〔註9〕徐銀：〈英語「mouth」漢語「口、嘴」詞彙的隱、轉喻認知對比〉，《江蘇科技大學學報（社會科學版）》，（2009 年第 4 期），頁 65。

〔註10〕徐銀：〈英語「mouth」漢語「口、嘴」詞彙的隱、轉喻認知對比〉，頁 65。

〔註11〕謝健雄：〈當代臺灣漢語慣用轉喻：認知語言學取徑〉，《人文暨社會科學期刊》，（2008 年第 1 期）。

出〔註 12〕：

> 英語「mouth」漢語「口、嘴」的轉喻認知特點，有以下幾種：一、轉喻為食物消費者。以其代人如「養家糊口」。二、轉喻說話的人。中央臺的主播可稱為「國嘴」。三、轉喻牲口的年齡。「口小、口輕」都是指牲口年齡小。四、轉喻吃的東西。漢語中有「吃零嘴」。五、轉喻臉。以代整個臉部，如「嘴臉」。六、轉喻嘴的動作。This clergyman mouths platitudes in breathy , soothing tones. 用嘴來代表裝腔作勢。

徐氏的一、二點提到「嘴」轉喻食物的消費者或是說話的人，是以「嘴」轉喻為人；第三點轉喻牲口年齡的部分則屬於部分代部分轉喻；第五點以「嘴」代「臉」屬部分代全體的轉喻；第六點「mouths platitudes」兩字意分別為「嘴」與「演講八股」指「老生常談、陳腔濫調」，轉喻「嘴」的動作為部分代部分類型。陳盈盈在轉喻對比考察中提到〔註 13〕：

> 英漢語言中「mouth（口、嘴）」的轉喻的認知共性有：一、轉喻「人」或「家庭成員」。屬於部分代整體的轉喻。二、轉喻「吃」。吃是這個人體部為最重要的功能之一。三、轉喻「生存」。必須攝取食物才有生活，如「養家餬口」。四、轉喻「說話」。透過說話與他人交流，如「口才」。五、轉喻「言語」。言語是說話這一動作的結果，如「惡口」。六、轉喻「嘴唇」。藉由嘴唇指代，如「親嘴、抿嘴」。七、轉喻「臉或臉頰」。如「嘴臉」。八、轉喻「情感」。如「努嘴」由動作表達情感為因果轉喻。九、轉喻「動作造成的結果」。如「張嘴」指說話、「閉嘴」指不說話。

陳盈盈同徐銀研究「嘴」的隱喻表現，不應全視為轉喻，理應還有隱喻，如本文前面所探討的隱喻詞語，如「山嘴」、「沙嘴」等隱喻地形突起的部分，與嘴外觀形狀相似。上述研究結果也提到轉喻動作造成的結果與連金發〔註 14〕所言

〔註 12〕徐銀：〈英語「mouth」漢語「口、嘴」詞彙的隱、轉喻認知對比〉，《江蘇科技大學學報（社會科學版）》，（2009 年第 4 期），頁 64。

〔註 13〕陳盈盈：〈基於與料庫的英漢語言中「mouth（口嘴）」的轉喻對比考察〉，《現代語文》，（2014 年第 6 期），頁 135～137。

〔註 14〕連金發：〈臺灣閩南語「頭」的構詞方式〉，殷允美、楊懿麗、詹惠珍（編），《第五屆中國境內語言暨語言學國際研討會論文集》。（臺北：中研院語言所籌備處，1999 年）。

相符，本文依據前人理論為根據，分析華語「嘴」轉喻情形如下。

1. 部分代全體轉喻

「部分代全體」的轉喻當中，依照連金發〔註 15〕轉喻所指，表現如下。

表 5-1-3　華語「嘴」部分代全體

轉喻為人					轉喻事物完整的部分
快嘴	媒人嘴	大嘴巴	黑臉董嘴	長嘴獠牙	面嘴
名嘴	烏鴉嘴	雌牙露嘴	尖嘴猴腮	鋸嘴葫蘆〔註 16〕	嘴臉

（1）轉喻為人：如「名嘴」轉喻因言談機智而出名的人，「烏鴉嘴」轉喻喜好傳閒話或言語不中聽的人，「大嘴巴」轉喻喜搬弄是非的人。徐銀提到〔註 17〕:「嘴的另一個重要功能就是說話，所以可用來指說話的人。漢語中『名嘴』指的是著名的主持人。」較為特別的如「鋸嘴葫蘆」轉喻為不說話或很少說話的人。

此外，還有以嘴轉喻「人的外表」，因外貌屬於人的一部份，同屬於部分（嘴）轉喻全體（人）的情形，如「黑臉董嘴」轉喻人深藏不露、嚴肅冷峻的樣子；「長嘴獠牙」嘴大且牙齒外露，轉喻人面貌凶惡醜陋。

（2）轉喻事物完整的部分：如「面嘴」轉喻整個臉嘴、嘴臉、樣子，「嘴臉」轉喻面貌、模樣、臉色、態度等，「嘴」轉喻完整的「一張臉」，再轉喻到人的臉色、態度。

2. 全體代部分轉喻

在「全體代部分」轉喻中僅出現以「嘴」轉喻話語，所見如下：

表 5-1-4　華語「嘴」轉喻話語

嘴快	巧嘴	吵嘴	壞嘴	強嘴	快嘴	嘴喳喳	油嘴滑舌
貧嘴	嘴甜	頂嘴	強嘴	嘴乖	嘴笨	掉嘴口	心直嘴快
拌嘴	嘴貧	咬嘴	嘴緊	嘴強	刀子嘴	尖嘴薄舌	偷饞抹嘴

〔註 15〕連金發：〈臺灣閩南語「頭」的構詞方式〉，殷允美、楊懿麗、詹惠珍（編），《第五屆中國境內語言暨語言學國際研討會論文集》。

〔註 16〕比喻不善應對、口才遲鈍的人。《文明小史》第五一回：「二人並排坐下，饒鴻生這才有了話了，不似剛才鋸嘴葫蘆的模樣了。」也作「鋸了嘴的葫蘆」。

〔註 17〕徐銀：〈英語「mouth」漢語「口、嘴」詞彙的隱、轉喻認知對比〉，《江蘇科技大學學報（社會科學版）》，（2009 年第 4 期），頁 64。

插嘴	對嘴	回嘴	騙嘴	嘴直	嘴不好	貧嘴賤舌	伶牙俐嘴
嘴嚴	嘴舌	嘴尖	熟嘴	乖嘴	油花嘴	耍嘴皮子	

藉由嘴巴能發出聲音的功能，將這樣的特性視為一種能力，可以透過聲音說出來的話或言語來與其他人交談，徐銀指出〔註18〕：

「嘴」是動物發聲的器官，它的一個主要功能就是能說話、交談。在社會交往中，人們把「嘴」的認知投射到了社交領域的方方面面，並且或新的含義。如話語、言語，大多用來指負面、貶義的行為。

將聲音傳達之工具「嘴」作為媒介，都是以「嘴」轉喻為說出口的「話語」。如「跋嘴」轉喻人說話前後不一或與事實不符、「磨嘴」轉喻閒聊或爭論、「拌嘴」轉喻爭吵、鬥嘴、「貧嘴」轉喻耍嘴皮、喜歡賣弄口舌。在這類當中，最多類型的是搬弄是非，這些詞彙大多有負面義。

劉軍英〔註19〕說道：「漢語中的『嘴大、小、軟、硬』等，通過隱喻的認知方式對抽象事物進行概念化，如『嘴小』不是指真的嘴小，而是隱喻『漂亮』。」以其他事物的性質來轉喻嘴，讓嘴擁有其特性，可以用來轉喻人的口風性質，其他如「快嘴」轉喻容易說出秘密，「嘴緊」則轉喻不容易說出秘密。

此外說出來的話也會有不一樣的言語性質，還有口才差異。如「熟嘴、嘴甜、綿花嘴、花貓巧嘴、花甜蜜嘴、花嘴花舌」轉喻會說話，「乖嘴」轉喻善於說話；「壞嘴、嘴尖、貧嘴賤舌」轉喻不會說話。「刁嘴」轉喻嘴硬，說話不饒人，「刀子嘴」轉喻人講話刻薄，「伶牙俐嘴」轉喻人口才好。

3. 部分代部分轉喻

「部分代部分」的轉喻可分為四種情形，表現如下。

(1)「嘴」轉喻原因或結果，所見如下：

表 5-1-5　華語「嘴」轉喻原因或結果

鐵嘴	說破嘴	癟嘴子	鐵嘴直斷	七嘴八舌	說嘴打嘴	驢脣馬嘴〔註20〕
說嘴	嘴吃屎	人多嘴雜	自打嘴巴	應嘴應舌	說溜了嘴	舔嘴咂舌〔註21〕

〔註18〕徐銀：〈英語「mouth」漢語「口、嘴」詞彙的隱、轉喻認知對比〉，《江蘇科技大學學報（社會科學版）》，(2009年第4期)，頁65。

〔註19〕劉軍英：〈英漢「口、嘴」詞彙的隱喻認知特點「口、嘴」〉，《新鄉學院學報（社會科學版）》，(2009年第5期)，頁127。

〔註20〕比喻胡說、瞎扯。

〔註21〕吃完東西時，伸出舌頭舔舔嘴，吸吸牙縫中的餘味，並發出嘖嘖的聲音。表示吃得

上表中如「鐵嘴、鐵嘴直斷」轉喻預測無不應驗，「說破嘴」轉喻再三叮囑，「嘴吃屎」轉喻臉朝下跌倒，「自打嘴巴」轉喻人的言行前後矛盾。如陳盈盈〔註22〕說：「以嘴所表現的言語、表達轉喻事情的結果，屬於因果轉喻。」為因某些原因而造成其結果的轉喻現象。又如「舔嘴咂舌」是因吃完東西時，伸出舌頭舔舔嘴意猶未盡，並發出嘖嘖的聲音，轉喻吃得很飽且感到相當滿意。較為特別的是以「嘴」指外觀性質，如「癟嘴子」因凹下去、不飽滿的外觀嘴巴，隱喻沒有牙齒。較為特別的是以「嘴」指外觀性質，如「癟嘴子」因凹下去、不飽滿的外觀嘴巴，因「齒」在「嘴」內由於因推果，轉喻沒有牙齒。

（2）「嘴」轉喻「動作——狀態」相關詞語，所見如下：

表 5-1-6　華語「嘴」轉喻「動作——狀態」相關詞語

偷嘴	住嘴	討嘴	擰嘴	張嘴	扎嘴	吃嘴	饞嘴	貪嘴	打嘴

如上表中「住嘴」為停止講話，轉喻命令他人不准說話之意或禁止說話者說出重要事情、秘密。陳盈盈指出〔註23〕：「與嘴搭配的動詞起關鍵作用，不同的動詞使其表現不同的事情，如『張嘴』指說話、『閉嘴』指保守秘密。如果動作真實發生，那此用法屬於轉喻用法。」因此可從動作來考察其背後是否有其他的意思存在，上表詞彙中許多都是用來指吃東西、是「嘴」的進食相關的動作轉喻，如「偷嘴」轉喻偷吃東西，「挑嘴」轉喻對食物挑剔、挑食，「吃嘴」轉喻愛吃美味或奇特的食物。

（3）「嘴」轉喻情感，所見如下：

表 5-1-7　華語「嘴」轉喻情感

撇嘴	噴嘴〔註24〕	努脣脹嘴	咂嘴弄脣	咂嘴弄舌	齜牙咧嘴	撈起嘴巴

很飽且感到相當滿意。《文明小史》第一二回：「賈家兄弟因為棧房裡的菜不堪下咽，都是自己添的菜，卻被劉學深風捲殘雲吃了一個淨光，吃完了不住舔嘴咂舌，賈家兄弟也只可無言而止。」也作「舔脣咂嘴」。

〔註22〕徐銀：〈英語「mouth」漢語「口、嘴」詞彙的隱、轉喻認知對比〉，《江蘇科技大學學報（社會科學版）》，（2009 年第 4 期），頁 64。

〔註23〕徐銀：〈英語「mouth」漢語「口、嘴」詞彙的隱、轉喻認知對比〉，頁 64。

〔註24〕噘嘴、翹嘴。形容生氣的樣子。《西遊記》第八〇回：「八戒噴著嘴道：『師父，莫信這弼馬溫哄你！』」

藉由嘴巴的動作，將心中的情感表達出來，如「撇嘴」轉喻輕視、不相信；「噴嘴」噘嘴、翹嘴，轉喻生氣。徐銀指出〔註25〕：

人的情感是一個非常抽象的概念，但人們的情感通常會表現在臉上。嘴是臉部運動範圍最大、最富有表情的部位，嘴的動作可反映人的內心情感的變化，所以可以投射到情感域中。

「嘴」表達情感的轉喻，以生氣喻最多如「努脣脹嘴」。又如「撈起嘴巴」轉喻不以為然；「咂嘴」轉喻羨慕、讚美、驚嘆或驚慌，再如「咂嘴弄脣」轉喻為難、驚訝；「咂嘴弄舌」轉喻東西好吃、或表讚嘆。

綜合上述「嘴」的轉喻現象，可歸出三種類型、六種情形，詞彙表現如下：

1. 部分代全體轉喻：共兩種情形。

（1）轉喻為人：如「名嘴、快嘴」，轉喻愛說話而不謹慎；還有以外貌，轉喻人的情形如「黑臉董嘴」轉喻人嚴肅冷漠；「長嘴獠牙」轉喻人凶惡醜陋貌。

（2）轉喻事物完整性：如「面嘴、嘴臉」轉喻人的面貌、態度。

2. 全體代部分轉喻：僅有「轉喻話語」一類。這邊都用「嘴」轉喻說出的話。如「貧嘴、拌嘴舌」轉喻耍嘴皮、喜歡賣弄口舌。說出來的話語會因為講述人具有不同的口才特質，善於說話者如「熟嘴、嘴甜」，不擅長則用「壞嘴、嘴尖」。此外還有用人的是否容易將話說出口，如「快嘴」轉喻容易說出秘密，「嘴緊」轉喻不容易說出秘密。

3. 部分代部分轉喻：共三種情形。

（1）轉喻原因或結果：如「自打嘴巴」轉喻人言行前後矛盾，如打了自己嘴。

（2）轉喻動作狀態：如「張嘴」轉喻向人乞討或張嘴吃東西，如「偷饞抹嘴」轉喻偷吃東西，「挑嘴」轉喻對於食物挑剔，「吃嘴」轉喻愛吃美味的。

（3）轉喻情感：如「努脣脹嘴」轉喻生氣，「咂嘴」轉喻讚嘆。

前文提及關於「嘴」轉喻詞語，這些「動詞＋嘴」的述賓結構形成與「V嘴」的述賓式結構詞語，一來也具有隱喻性，二來也顯示此動詞賓語選擇與「嘴」

〔註25〕徐銀：〈英語「mouth」漢語「口、嘴」詞彙的隱、轉喻認知對比〉，《江蘇科技大學學報（社會科學版）》，（2009年第4期），頁65。

搭配而不與其他器官搭配，若搭配其他器官則無法表示原有的意義，可見「嘴」在其中也有其「搭配義」存在。

二、閩南語「喙」的隱喻探討

閩南語在「嘴」的用字上，不用「嘴」而用「喙（tshuì）」來當作詞彙用，依照辭典為教育部《臺灣閩南語常用詞辭典》，關於「喙」的說明如下表：

表 5-1-8　閩南語「喙」釋義及詞例

	釋　義	詞　例
1	嘴巴	例：囡仔人有耳無喙。Gín-á-lâng ū-hīnn-bô-tshuì.（小孩子有耳朵沒嘴巴。指小孩聽聽就好勿多問。）；十喙九尻川 tsa̍p tshuì káu kha-tshng（人多嘴雜、七嘴八舌）
2	口。計算口數的單位	例：我食兩喙就好。Guá tsia̍h nn̄g tshuì tō hó.（我吃兩口就好。）
3	東西的形狀或功用像嘴巴一樣的地方	例：茶鈷喙 tê-kóo-tshuì（茶壺口）、空喙 khang-tshuì（傷口）。
4	引申為說出來的話	例：伊真好喙。I tsin hó-tshuì.（他嘴巴很甜）；你毋通遐歹喙。Lí m̄-thang hiah pháinn-tshuì.（你不可口出惡言）

由上可知，閩南語「喙」定義中，除了指物品的外型、功能和嘴有一樣的形狀外，就無其他更多的釋義。以下以 Lakoff & Johnson〔註 26〕的理論為基本定義，加上徐銀〔註 27〕所提出的理論，將「喙」分為隱喻與轉喻兩種類型，詳見如下。

（一）隱喻類型

根據 Lakoff & Johnson〔註 28〕，僅出現實體隱喻，當中又可分出兩種情形。

1. 實體隱喻

（1）形狀相似隱喻，所見如下：

〔註 26〕Lakoff & Johnson 著，周世箴譯：《我們賴以生存的譬喻》，（臺北：聯經出版社，2006 年）。

〔註 27〕徐銀：〈英語「mouth」漢語「口、嘴」詞彙的隱、轉喻認知對比〉，《江蘇科技大學學報（社會科學版）》，（2009 年第 4 期），頁 65。

〔註 28〕徐銀：〈英語「mouth」漢語「口、嘴」詞彙的隱、轉喻認知對比〉，頁 65。

表 5-1-9 閩南語「喙」形狀相似隱喻

空喙	接喙	喙口	喙空	喙栖	風喙口

上表如「喙口」隱喻出入口，「空喙」隱喻「傷口」，身上因受傷而破裂的地方有洞與嘴形狀相似，「接喙」則隱喻事物接口，如東西的接合處。

（2）性質相似隱喻，所見如下：

表 5-1-10 閩南語「喙」性質相似隱喻

刀喙	闊喙	收喙	忌喙	喙罨〔註 29〕	喙白〔註 30〕	牛喙罨	烏鴉喙
歪喙	缺喙	喙尾	紲喙〔註 31〕	飫喙〔註 32〕	卯喙〔註 33〕	窒喙空	

上表如「刀喙」隱喻刀口銳利的部分，「歹喙」隱喻說出不得體、負面的話。「歪喙」隱喻有毛病，「闊喙」隱喻開口處大。

綜合閩南語「喙」的隱喻現象可歸出兩種情形，表現如下：

（1）形狀相似喻：如「喙口」隱喻指出入口，「空喙」隱喻傷口。

（2）性質相似喻：如「闊喙」隱喻開口處大，「歪喙」隱喻嘴巴歪斜有毛病。

2. 空間方位隱喻

空間方位隱喻中，閩南語中的「喙」詞彙於辭典中收錄不多，所見詞語如「喙斗〔註 34〕」、「喙下斗」、「好喙斗」、「歹喙斗」。此處將「喙」內可存放食物處作為一空間，形成「容器隱喻」。如「喙下斗」隱喻下巴如斗狀物，在閩南語中，較為特別的詞語，如「喙斗」以嘴內能放入食物的特性進而隱喻人的「胃口」，「好喙斗」隱喻胃口好、「歹喙斗」則隱喻胃口差。

（二）轉喻類型

閩南語「喙」僅出現「部分代部分」轉喻，所見如下。

〔註 29〕喙罨：音讀（tshuì-am）：口罩。

〔註 30〕喙白：音讀（tshuì-pe̍h）：挑食。

〔註 31〕紲喙：音讀（suà-tshuì）：一、合口味。形容東西合胃口、好吃，一口接一口，愈吃愈想吃。二、順口、搭腔。形容接人家的話接得很順口。

〔註 32〕飫喙：音讀（uì-tshuì）：吃厭了、吃怕了。

〔註 33〕卯喙：音讀（mauh-tshuì）：因為沒有牙齒而使嘴唇往裡面凹陷。

〔註 34〕喙斗：音讀（tshuì-táu）：胃口。食慾。

表 5-1-11　閩南語「喙」轉喻

轉喻情感	轉喻能力						
覕喙	喙花	應喙	好喙	過喙〔註35〕	答喙鼓	拍喙鼓〔註36〕	應喙應舌
	諍喙	開喙	喙臭	封喙〔註37〕	盤喙錦	紲喙尾〔註38〕	空喙哺舌
	插喙	轉喙	對喙	破格喙〔註39〕	弄喙花	落人的喙	插喙插舌

上表中，可將部分代部分轉喻分為兩種情形，具體如下。

1. **轉喻情感**：閩南語中的「覕（bih）」具有躲、藏之意，「覕喙」將嘴巴藏起來，轉喻抿嘴、嘴巴輕合上，是想哭、想笑或是鄙夷的時候會有的表情。

2. **轉喻能力**：如「應喙、應喙應舌」轉喻頂嘴、還嘴、爭辯，多指對長輩而言；「弄喙花」轉喻花言巧語、油嘴滑舌。又如「歹喙」轉喻嘴巴說不出好的話。此外，在轉喻口風方面，如「封喙」是封口，將人的嘴巴堵起來，轉喻「保守秘密」，與華語相比，閩南語「喙」的能力表現比較少，如華語有許多以嘴舌隱喻搬弄是非，閩南語語料中則少見。

第二節　「口」身體詞

上一節有提到，「嘴」原本是用於鳥嘴，直到唐代後才開始有動物甚至是人來做使用，舉例來說，「漱口」可以說成「漱嘴」，「住口」也能說成「住嘴」，但是「嘴唇、撅嘴、嘴臉」只能用「嘴」不能用「口」。張薇也提到〔註40〕：「『口』、『嘴』並不能簡單地說是同義詞。儘管兩者在語義語用上都有著不小的差別，漢藏人憑語感能夠分清，但對漢語為第二語言的人來說就很容易混淆。」雖然兩者指的都是嘴巴，但還是有些微的區別，賈燕子提及〔註41〕：

> 「口」在戰國以前僅指人的嘴，西漢以後可通指人或動物的嘴，這種變化按照傳統的說法就是「口」的詞義擴大了。從認知和詞義系

〔註35〕過喙：音讀（kuè-tshuì）：傳話、轉述。

〔註36〕拍喙鼓：音讀（phah-tshuì-kóo）：說笑話、閒扯淡。

〔註37〕封喙：音讀（hong-tshuì）：封口。將人的嘴巴堵起來，保守秘密。

〔註38〕紲喙尾：音讀（suà-tshuì-bué）：接續話題。

〔註39〕破格喙：音讀（phuà-keh-tshuì）：烏鴉嘴。罵人的話。指嘴巴常說不吉利的話，招來霉運。

〔註40〕張薇：〈「口」、「嘴」辨析〉，《語言教學與研究》，（2005 年第 2 期），頁 78。

〔註41〕賈燕子：〈「口」「嘴」上位化的過程和原因〉，《重慶郵電大學學報（社會科學版）》，（2015 年第 5 期），頁 154。

統演變的角度看，是在轉喻機制作用下，共同概念要素的概念域融合的結果。

因此我們可以得知用來指人嘴的「口」的情形，戰國之前限定用在人身上，在戰國之後才在動物當中作使用，呂傳峰指出〔註 42〕：

「嘴」的詞義經歷了最初專指鳥類、爬蟲類、再到指稱動物和人的演變過程；隱性義顯現化，到清末，單用時「嘴」已基本完成對「口」的替換，但由「口」組成的複合詞還大量使用。

綜合上述可知，人類嘴巴一開始是使用「口」，而「嘴」一開始用來指鳥類，但因歷時演變的關係在詞彙的運用上慢慢開始有了變異，現代華語中使用「嘴」來指人嘴巴的情形多，相對來看「口」則是在書面、特定用與中使用，口語的情形大多以「嘴」來指稱。不過日語以「口」當作「嘴」使用，並無「嘴」字的慣用語，而日語「口」的慣用語使用情形就來得相當豐富。

在前一章敘述「研究範疇」時已說明：「口」的隱喻詞彙有不少是以其他字詞與「頭」搭配所形成的隱喻，而並非「口」本身具有隱喻現象，例如「張口」表隱喻「說話、要求、飲食、唱歌」等數種隱喻，「杜口」表隱喻「不說話」，「絕口」表隱喻「從此不說」，這些「動詞＋身體詞」的述賓結構形成與「口」相關的詞語，因為也具有隱喻性，且非與此一器官搭配必有其搭配義存在，因此本文以為這些「口」部相關詞語也應納入討論之中。

以本文來看，「**性質相似喻**」如華語「蛇口蜂針」是以「蛇」具有毒性映射至「口」隱喻「極危險、惡毒」。

再如轉喻方面在「**部分代部分**」類型中「**原因結果轉喻**」的情形，華語如「口沫橫飛」以唾液四處飛散的結果轉喻推知「人放情談論」的情形；日語慣用語如「口が腐っても」、「口が裂けても」以嘴巴即使「腐爛、裂開」的結果推知秘密不會說出口「守口如瓶」；「**動作狀態轉喻**」華語如「杜口」以「口」表示「杜」閉口、守密的動作轉喻「守住秘密」；「**情感轉喻**」類型中如華語「杜口結舌」以「嘴」緊閉、「舌」打結的動作形容「嘴」，以此轉喻「非常害怕而不敢說話」，是以動作詞與「口」搭配所形容轉喻詞語。

〔註 42〕呂傳峰：〈「嘴」的詞義演變及其與「口」的歷時更替〉，《語言研究》，（2006 年第 1 期），頁 107。

一、華語「口」的隱喻探討

據教育部《重編國語辭典修訂本》,「口」解釋如下表：

表 5-2-1　華語「口」釋義及詞例

	釋　義	詞　例
1	人或動物飲食、發聲的器官	《說文解字．口部》:「口，人所以言食也。」如:「張口」、「閉口」、「守口如瓶」。也稱為「嘴」。
2	器物納入取出的地方	如:「槍口」、「瓶口」。漢．王充《論衡．道虛》:「致生息之物密器之中，覆蓋其口。」
3	內外相通的出入處	如:「港口」、「門口」、「巷口」、「海口」。
4	關隘。常用於地名	如:「張家口」、「喜峰口」、「古北口」。
5	兵器或工具上的鋒刃	如:「刀口」、「劍口」。
6	破裂的地方	如:「傷口」、「裂口」、「缺口」。
7	量詞:(1)計算人數的單位。如:「一家八口」。(2)計算牲畜數量的單位。相當於「隻」、「頭」。如:「三口豬」。(3)計算器物數量的單位。如:「兩口鍋子」、「一口鋼刀」、「一口枯井」。	

由上可知，除了嘴巴及發聲器官外,「口」也用在出入口、兵器或工具、以及破裂的地方。關於「口」隱喻的分析當中，張薇指出有以下幾個特點〔註 43〕：

（一）用來發聲和進食的器官。如：口技、口琴。

（二）與人說話、言語、口頭表達有關。如：口才、口德。

（三）用口頭形式表達。如：口信、口令。

（四）表示人，人口。如：家口、戶口。

（五）量詞。如：一口井、一口缸、一口豬、千口牛。

（六）指外型像口的事物。江河地方如：海口、河口；衣服像口的地方，如：領口、袖口；容器通外面的地方，如：瓶口、壺口。狀如口的破裂處，如：傷口。

（七）作用像口的通道。如：出口、入口。

（八）功能像口的事物。如:「口」是飲食的工具，具有啃咬事物的功能，所以可以指事物鋒利、猛烈的地方，對人和物會造成傷害的東西，如：風口、刀口。

〔註 43〕張薇：〈「口」、「嘴」辨析〉,《語言教學與研究》,(2005 年第 2 期)，頁 78。

是見「口」的語義衍生用法十分多樣在前一節「嘴」的探討中，許多文章裡面都是將「嘴、口」放在一起或與英語作比較，本節僅單就「口」未闡述之處，分隱喻與轉喻兩部分探討。

（一）隱喻類型

以下針對 Lakoff & Johnson〔註 44〕加上徐銀〔註 45〕、張薇〔註 46〕所提出的理論當作分析的基礎，觀察華語「口」的隱喻包含實體隱喻、空間方位隱喻兩類。

1. 實體隱喻

實體隱喻當中包含了許多不同情形，所見如下。

（1）形狀相似隱喻，所見如下：

表 5-2-2　華語「口」形狀相似隱喻

炮口	瓶口	領口	口袋	閘口	獅子口
瘡口	鎗口	創口	袖口	傷口	櫻桃小口

上表中，如「炮口」隱喻火炮的發射口，「瓶口」隱喻瓶子口。張薇提到〔註 47〕：「指外型像口的事物。」這些事物的外型與口形狀相似，因此以口來隱喻其形狀。又如「鎗口」隱喻鎗膛最前端的圓孔；「袖口」隱喻袖子的邊緣；「領口」隱喻衣服的護頸部分；「櫻桃小口」隱喻女子的嘴唇小巧而紅潤。

（2）性質相似隱喻，所見如下：

表 5-2-3　華語「口」性質相似隱喻

胃口	風口	開口子	彆口氣	吊胃口	良藥苦口	錦心繡口	毒藥苦口
刀口	焰口	合胃口	對胃口	一口飯	不對胃口	有口無行	蛇口蜂針

相較於「嘴」，「口」較為特別的點為用來指事物重要、鋒刃之處，張薇〔註 48〕說：「可以指事物鋒利、猛烈的地方，對人和物會造成傷害的東西，如：

〔註 44〕Lakoff & Johnson 著，周世箴譯：《我們賴以生存的譬喻》，（臺北：聯經出版社，2006 年）。

〔註 45〕徐銀：〈英語「mouth」漢語「口、嘴」詞彙的隱、轉喻認知對比〉，《江蘇科技大學學報（社會科學版）》，（2009 年第 4 期），頁 65。

〔註 46〕張薇：〈「口」、「嘴」辨析〉，《語言教學與研究》，（2005 年第 2 期），頁 78。

〔註 47〕張薇：〈「口」、「嘴」辨析〉，《語言教學與研究》，頁 78。

〔註 48〕張薇：〈「口」、「嘴」辨析〉，《語言教學與研究》，頁 78。

風口、刀口。」上表如「風口」隱喻風特別大的地方；「刀口」隱喻十分緊要或危險的地方，故華語中常以「錢用在刀口上」隱喻錢用在合適的、重要的地方。

除「刀口」隱喻危險外，在「口」的性質相似喻中亦有隱喻危險者，如「蛇口蜂針」指蛇口的毒牙，蜂尾的毒針都是具有毒性的，若不慎觸碰到後果難以想像隱喻極為危險、惡毒。

2. 空間方位隱喻

張薇〔註49〕在「口」將像「口」的通道視作空間方位來看，但僅見維度空間隱喻，沒有進一步探討作為時間隱喻的詞彙分析。

表 5-2-4　華語「口」空間方位隱喻

關口	裂口	門口	渡口	斷口	路口	登山口	交岔路口
港口	谷口	口徑	對口	口岸	版口〔註50〕	交叉口	十字路口
河口	海口	接口	街口	界口	出水口	火山口	三岔路口
山口	缺口	下口	巷口	堂口	河口港	售票口	甘冒虎口
虎口	水口	入口	隘口	決口	剪票口	三叉口	羊入虎口
要口	出口	岔口	窗口	江口	菜市口	探虎口	虎口拔牙

如「路口」隱喻為道路，屬二維空間隱喻類。「口」的空間方位隱喻許多與大自然的空間作結合，隱喻出入的通道、場所。張薇指出〔註51〕：

> 外型像「口』的事物，形成的空間方位隱喻有以下幾點：（一）江河入海的地方：長江口、黄河口、入海口。（二）巷弄的一端：菜市口、胡同口、十字路口。（三）像口的通道：出口、入口、門口、港口

由上能知，如「山口」隱喻兩山間交會的隘口或是山洞口，「登山口」隱喻攀登山麓的起點，「隘口」隱喻狹窄而險要的山口，這些隱喻都是以「出口、入口」當為基礎認知而延伸出來的詞彙，將出入的地方隱喻為「通道」空間。

此外，華語當中常以「十字路口」隱喻面臨重大問題而難以抉擇的處境。又如「虎口」隱喻危險的境地，相似性在於處在老虎的身邊，可能被以虎口攻

〔註49〕張薇：〈「口」、「嘴」辨析〉，《語言教學與研究》，（2005 年第 2 期），頁 78。

〔註50〕版框的中央部位留有一條不刻正文的空白處，明初以後改行包背及線裝，文字向外對摺，故稱為「版口」。

〔註51〕張薇：〈「口」、「嘴」辨析〉，《語言教學與研究》，（2005 年第 2 期），頁 78。

擊致死，由此延伸出如「探虎口」一詞隱喻毫無防備而深入危險境地；「甘冒虎口」則只願意冒生命危險，隱喻非常忠心，這邊的「口」皆為隱喻空間，指周遭的危險處。

綜合上述「口」的隱喻現象，可歸出兩種類型、三種情形，詞彙表現如下：

（1）**實體隱喻**：隱喻情形如下：

a. **形狀相似隱喻**：張薇提到〔註 52〕：「指外型像口的事物。」將形狀與口相似的事物，以「口」隱喻，物品最多，如「鎗口、袖口、領口」。

b. **性質相似隱喻**：如「風口」隱喻風特別大的地方，「刀口」隱喻十分緊要或危險的地方，「蛇口蜂針」隱喻極危險、惡毒。

（2）空間方位隱喻：僅有一類即「**維度空間隱喻**」以「口」指可以出入的通道、場所。其中與山相關的隱喻如「山口、隘口」；河流相關的隱喻如「河口、海口」，道路相關的隱喻「路口、街口」。以動物為喻者則如「虎口」隱喻危險的境地。

（二）轉喻類型

共出現「部分代全體」及「部分代部分」兩類。

1. 部分代全體轉喻

「部分代全體」轉喻中，依照連金發的轉喻〔註 53〕所指，表現如下。

表 5-2-5　華語「口」部分代全體

轉喻為人						
百口	小口	血盆大口	眾口紛紜	有口皆碑	口不擇言	衝口而出
兩口	家口	面闊口方	血口噴人	有口難辨	禍從口出	養家活口
活口	戶口	百口莫辯	殺人滅口	有口難言	口出穢言	讚不絕口
黃口	小倆口	佛口蛇心	眾口鑠金	開口閉口	金口木舌	口蜜腹劍
轉喻事物完整的部分						
牲口						

〔註 52〕張薇：〈「口」、「嘴」辨析〉，《語言教學與研究》，（2005 年第 2 期），頁 78。

〔註 53〕連金發：〈臺灣閩南語「頭」的構詞方式〉，殷允美、楊懿麗、詹惠珍（編），《第五屆中國境內語言暨語言學國際研討會論文集》。（臺北：中研院語言所籌備處，1999 年）。

（1）**轉喻為人**：如「兩口」轉喻夫婦二人，此「口」又成了「量詞」。「黃口」轉喻幼小的孩童；「虎狼之口」轉喻凶狠殘暴的敵人。

陳盈盈〔註54〕提及：「口、嘴轉喻人或家庭成員，屬於部分代整體的轉喻。哪一個部分被選擇代替整體，取決要聚焦整體的哪一個方面。」此外，還有許多是以人的外貌或動作行為轉喻的詞語：容貌方面如「朱口皓齒」脣紅齒白，轉喻美人面貌姣好；「方頤大口」轉喻人相貌堂堂的樣子；行為方面如「素口罵人」指吃素念佛的人卻破口傷人，轉喻此人偽善；「口蜜腹劍」轉喻一個人嘴巴說得好聽，但內心險惡、處處想陷害人。以上不論外貌或行為，都是轉喻為「人」。

（2）**轉喻事物完整的部分**：如「牲口」轉喻牲畜類的總稱，以「牲」指多數牲畜的、部分「口」轉喻到整個家畜的身體，亦屬部分代全體的轉喻。

2. 全體代部分轉喻

「全體代部分」的轉喻中，邱湘雲提到〔註55〕：

> 若說「口」是容器，口中所含的食物或話語就可看作是內容物，不少詞語以「嘴（口）」喻指口中的話語，這些可以視為整體代部分的轉喻，如「拗嘴、駁嘴」喻指爭辯；「插嘴、搭嘴」指插話。都是以「嘴（口）」轉喻口部所說的「話語」。

此處以「口」代口中所說的「話語」，屬「全體代部分」轉喻，華語當中以此形成的詞語相當多，如諂媚他人的「好話」；中傷他人的「流言」；又與爭執時「吵架」，皆藉由「口」中「話語」作為手段，關於「口」的表現，所見如下。

表5-2-6　華語「口」轉喻話語

空口	拗口	訥口	翻口	口硬	白口咀咒	一番口舌
心口	口風	勒口	利口	口吃	笨口拙舌	辯口利舌
口惠	口辯	鬥口	口輕	口齒	鐵口直斷	滿口胡說
改口	破口	滿口	封口	矢口	口若懸河	心直口快

〔註54〕陳盈盈、李天賢：〈「耳」基於語料的漢英人體詞「耳（ear）」的概念隱喻對比研究〉，《現代語文》，（2013年第18期），頁137。

〔註55〕邱湘雲：〈客家話人體詞語隱喻及轉喻研究〉，《客家委員會獎助客家學術研究計畫客家委員會獎助客家學術研究計畫》，（2012年11月30日），頁37。

脫口	鐵口	口信	口令	逸口〔註 56〕	口快如刀	信口雌黃
口碑	口吻	口德	口鈍	探口風	苦口婆心	誇下海口
口滑	交口	口技	口角	說海口	破口大罵	緘口結舌
結口	歹口	口拙	口重	露口風	口無遮攔	心口不一
口試	口舌	口授	誇口	口水歌	空口無憑	心服口服
口語	角口	苦口	口業	緘口不言	心口如一	心口兩樣
口稱	緘口	口訣	信口	搬口弄舌	口能舌便	琅琅上口
口氣	口快	金口	口訥	出口成章	口才辨給	口是心非
口傳	口才	口敕	口緊	口甜如蜜	膾炙人口	口舌呆鈍

上表中如出現最多的都是以「口」轉喻說出言語的能力，如「口辯」轉喻能言善辯的口才；「口水歌」轉喻翻唱他人已唱過的歌曲；「片口張舌」轉喻逞口舌之能，顛倒是非。徐銀指出〔註 57〕：「透過口嘴隱喻手法來指代話語，大多數含貶抑。」。又如「白口咀咒」轉喻沒有理由隨便罵人，「弄口鳴舌」轉喻巧言辯飾，「提口拔舌」轉喻造謠生事，胡說八道。這些四字成語大多是用來指人搬弄是非、造謠生話。

人說出話語時，會有好聽、令人愉悅的話，如「口甜如蜜」轉喻人說話很動聽，能討人歡心；亦有難聽、令人刺耳的語，如「口無遮攔」轉喻說話沒有顧忌，有什麼說什麼。如「笨口拙舌」轉喻口才不好、語言表達能力差；反之「辯口利舌」轉喻人長於辯論。在華語四字成語中，還有許多以「口」與其他身體詞合成的詞彙，劉軍英提到〔註 58〕：

> 人體內部兩個器官之間可產生結構映射，兩個器官之間具有這樣的關係：一個為中心詞，充當其目標域；另一個為修飾成分，充當始源域。映射具有互動性。漢語「口」詞彙中有很多隱喻概念。如「口舌」隱喻流言蜚語。

如上所述，以「口舌」組合而成轉喻說話的詞彙甚多，如「口舌呆鈍」轉喻不善於運用言語來表達自己的想法；「口舌之便、口舌之快」轉喻口順而不加思索的耍嘴皮子。除「口舌」外，「心口」的詞彙也不少，「心」位於人體最

〔註 56〕失言，說出不恰當的話。

〔註 57〕徐銀：〈英語「mouth」漢語「口、嘴」詞彙的隱、轉喻認知對比〉，《江蘇科技大學學報（社會科學版）》，(2009 年第 4 期)，頁 65。

〔註 58〕劉軍英：〈英漢「口、嘴」詞彙的隱喻認知特點「口、嘴」〉，《新鄉學院學報（社會科學版）》，(2009 年第 5 期)，頁 127。

內部，用來當作人內心深處的想法、心情。

「口」則是在人體外部，藉由「口」說出的話來表達要傳遞的思想，如「心口不一」轉喻為人虛偽，「心服口服」轉喻非常服氣。劉軍英指出〔註59〕：「口、嘴能夠傳達人的心聲，暗示人的性格和態度。『心直口快』喻正直；『口蜜腹劍』喻陰險；『口若懸河』喻善辯；『口是心非』喻虛偽。」為華語身體詞特色之一。

此外，徐銀提出〔註60〕：「將『口、嘴』的認知映射到性格這一抽象域中，形容人的性格特徵。」如「歹口」轉喻說話不中聽，「金口」轉喻言語的重要。在保守秘密時，則以「口緊、封口」轉喻嘴被封緊，不能說話。較為特別者，如「口水歌」是轉喻翻唱他人已唱過的歌，詞義由「吃人口水」的意思即拾人牙慧之義引申過來。

3. 部分代部分轉喻

可分為以下幾種不同類型。

（1）「口」轉喻原因或結果，所見如下：

表 5-2-7　華語「口」轉喻原因或結果

滅口	口磣〔註61〕	放焰口〔註62〕	大飽口福	虎口逃生	口沫橫飛
糊口	倒胃口	落人口實	出口傷人	絕口不提	金舌弊口
借口	爭口氣	口誅筆伐	混一口飯	啣口墊背	病從口入
藉口	軟口湯〔註63〕	虎口餘生	口出不遜	脫口而出	飯來開口

上表中，如「糊口」轉喻勉強生活維持家庭的生計。陳盈盈〔註64〕：「以口嘴轉喻為生存，通過飲食器官攝取食物。」支撐自己或家庭以維持生活，屬於

〔註59〕劉軍英：〈英漢「口、嘴」詞彙的隱喻認知特點「口、嘴」〉，頁127。

〔註60〕徐銀：〈英語「mouth」漢語「口、嘴」詞彙的隱、轉喻認知對比〉，《江蘇科技大學學報（社會科學版）》，（2009年第4期），頁65。

〔註61〕食物中含有砂粒雜質，咀嚼時口不舒服。比喻說出不雅的話而感到羞慚。

〔註62〕吃不飽。形容生活窮困。《初刻拍案驚奇》卷三五：「真是衣不遮身，食不充口。吃了早起的僧眾夜間誦經度亡魂，施食餓鬼，稱為「放焰口」。《儒林外史》第四回：「拜『梁皇懺』，放焰口，追薦老太太生天。」《紅樓夢》第一四回：「那道士們正伏章申表，朝三清，叩玉帝，禪僧們行香，放焰口，拜水懺。」也稱為「施食」、「焰口」。

〔註63〕比喻賄賂他人的財物。

〔註64〕陳盈盈：〈基於與料庫的英漢語言中「mouth（口嘴）」的轉喻對比考察〉，《現代語文》，（2014年第6期），頁136。

因果轉喻。還有如「軟口湯」意味讓別人能夠動搖，以喝了湯能夠改變內心的想法，轉喻可推知是賄賂他的財物；另外指「口磣」因食物中含有砂粒雜質，咀嚼時口不舒服，轉喻說出不雅的話而感到羞慚；再如「口尚乳臭」還指聞到嘴裡的奶味，轉喻年輕而缺乏經驗的情形。此外「啣口墊背」一詞因人入殮時會將金錢放置身下、珍珠玉石放入嘴中，由因推知結果表示「死亡」。

(2)「口」轉喻「動作——狀態」相關詞語，所見如下：

表 5-2-8　華語「口」轉喻「動作——狀態」相關詞語

鬆口	讒口	張口	口腹	杜口	噤口	住口	插口	絕口	齊口〔註 65〕
可口	口福	啟口	口饞	口沉	順口	礙口	掩口	適口	口腹之欲

上表如「張口」轉喻說話、要求、飲食、唱歌等，「噤口」轉喻謹守秘密，「讒口」轉喻讒言。劉軍英說〔註 66〕：「人的口、嘴帶有行為動作進行，構成很多與其有關的行為動作詞。『杜口』指閉口、守密，轉喻為動作。」從動作的背後，來看是否有要轉喻的事物，像以「啟口」動作轉喻想要說話的狀態。

人的「口」有個最大的作用就是「進食」，以此想要延續生命。因「口」與「腹」同樣屬於「人體域」，將「吃」東西時經由口到達身體中，因此轉喻成人的「食慾」，故有甚多「口」的動作狀態，都與「吃」相關聯，如「口饞」轉喻貪嘴、「口腹」轉喻飲食。

(3)「口」轉喻情感，所見如下：

表 5-2-9　華語「口」轉喻情感

開口笑	杜口吞聲	杜口裹足	杜口結舌	張口結舌
杜口絕舌	杜口絕言	杜口無言	笑口常開	提心在口

上表如「開口笑」轉喻心情愉快。徐銀說過〔註 67〕：「口、嘴的詞彙可以投射到情感。『目瞪口呆』表因吃驚發楞、『張口結舌』因緊張發楞、『口沸目赤』表激動。」如「提心在口」轉喻擔憂恐懼，「笑口常開」轉喻愉快，「張口結舌」

〔註 65〕異口同聲。《晉書·卷五五·張載傳》：「而世主相與雷同齊口，吹而煦之，豈不哀哉！」

〔註 66〕劉軍英：〈英漢「口、嘴」詞彙的隱喻認知特點「口、嘴」〉，《新鄉學院學報（社會科學版）》，(2009 年第 5 期)，頁 126～127。

〔註 67〕徐銀：〈英語「mouth」漢語「口、嘴」詞彙的隱、轉喻認知對比〉，《江蘇科技大學學報（社會科學版）》，(2009 年第 4 期)，頁 65。

轉喻恐懼慌張。此外轉喻情感中，大多是以「杜口」閉口不言之意為基礎進而延伸成語，如「杜口吞聲」轉喻非常畏懼，「杜口裹足」轉喻畏懼不敢進言。

綜合上述「口」的轉喻現象，可歸出三種類型、六種情形，詞彙表現如下：

1. **部分代全體轉喻**：共兩種情形：

（1）**轉喻為人**：如「兩口」轉喻男女二人，轉喻容貌方面如「血盆大口」轉喻像盆口樣的大嘴、「朱口皓齒」；行為方面如「口蜜腹劍」。

（2）**轉喻完整事物**：如「牲口」以「口」轉喻到家畜的身體。

2. **全體代部分轉喻**：僅有一類，即「**轉喻話語**」。如「口能」轉喻口舌伶俐，其中最多都是以「口」轉喻「話語」，如「笨口拙舌」轉喻口才不好、語言表達能力差；反之「辯口利舌」轉喻人長於辯論。

3. **部分代部分轉喻**：共三種情形：

（1）**轉喻原因或結果**：如「軟口湯」轉喻賄賂他的財物。

（2）**轉喻動作狀態**：如「掩口」轉喻沉默；亦有甚多以「口」轉喻「食慾」者，如「口饞」轉喻貪嘴、「口腹」轉喻飲食。

（3）**轉喻情感**：如「提心在口」轉喻擔憂、恐懼，「笑口常開」轉喻歡樂。

上述關於「口」轉喻的詞語，這些「動詞＋口」的述賓結構形成與「V口」的述賓式結構詞語，一來也具有隱喻性，二來也顯示此動詞賓語選擇與「口」搭配而不與其他器官搭配，若搭配其他器官則無法表示原有的意義，可見「口」在其中也有其「搭配義」存在。

二、閩南語「口」的隱喻探討

依照教育部《臺灣閩南語常用詞辭典》，關於「口」的說明如下表：

表 5-2-10　閩南語「口」釋義及詞例

	釋　義	詞　例
1	指人的嘴巴	
2	出入的要道	例：店門口 tiàm mn̂g-kháu（商店門口）
3	計算器物的單位	例：一口井 tsit kháu tsénn（一口井）、 一口劍 tsit kháu kiàm（一把劍）
4	計算人數的單位。指家庭的人口	例：一家口 tsit ke-kháu（一家人）
5	計算戶口的單位	例：一口灶 tsit kháu-tsàu（一戶）

從上可得知，不論是華語或是閩南語，在關於「嘴（喙）、口」的定義大致相同，意思都差不多，而閩南語辭典中「喙」、「口」相關詞彙不多，不過隱喻、轉喻現象皆有出現。

（一）隱喻類型

僅出現空間方位隱喻中的「維度空間喻」，所見如下：

表 5-2-11　閩南語「口」維度空間

口面	外口	門口	海口	渡口	糞口	尻川口	門跤口	巷仔口

上表如「口面」隱喻外面、外頭、外部，為三維空間隱喻，「糞口」以排泄出「糞」的出入口，隱喻肛門，「尻川口」亦隱喻肛門，以不直接、間接委婉的方式說出性器、生殖器，偉遠與多用隱喻也是隱喻最大的特點之一。

（二）轉喻類型

轉喻情形共出現「部分代全體」、「全體代部分」及「部分代部分」三類。

表 5-2-12　閩南語「口」轉喻

轉喻類型	部分代全體		全體代部分			部分代部分		
轉喻情形	轉喻為人		轉喻話語			轉喻因果	轉喻食物	
詞彙	啞口	大家口	氣口	口氣	口試	報戶口	小口	胃口

上表中轉喻的情形可歸為三類：

1. **部分代全體轉喻**：僅出現「**轉喻為人**」。如「大家口」大家庭、大家族，人口數眾多的家庭，以「口」當作人。

又如「啞口」轉喻失去生理上的語言功能，無法說話的人，指啞巴。這邊都是以部分（口）轉喻全體（人）的轉喻。

2. **全體代部分轉喻**：僅出現「**轉喻話語**」。藉由「口」轉喻成「話語」。如「氣口、口氣」轉喻說話的語氣及措辭，劉軍英提到〔註 68〕：「以其他性質映射到口，如口授、口試、口述、口譯、口算、口誅。」如「口試」轉喻用口頭問答的方式，來觀察應試者以「口說能力」來證明自己能力的考試方法。這些詞語都指出「口」具有說話或評論的「能力」。

〔註 68〕劉軍英：〈英漢「口、嘴」詞彙的隱喻認知特點「口、嘴」〉，《新鄉學院學報（社會科學版）》，（2009 年第 5 期），頁 126。

3. **部分代部分轉喻：**共出現兩種情形：

（1）**轉喻原因或結果：**如「報戶口」轉喻新生兒出生，辦理是新生兒的戶口登記結果。

（2）**轉喻食物：**因「口」作為消化器官，最重要的功能就是能進食，由此而轉喻「食物、食慾」等。如「小口」轉喻所吃的飯量少、食量小；「胃口」轉喻食慾。

三、日語「口」的隱喻探討

日語 Weblio 辭典中，對於「口」的定義說明，如下所列〔註69〕：

表 5-2-13　日語「口」釋義及詞例

	釋　義	詞　例
1	動物の消化器系の開口部で、食物を取り入れる器官。（動物消化系統的中吸收食物的器官）	「食べ物を口に入れる」「口をつぐむ」
2	口に似ているところから。（與嘴部相似的地方）	
2-1	人や物の出入りするところ。（人或物進出的地方）	「通用口」「改札口」「粟田（あわた）口」
2-2	容器の中身を出し入れするところ。（進出容器內容的地方）	「缶の口を開ける」
2-3	物の、外部に開いたところ。すきま。穴。（東西外面打開的地方、縫隙、孔）	「傷口（きずぐち）」「ふすまの破れ口」
2-4	就職や縁組みなどの落ち着く先。（能安心的職場、婚姻家庭）	「事務員の口がある」
2-5	物事を分類したときの、同じ種類に入るものの一つ（對事物進行分類時屬同一類型物之一）	「彼は相当いける口だ」「甘口」
2-6	物事の初めの部分。または、まだ始まったばかりのこと。発端（ほったん）。物の端（はし）。ふち。先端。（事情的第一部分。或者它才剛剛開始。事情的先端、末端。邊緣。）	「宵の口」「序の口」
3	口が飲食の器官であるところから。（口是食物和飲料的器官）	
3-1	人や物の出入りするところ。（人或物進出處）	「通用口」「改札口」
3-2	食べ物の好み。味覚。（食物偏好。味覺）	「口が肥えている」
3-3	生活のために食料を必要とする人数。（需要食物生活的人數）	「口を減らす」

〔註69〕Weblio 辞書とは、複数の辞書や用語集を一度に検索し、一度に表示する、統合型オンライン辞書サービスです。

4	食べる量。(食量)	
5	口が言語器官であるところから。(口是語言器官)	
5-1	口に出して言うこと。ものの言い方。(說出來。說話的方法)	「口を慎む」「口が悪い」
5-2	世間の評判。(公眾的聲譽)	「人の口が気になる」
5-3	口出しをすること。または、その意見。(發表聲音。又或者意見)	「『お止しなさい』と女は叱咤る様に男の—を制えた」〈魯庵・くれの廿八日〉
5-4	話す能力。(說話能力)	「口が達者だ」
5-5	客の呼び出しがかかること。また、友人などの誘いがあること。(如邀請朋友)	→口が掛(か)かる→口を掛(か)ける
5-6	意向。意見。(意圖。意見)	「この男の—を窺(うかが)ひ」〈浮・永代蔵・一〉

從日語辭典的定義可知日本人對於「口」的重視，所見「口」的慣用語也十分豐富，相較於華語與閩南語有更多的意義和不同的用法，如「口」是飲食器官、言語器官等。蔡豐琪指出〔註 70〕：

> 日本語の例を挙げると、身体部位語「口」を使う表現には、本来身体器官「口」を表現する単純な「口」の基本義から「窓口」、「非常口」、「秋の口」、「就職口」、「一口千円の寄付」のような非身体器官を表現する派生義も多く派生された。
>
> （中譯：以日語為例，身體部位詞「口」的使用表現，從原本表現身體器官「口」的簡單基本義中，也衍生出許多表達非身體器官的派生義，如「窗口」、「緊急出口」、「入秋」、「工作處」、「捐一千元的錢」等。）

以日語來舉例，身體詞「口」的表現不僅是原本身體詞「mouth」的意思，從基本語義擴充，派生出「窓口」隱喻窗戶的通道，「非常口」隱喻逃生出口，許多非身體詞原義的派生義產生。因為語義擴充、派生出更多的意思，這其中也是認知隱喻在作用，藉由隱喻的映射，使相似的鄰近隱喻與相關的同域轉喻逐步擴大其用法。

〔註 70〕蔡豐琪：〈中日身體語彙之語義延伸——以複合名詞「～口」為例〉，《臺大日本語文研究》，(2009 年第 18 期)，頁 118。

（一）隱喻類型

除 Lakoff & Johnson〔註 71〕及吉村公宏〔註 72〕，蔡豐琪在日語「口」的研究提到〔註 73〕：

> 基本義「口」から類似性によるメタファーで意味拡張される多義構造を検討すると。（一）「人間の口」を表す基本義。（二）「動物の口」を表す基本義（三）「容器の開口に当てる部位」を表す基本義。（四）「物体の凹んだ、破損した所」を表す基本義。（五）「人や物が出入る場所」を表す基本義。（六）「通路などの端」を表す基本義。（七）「空間配列順序の始まり」を表す基本義。（八）「時間配列順序の始まり」を表す基本義。（九）「物を傷付ける、所持する能力」を表す基本義〔註 74〕。

蔡豐琪研究列出日語的隱喻八種不同的意思皆由隱喻用作而來。筆者將日語與華語「口」的詞彙使用例子一併舉出做一比較，如下：

表 5-2-14　日語「口」與華語「口」隱喻情形異同

	隱喻情形	日語與華語詞例說明
1	「口」代表人類的口	1. 華語「嘴、口」並用但二者在歷時語言中不斷地互動至今，「口」多用書面語或特殊詞彙，「嘴」則多用於口頭語。 2. 日語有「口」無「嘴」。在代表人類的口詞彙，日語中為「おちょぼ口（櫻桃小口）、大口（血盆大口）」。
2	有「口」構造的生物	如動物、鳥類、魚類的「口」與人類型態相似，便隱喻到了動物身上，如「虎口（羊入虎口）、鶏口（寧為雞口）」。
3	容器開口位置部位相似	食物從口進入，物品從容器進入是相似性隱喻，如「蛇口（自來水口）、瓶の口（瓶口）」。

〔註 71〕Lakoff & Johnson 著，周世箴譯：《我們賴以生存的譬喻》，（臺北：聯經出版社，2006 年）。

〔註 72〕吉村公宏：《はじめての認知言語学》，（東京：研究社，2004 年），頁 107。

〔註 73〕蔡豐琪：〈中日身體語彙之語義延伸——以複合名詞「～口」為例〉，《臺大日本語文研究》，（2009 年第 18 期），頁 122。

〔註 74〕中譯：以「口」的基本義通過隱喻的相似性進行擴展。（1）「人口」的基本義。（2）「動物口」的基本義。（3）「容器開口處部位」的基本義。（4）「物體凹陷或損壞的部」的基本義。（5）「人、物來來去去的地方」的基本義。（6）「通道、邊緣等」的基本義。（7）「空間順序的開始」的基本義。（8）「時間順序的開始」的基本義。（9）「傷害或擁有的能力」的基本義。

4	物體凹陷處、破損的地方相似	口位於消化系統最前面的位置，從口到喉嚨之間，將口腔視為一個容器，如「傷口（傷口）、切れ口（缺口）」。
5	人及物體出入的地方、通道的隱喻	1. 以人類消化系統來看，入口為口腔出口為肛門，這一整個消化管道，可以是為一個通道，「口」可以映射隱喻為空間的出入口，如「門口（門口）、河口（河口）」。「出入り口（出入口）、登り口（登山口）」。將消化系統當作一個通道來認識，通道可雙向來往，以爬山為例，在山頂的人對於「登山入口」來說是出口，但對於爬山者則為入口，因此我們可以知道出入口的概念，因為認知角度不同有所變異。
6	空間排列順序的開始	以口腔消化系統來看，口為最前端的位置，以此來理解空間順序中「口」為開始，如「入り口（入口）、乘車口（登機口）」。
7	時間排列順序的開始	從消化時間順序來看，「口」比起其他消化器官而言，是最早的，也可以當作是第一個，在日語中有這樣的隱喻，華語則無此例，日語如「糸口（線的頭）」，要使用線的話就必須從線頭開始。此外還有「宵の口、秋の口」、前者指剛天黑，所以說「夜宵的口（開始）」；後者為「秋天的口（入秋、初秋）」。
8	重要、鋒刃之處的地方	「口」包含舌頭與牙齒，除了咀嚼食物外，也能夠阻擋外在的攻擊，用這樣的概念隱喻到口指武器銳利部位、如「刀口、刃口」。

從上表中可清楚了解日語「口」的隱喻過程、脈絡，美中不足之處在於雖然上述「口」的將隱喻用法列舉八點，但實例並不多。以下分實體隱喻及空間方位隱喻兩部分來探討。

本文所見日語「口」的隱喻，僅收錄一則慣用語，為「**時間隱喻**」，即「口火を切る〔註75〕」隱喻為開頭、第一砲，「口火」指的是要將炸藥、燃燒器具時使用的第一把火，用這樣映射到時間的概念，形成時間隱喻。

（二）轉喻類型

日語「口」的轉喻中，蔡豐琪指出〔註76〕：

> 基本義「口」から鄰接性によるメトニミーで意味拡張される多義構造を検討すると思う。(一)「口による人間や家畜計算」を表す

〔註75〕「口火」とは火縄銃の点火に使う火のことで、物事を始める最初のきっかけをつくることのたとえ。「點火」是用於點燃火繩槍的火，是創造開始事情的第一個機會的隱喻。

〔註76〕蔡豐琪：〈中日身體語彙之語義延伸——以複合名詞「～口」為例〉，《臺大日本語文研究》，（2009年第18期），頁118。

基本義。(二)「開口部位による容器計算」を表す基本義。(三)「刀剣類など兵器計算」を表す基本義。(四)「金銭を取り扱う単位」を表す基本義。(五)「行き先、受け入れ先」を表す基本義。(六)「発話行為」を喩える派生義。(七)「味覚評価」を表す基本義〔註 77〕。

以上提出了「口」轉喻的七個類別，以下筆者同樣將日語與華語「口」的詞彙做一比較並舉出實例，如下表：

表 5-2-15　日語「口」與華語「口」轉喻情形異同

	轉喻情形	日語與華語詞例說明
1	以「口」當作人或是家畜的計算，事單位	依照部分轉喻全體的原則，一個人只有一個口，「口」作為人的一部份，可用一「口」來代替一「人」，同樣也可以將其用在動物身上，如「人口、小倆口」皆是以部分代指全體的轉喻。
2	以開口位置計算容器	以容器開口的部位表示整個容器的存在，同樣為部分代全體的轉喻，以能看到容器口的顯著性轉喻成計算容器的單位，如「井戶一口（一口井）、釜一口（一口缸）」、「太刀一口（一口鋼刀）」。
3	刀劍之類的兵器鋒利處	動物的口可以當作對外部攻擊的武器，以華語中兵器銳利部位的參照點來看，屬於部分代全體的轉喻。
4	處理金錢的單位	日文中以「口座（戶頭）」當作「帳戶」，去銀行開戶，「口座」裡面存錢，就像口腔裡面儲存食物一樣，是容器之於內容物的空間隱喻，又轉喻出「一口」這樣的量詞，在日文中如「一口募金」，華語則無此用法。
5	目的地、接受目的地	「口」為將食物保存、取出放入轉喻出，「就業」、「家庭」等用法，如「就職口（工作地）、嫁入りの口（夫家）」，應屬空間隱喻。
6	發話行為	以「口」做為發聲器官，將要發話的意思以口傳達，如「陰口（壞話）、悪口（惡口）」，指發出的言語，應屬「全體代部分」轉喻，由「口」的動作轉喻「話語」。
7	味覺評價	人以「口」在攝取食物同時，能用舌來區別味道，為道具結果的轉喻現象，以人的味覺為基準，生成的詞彙有「甘口（甜味）、辛口（辣味）」

從上可知，日語中有些特殊用法，是他們自己語言中所特有，如在華語中

〔註 77〕中譯：以「口」的基本義通過轉喻的相鄰性進行擴展。(1)「人或家畜的單位」的基本義。(2)「根據開口處計算容器」的基本義。(3)「刀劍、兵器單位計算」的基本義。(4)「處理錢財」的基本義。(5)「目的地、接受地」的基本義。(6)「人講話的言語行為」的隱喻。(7)「味覺評價」的基本義。

帳戶會以「戶頭」作使用；日語則是以「口座」，在華語「頭」中提到，因帳戶需以人的身分、拍照作為識別，便以「頭」來當作帳戶使用，而日語則是以口腔儲存食物的概念，映射到「口」中。對於第六點中的「發話行為」，筆者認為將發聲器官當成一種能力把話語說出，因屬隱喻，其他的轉喻情形，都與華語研究中相似。出現「全體代部分」及「部分代部分」兩類，表現如下。

1. 全體代部分轉喻

日語「口」所見語料中僅出現「口」轉喻「話語」，所見如下：

表 5-2-16　日語「口」轉喻話語

慣用語	釋　義	慣用語	釋　義
口も八丁手も八丁	口才好又能幹	陰口を叩く	說人壞話
口に税はかからない	講話不用負責	大きな口をきく	誇下海口
無駄口を叩く	說人閒話	口三味線に乗せる	花言巧語
口が肥える	品味高、挑嘴	口車に乗せる	花言巧語
憎まれ口を叩く	淨說討厭的話	口を挟む	插嘴
口がうまい	嘴甜、會說話	口を出す	插嘴、干涉
口がうるさい	嘮叨、發牢騷	口を衝いて出る	脫口而出
口が奢る	喜歡高級食物	口を閉ざす	閉口不談
口が重い	寡言	口を閉じる	沉默不語
口が堅い	守口如瓶	口を衝いて出る	脫口而出
口を切る	開封、破冰	口を割る	招供
口を極めて	極力稱讚	口を掛ける	招攬客人
口を揃える	異口同聲	口を叩く	喋喋不休
口を塞ぐ	封住……的嘴	口を噤む	噤若寒蟬
口が過ぎる	說話言重	口が軽い	嘴快、不緊
口が減らない	嘴硬	口が滑る	失言
口が悪い	講話刻薄	口を滑らす	失言
口に合う	合胃口	口と腹とは違う	表裡不一
口を入れる	插嘴	口を慎む	說話謹慎
口を結ぶ	緘口	口を濁す	閉口不談
口に針	講話刻薄	口脇黄ばむ	笑人不成熟
口の端	批評、流言	口に年貢はかからない	愛吹牛
口は口、心は心	口是心非	口吻を洩らす	流露某種口氣
口を固める	說話謹慎	口を緘する	說話謹慎

口を箝する	說話謹慎	を封ずる	說話謹慎
口を守ること瓶の如くす		守口如瓶	

上表這類詞語特別多，如「口を閉じる」轉喻沉默不語，「口を掛ける」轉喻為大聲招攬生意，另外，守住嘴巴不說出秘密的慣用語有很多，如「口を固める（將口凝固）、口を箝する（將口封住）、口を緘する（將口封住）、口を封ずる（將口封印）」。

日語同華語與閩南語一樣，出現最多的都是以「口」轉喻「說出來的話」。如「口がうまい」轉喻會說話，「口がうるさい」轉喻嘮叨、發牢騷，「口が軽い」轉喻口風不緊，「口が堅い」轉喻口風緊，特別之處在於日語使用「口と腹とは違う」一詞，以口與腹不一樣，轉喻「表裡不一」。

再者亦有用「口」轉喻「食慾」相關者，如「口が肥える〔註78〕」轉喻品味高、挑嘴，「陰口を叩く」轉喻在背後裡說人壞話，搬弄是非。此外，比較有趣的一則是「口に年貢はかからない〔註79〕」說話不用年貢，與閩南語的「臭彈免納稅金」概念雷同，轉喻為「吹牛不用繳稅」，是用以諷刺人喜歡誇口說大話。

2. 部分代部分轉喻

日語「部分代全體」轉喻共出現三種類型，所見如下。

（1）「口」轉喻原因或結果，所見如下：

表 5-2-17　日語「口」轉喻原因或結果

慣用語	釋　義	慣用語	釋　義
口裏を合わせる	口徑一致	口から先に生まれる	諷刺別人嘴砲
口を合わせる	口徑一致	口から先へ生まれる	諷刺別人嘴砲
口が曲がる	遭受報應	口では大坂の城も建つ	諷刺別人嘴砲
口に乗る	膾炙人口	口の端に上る	成為別人話柄
口に上る	被當話題提到	口の端に掛かる	成為別人話柄
口の下から	話才剛說完就	口の端に掛ける	成為別人話柄
言う口の下から	話才剛說完就	口程にもない	不足掛齒

〔註78〕いろいろなものを食べて、味のよしあしがよくわかるようになる。中譯：它吃了各種各樣的東西，變得開始品嘗好東西。

〔註79〕言葉だけなら勝手なことが言えるという意味。中譯：意思為想說什麼就說什麼。

口角泡を飛ばす	激烈爭論	口程もない	不足掛齒
死人に口無し	死無對證	口を拭う	若無其事
減らず口をたたく	強詞奪理	開口一番	一觸即發
口が腐っても	守口如瓶	口が裂けても	守口如瓶
口から高野	禍從口出	口が酸っぱくなる	苦口婆心
口は心の門	禍從口出	口を酸っぱくする	苦口婆心
口は禍のもと	禍從口出	口を濡らす	勉強餬口
口は禍の門	禍從口出	口を糊する	勉強餬口
口を毟る	被威脅	可惜口に風邪ひかす	說的話沒有用
口裏を引く	尋求真心的話	糊口を凌ぐ	勉強餬口

上表如「口角泡を飛ばす」口角的泡沫到處飛，是因為太激烈在辯論、講話導致的結果，「口が腐っても、口が裂けても」轉喻為守口如瓶，「死人に口無し」轉喻成死無對證。

華語當中有「禍從口出」這一個用法，日語當中也有相關的慣用語數則，如「口は禍の門、口は禍のもと」，較特別的為「口から高野〔註 80〕」，因亂說話導致於出家的結果，指說話不慎造就了不好的結果。

（2）「口」轉喻動作狀態，所見如下：

表 5-2-18　日語「口」轉喻動作狀態

慣用語	釋　義	慣用語	釋　義
口が掛かる	被聘請去做某事	口が上がる	難以餬口
一口乗る	參與賺錢工作	口が干上がる	難以餬口

上表中如「口が上がる、口が干上がる」皆以「口」轉喻能吃東西動作，人要維持生命就必須仰賴進食，故以此轉喻「餬口」。若要進食就必須有錢，要有錢的狀況之下，就必須要工作，如「一口乗る」轉喻參與工作賺錢；「口が掛かる」轉喻被被聘請去做工作，這邊便是以「口」轉喻「工作」才得以「生活」。

（3）「口」轉喻情感，所見如下：

〔註 80〕うっかりした言葉がもとで、出家して高野山へ行かなければならなくなるの意から。中譯：因不經意的一句話，必須到高野山出家去，這樣的寓意。

表 5-2-19　日語「口」轉喻情感

慣用語	釋　義	慣用語	釋　義
口塞がる	驚訝說不出話	開いた口が塞がらない	受驚以致神情痴呆樣
口を尖らす	噘嘴示不情願	口を尖らせる	噘嘴示不情願

上表如「開いた口が塞がらない」轉喻受到驚嚇；「口塞がる」轉喻驚訝到說不出話，「口を尖らす、口を尖らせる」轉喻不情願的樣子。

第三節　「舌」身體詞

華語通常以舌頭二字詞彙來稱「舌」，基本的指「舌」稱義為人嘴裡感受味覺、輔助進食和發音的器官，人體各個器官中，舌頭可以算是功能最多的器官之一。趙學德指出〔註 81〕：

> 「詞義取象」就是詞義的獲得取自自然界和社會各種客體的某一具體事物的意象，而人體詞語的詞義取象就是詞義取自人體部位的某一特徵。一般來說就是人體部位的「形貌特徵、位置特徵、功能特徵」。

這邊的詞義取象就是指認知隱喻，人體的「形貌特徵、位置特徵、功能特徵」為本文中一直在探討實體隱喻中的「形狀喻」、「性質喻」、「功能喻」、以及空間方位隱喻中的「維度空間喻」，相關意象特徵越突出，根據該特徵引申出來的隱喻性詞語也就會特別多。

於「研究範疇」時已提及：「舌」的隱喻詞彙有不少是以其他字詞與「舌」搭配所形成的隱喻，而並非「舌」本身具有隱喻現象，例如「咬舌」表隱喻「說話時舌尖發音不清或自盡」；「吐舌」表隱喻「驚訝」；「吞舌」表隱喻「自盡」。這些「動詞＋身體詞」的述賓結構形成與「舌」相關的詞語，因為也具有隱喻性，且非與此一器官搭配必有其搭配義存在，因此本文以為這些「舌」部相關詞語也應納入討論之中。

本文收錄的「舌」身體詞彙，除以人的「舌」作隱喻外，亦有其他字詞搭配「舌」形成的隱喻性詞語，其中的「舌」並不具隱喻現象，但以「舌」的相

〔註 81〕趙學德、王晴：〈人體詞「舌」和「tongue」語義轉移的認知構架〉，《長沙大學學報》，（2011 年第 6 期），頁 101。

關動作來隱喻，「**性質相似喻**」中如華語「舌本」是「本」具有事物的本原、根源的性質隱喻「舌根部位」；日語慣用語如「舌が縺れる」以「打結」的性質說明「舌」隱喻「口吃」的模樣。

轉喻方面來看，在「**部分代部分**」類型中有「**原因結果轉喻**」，華語如「咬舌」一詞以「咬」到舌頭的結果轉喻推知「說話時舌尖發音不清」的情形；日語慣用語如「舌を食う」以「吞食」自己的「舌」推知轉喻「咬舌自盡」；「**情感轉喻**」類型中如華語「伸舌頭」以「伸」的動作來說明「舌頭」，以此轉喻「詫異或害怕」時不自覺做出的動作表情。

一、華語「舌」的隱喻探討

據教育部《重編國語辭典修訂本》，「舌」解釋如下表：

表 5-3-1　華語「舌」釋義及詞例

	釋　義	詞　例
1	動物口腔中辨別味道，幫助咀嚼與發音的器官	如：「舌頭」
2	物體像舌頭的部分	如：「火舌」、「帽舌」、「筆舌」

「舌」是口中的味覺器官，幫助了解食物味道、消化食物外，其他和與舌頭形狀相似的物體如「火舌、帽舌、筆舌」。趙學德指出〔註 82〕：

> 「舌」和「tongue」的概念域中融入了人們日常生活中對實體的許多體驗，並賦予其實體屬性，這些屬性包含長度、大小、多少、銳利、鬆緊、光滑、厚薄等，從而更「顯性」或「凸顯」了隱喻所指的「言語」或「性格」，因此更易於理解和感知。如漢語中「長舌、大舌頭」等表達。

上述如「油嘴滑舌」是以實體「滑舌」生動形象刻劃了用花言巧語討好的諂媚之態，也可從認知隱喻角度分隱喻與轉喻兩部分來探討。

（一）隱喻類型

舌頭的具體形狀為長而薄的物質，以「舌」的隱喻主要基於形貌特徵的相似性，將人體部位映射到無生命的舌狀物上，這是最基本的形狀喻；再進一步

〔註 82〕趙學德、王晴：〈人體詞「舌」和「tongue」語義轉移的認知構架〉，《長沙大學學報》，（2011 年第 6 期），頁 103。

依性質來相似形成舌頭隱喻而使之更加生動。趙學德在談隱喻中提到〔註83〕：

> 隱喻實質上是用一種事物來理解和經歷另一種事物。如形貌、位置、功能等。主要基於形貌的相似性——舌頭伸長後長而薄的形狀，在英漢語中有「tongues of flame（火舌）、the tongue of a bell（鈴舌）、the tongue of a shoe（鞋舌）」，表達舌狀形狀的物體。

雖然趙學德在隱喻當中提到，隱喻的現象包含了三種基本類型，如形貌、位置、功能，但文中卻只有將形貌喻的例子具體敘述，至於位置、功能，乃至於性質相似等隱喻，則只在理論上提到而無實例說明。本文發現華語「舌」僅出現「**實體隱喻**」，無空間方位隱喻詞彙，華語「舌」的實體隱喻情形如下。

1. **形狀相似隱喻**，所見如下：

表 5-3-2　華語「舌」形狀相似隱喻

帽舌	葉舌	火舌	牛舌餅	舌狀花	鴨舌帽

如「牛舌餅」隱喻形狀像牛舌的食物；「舌狀花」隱喻花冠呈舌狀的小花，「鴨舌帽」隱喻帽前突出一塊半圓形種帽子。

2. **性質相似隱喻**，語料所見詞彙不多，如「舌本」、「反舌」、「齒亡舌存」、「齒弊舌存」。如「舌本」指本具有事物的表示本源、根源與「舌」的性質相似。又如「齒亡舌存」以舌頭柔軟、牙齒堅硬的相似性，隱喻剛者易亡，而柔者常存，以柔為貴，且剛柔並濟關係密切。

綜合上述「舌」的隱喻，僅出現「**實體隱喻**」，當中有兩種類型：

1. **形狀相似隱喻**：如「牛舌餅」隱喻形狀像牛舌的食物，其外型扁平輕薄。

2. **性質相似隱喻**：如「舌本」以本的相似性，隱喻舌根部位，又如「齒亡舌存」隱喻關係密切。

（二）轉喻類型

「舌」於轉喻所見詞彙不多，出現的類別也較單一，在此一同敘述而不分開談論，表現如下。

〔註83〕趙學德、王晴：〈人體詞「舌」和「tongue」語義轉移的認知構架〉，頁103。

表 5-3-3　華語「舌」轉喻

<table>
<tr><td colspan="8">部分代全體——轉喻為人</td></tr>
<tr><td colspan="2">佞舌</td><td colspan="2">舌人</td><td>喉舌</td><td colspan="2">舌辯之士</td><td>花舌子</td></tr>
<tr><td colspan="8">全體代部分——轉喻話語</td></tr>
<tr><td>長舌</td><td>重舌</td><td>嚼舌</td><td>木舌〔註 84〕</td><td>咬舌根</td><td>滿舌生花</td><td>混嚼舌根</td><td>爛了舌頭</td></tr>
<tr><td>賣舌</td><td>兩舌</td><td>巧舌</td><td>長舌頭</td><td>架舌頭</td><td>鼓脣搖舌</td><td>劍舌槍脣</td><td>舌粲蓮花</td></tr>
<tr><td>舌鋒</td><td>筆舌</td><td>舌耕</td><td>咬舌頭</td><td>大舌頭</td><td>翻脣弄舌</td><td>三寸之舌</td><td>脣槍舌戰</td></tr>
<tr><td>脣舌</td><td>鼓舌</td><td>饒舌</td><td>捏舌頭</td><td>長舌婦</td><td>巧言舌辯</td><td>搖吻鼓舌</td><td>亂嚼舌頭</td></tr>
<tr><td>舌戰</td><td>說舌</td><td>嚼舌頭</td><td>拉舌頭</td><td>嚼舌根</td><td>婦人長舌</td><td>掉舌鼓脣</td><td>老婆舌頭</td></tr>
<tr><td colspan="8">部分代部分——轉喻原因或結果</td></tr>
<tr><td colspan="2">吞舌</td><td colspan="2">咬舌</td><td>墊舌根</td><td>費脣舌</td><td>拔舌地獄</td><td>為民喉舌</td></tr>
<tr><td colspan="8">部分代部分——轉喻情感</td></tr>
<tr><td colspan="2">吐舌</td><td>咋舌</td><td>結舌</td><td>吐舌頭</td><td>伸舌頭</td><td>啖指咬舌</td><td>煙生喉舌</td></tr>
</table>

以上華語「舌」的轉喻情形共出現三種類型，表現如下。

1. 部分代全體轉喻

僅出現一類即「**舌轉喻人**」。如「佞舌」轉喻諂媚善於說話的人；「花舌子」轉喻花言巧語的人；又如「喉舌」本指咽喉與口舌，作為人體發聲器官來說是非常重要的兩個器官，故以其相似之處隱喻掌握機要，負責傳達國君命令的重要官員。

2. 全體代部分轉喻

僅出現一類即「**舌轉話語**」。「舌」位於「口、嘴」的裡面，藉由「口」中「舌」能夠發出聲音，轉喻成「言語」，也是最常見的一種轉喻。

如「大舌頭」轉喻結巴、口吃，被稱為大舌頭；又如「捏舌頭、拉舌頭、架舌頭、嚼舌頭、長舌頭、咬舌頭」，轉喻用來說別人的是非、閒話；再如「賣舌」轉喻賣弄口舌，以言語炫世，「鼓舌」轉喻多話詭辯。較為特別的是「重舌」一詞將舌視為能說語言的能力，有著多重的舌頭，轉喻通達多種外語並善於翻譯者。又如「婦人長舌」一詞轉喻婦人多言，「木舌」用木頭特性轉喻緘默不語；「舌粲蓮花」轉喻口才好，「三寸之舌」一詞轉喻能言善道，長於言辭的口才。「犂舌獄」轉喻造惡口業的人死後所墮入的地獄。趙學德提到〔註 85〕：

〔註 84〕比喻緘默不語。

〔註 85〕趙學德、王晴：〈人體詞「舌」和「tongue」語義轉移的認知構架〉，《長沙大學學報》，（2011 年第 6 期），頁 103。

「以辯論是戰爭『Argument is war』投射到舌頭上，藉由舌頭的戰鬥，隱喻出與辯論相關的詞，如『唇槍舌戰』」。以「舌」與「唇」兩個身體詞器官的動作，轉喻到人在辯論當中必須會使用到的器官，因此如「劍舌槍脣」轉喻言辭的鋒利，「饒舌調脣」轉喻多嘴多舌。

3. **部分代部分轉喻**：共出現兩種情形，如下：

（1）**轉喻原因或結果**：如「拔舌地獄」轉喻生前毀謗人或言而不實的人死後所墮入的地獄；「為民喉舌」轉喻為代替人民說話，表達意見。

（2）**轉喻情感**：如「咋舌」轉喻害怕、悔恨，「結舌」轉喻因恐懼或理屈智竭而說不出話來，「伸舌頭」轉喻詫異或害怕的表情。人在展露自己的情感時，會藉由身體的器官來輔助使其更為生動。趙學德指出〔註 86〕：

> 情緒所伴隨出現的這些相應的身體姿態和面部表情，就是情緒的外部行為。「舌」和「tongue」都有著這樣類似的表達，形容人在某種情緒下的狀態，如說不出話英語用「lose one's tongue」，漢語則用「張口結舌」。

認知語言學家認為情感的表達是以人的身體經驗為基礎，因生理基礎在很大程度上決定著情感是如何概念化來看「舌」位於口中具有靈活的特性，因此以「啖指咬舌」轉喻驚嚇害怕太生氣以「煙生喉舌」轉喻，此皆屬於情感轉喻。

前文提及，這些「動詞＋舌」的述賓結構形成與「V 舌」的述賓式結構詞語，一來也具有隱喻性，二來也顯示此動詞賓語選擇與「舌」搭配而不與其他器官搭配，若搭配其他器官則無法表示原有的意義，可見「舌」在其中也有其「搭配義」存在。

二、閩南語「舌」的隱喻探討

依照為教育部《臺灣閩南語常用詞辭典》，關於「舌」的說明如下表：

表 5-3-4　閩南語「舌」釋義及詞例

	釋　義	詞　例
1	口腔內識別味道及發音的器官	例：喙舌 tshuì-tsih（舌頭）、舌根 tsih-kin、豬舌 ti-tsih。

〔註 86〕趙學德、王晴：〈人體詞「舌」和「tongue」語義轉移的認知構架〉，《長沙大學學報》，（2011 年第 6 期），頁 103。

2	像舌頭般的部分	例：火舌 hué-tsih、西刀舌 sai-to-tsih（紫貝、西施舌）。

上述釋義十分簡單，以閩南語「舌」指「口」中能夠發音的器官，能辨認味道的味覺功用，或外型像舌一樣的部分。閩南語中「舌」僅出現轉喻一類。

表 5-3-5　閩南語「舌」隱喻

歸屬類型	轉　喻				
	部分代部分				
表現情形	轉喻因果			轉喻動作狀態	轉喻情感
詞彙	咬舌	大舌	擢舌根	觸舌	吐舌

如上表，閩南語「舌」所見僅有「轉喻」中「部分代部分」，表現如下：

（一）**轉喻因果**：如「咬舌」咬斷舌頭，以圖尋短，轉喻自殺；「大舌、擢舌根」轉喻為口吃，能推出其結果。

（二）**轉喻動作狀態**：如「觸舌」以發出嘖嘖的聲音，轉喻常用於讚美他人。

（三）**轉喻情感**：如「吐舌」伸出舌頭，轉喻驚訝或不好意思。

三、日語「舌」的隱喻探討

日語 Weblio 辭典中，對於「舌」的定義如下表〔註 87〕：

表 5-3-6　日語「舌」釋義及詞例

	釋　義	詞　例
1	口腔底から突出している筋肉性の器官。（從口腔底部突出的肌肉器官）	
2	話すこと。言葉遣い。弁舌。（說話。措辭。辯論）	「舌を振るう」
3	雅楽器の篳篥（ひちりき）のリード（名為篳篥屬於雅樂的簧片）	蘆舌（ろぜつ）

定義當共有三條，第一條與華語與閩南語相同，都將「舌」定位於幫助發聲的器官、味覺器官以及形狀像是舌的東西，但日語沒提及到味覺之事。第二條提到「舌」可當話語、措辭及辯論，指「言語」應屬轉喻。第三條較為特別，指吹奏管樂時，須藉由簧片才能幫助聲音震動，傳達至樂器產生出聲音。

〔註 87〕Weblio 辞書とは、複数の辞書や用語集を一度に検索し、一度に表示する、統合型オンライン辞書サービスです。

簧片的形狀為扁平、薄長，與舌頭的外型相似，故在日語當中有以「舌」來當作樂器用。以下將日語當中「舌」的慣用語，分為隱喻與轉喻兩類探討。

（一）隱喻類型

日語「舌」慣用語隱喻只收錄三則，故不以表格呈現而以文字直接敘述。日語「舌」的慣用語有「舌が縺れる」、「舌がもつれる」、「筆舌に尽くしがたい」。三則皆為實體隱喻當中的性質相似喻。如「舌がもつれる、舌が縺れる」隱喻口吃，「筆舌に尽くしがたい」隱喻罄竹難書，這邊「筆舌」與華語相同，都用「舌」來隱喻寫出的文章或說出的言論。

（二）轉喻類型

日語「舌」慣用語中轉喻所見慣用語不多便一同探討，表現如下。

表 5-3-7　日語「舌」轉喻

全體代部分轉喻（轉喻話語）			
轉喻話語			
慣用語	釋　義	慣用語	釋　義
舌を振る	雄辯	舌が回る	口齒伶俐
舌を振るう	雄辯	舌が肥える	品味高
舌端火を吐く	唇槍舌戰	舌先三寸	口才好
部分代部分轉喻			
轉喻原因結果			
慣用語	釋　義	慣用語	釋　義
舌も引かぬ	話音剛落	舌の根の乾かぬうち	話音剛落
舌を食う	咬舌自盡		
轉喻動作狀態			
舌鼓を打つ	食物美味		
轉喻情感			
舌を出す	背後嘲笑	舌を巻く	佩服
舌を鳴らす	不滿、不屑	舌を吐く	驚訝

上表中，關於日語「舌」轉喻，還可分為兩類：

1. 全體代部分轉喻

僅出現一類即「舌轉話語」。如「舌を振る、舌を振るう」轉喻為話語，用來指辯論時快速震動、搖晃舌頭，表示口語能力佳。又「舌が回る」轉喻口齒

伶俐；「舌端火を吐く」轉喻激烈辯論；再如「舌先三寸」轉喻口才好，而「舌が肥える」在日語中常以口舌變肥來轉喻吃了很多東西，使得味覺能力上升，造成品味高、挑嘴的情形。

2. 部分代部分轉喻

共出現三種情形，所見如下：

（1）**轉喻原因結果**：如「舌も引かぬ、舌の根の乾かぬうち」舌根還沒有乾掉之前，轉喻話音剛落，才馬上講話就被打斷、無法繼續。又如「舌を食う〔註88〕」轉喻吞掉自己舌頭而推知自盡結果。

（2）**轉喻動作狀態**：「舌鼓を打つ」藉由打擊讓舌像是鼓一樣發出聲音，用來轉喻食物美味的意思。

（3）**轉喻情感**：如「舌を出す」轉喻在背後嘲笑他人，「舌を巻く」轉喻佩服；「舌を吐く」轉喻驚訝；「舌を鳴らす」同閩南語「觸舌」一樣是用舌在嘴裡彈動發出嘖嘖的聲音，在閩南語中是用來表示讚美別人，日語則為轉喻不滿、不屑，可見文化背景不同隱喻思維亦有差異。

第四節　「牙」身體詞

今日華語「牙」和「齒」連用，也有許多二字意思相近的詞語，李慧指出〔註89〕：

> 漢語詞彙特別是在人體詞彙中，可用兩種意義相近的詞語來表達，如牙和齒、眼和目、嘴和口、腳和足等。這是特別的現象，每對詞語之間的基本意義相同，但具體詞義上又具有差別，且各自又有固定的搭配和語用環境。

在談論「牙」之前，筆者已經在前面論述過「頭、首」、「眼、目」以及「嘴、口」三組，本節的「牙、齒」為第四組近義詞，下個章節亦有同樣相近義的詞語。今日華語「牙齒」是兩字一起，不會以「牙」或「齒」分開來講，在現代「牙齒」為並列複合式詞，通常「牙」和「齒」兩個語素同時出現，但在日語

〔註88〕舌をかみ切って自殺する。咬斷舌頭作為自殺。

〔註89〕李慧：《古漢語「牙」、「齒」類器官詞的認知研究》，（吉林：延邊大學碩士學位論文，2010年），頁76。

當中的「牙齒」稱「齒」不稱「牙」，故臺灣現在的診所稱「牙科」稱呼少數以「齒科」，是因為以「齒科」為名者都是年紀較長人的記憶，因日治時期之前在日本攻讀「齒科」才會將診所科目歸類於「齒科」。

在許多人體詞彙中有所研究的趙學德說到〔註 90〕：「中文『牙』同稱詞為『齒』，對應的英文詞『tooth』基本指稱是——人嘴裡咀嚼食物和幫助發音的器官。」不過趙氏僅提到華語與英語的詞彙對照，對「牙、齒」兩字語義並無多加敘述。對於「牙、齒」的區別，趙倩提到〔註 91〕：

> 「牙、齒」的語義取象區別在於：「牙」的是單顆牙尖銳細長的意象，重點勾勒的形貌特徵是「尖銳」；而「齒」的語義取象是多顆牙次第排列的意象，重點勾勒的形貌特徵是「排比」。

由上所述可知，「牙」的特點在於細長且尖銳，作用是讓生物能夠用來撕裂、捕捉食物，如「爪牙」為動物的尖爪和利牙。結合上述知「牙、齒」在現代華語是同義詞，統而言之都是指人類或高等動物用來咀嚼食物的器官，可以共同組成雙音節詞語「牙齒」。若要再深入了解二者的差別，就必須由各自的本義及引申義來看，運用上因搭配的詞彙、使用的語境不同，造成兩者之間各自有作用，本節與下節將分開進行「牙」、「齒」二個身體器官詞的探討，由於日語中僅以「齒」稱牙齒而不用「牙」來說，所以在此只討論華語與閩南語。

在敘述「研究範疇」時提到：「牙」的隱喻詞彙有不少是以其他字詞與「牙」搭配所形成的隱喻，而並非「牙」本身具有隱喻現象，例如「咬牙」表隱喻「下定決心」，「磨牙」表隱喻「喜歡爭辯或囉嗦」，「齜牙」表隱喻「憤怒」，這些「動詞＋身體詞」的述賓結構形成與「牙」相關的詞語，因為也具有隱喻性，且非與此一器官搭配必有其搭配義存在，因此本文以為這些「牙」部相關詞語也應納入討論之中。

一、華語「牙」的隱喻探討

據教育部《重編國語辭典修訂本》，「牙」解釋如下表：

〔註 90〕趙學德：〈人體詞「牙、齒」和「tooth」語義轉移的認知研究〉，《西安外國語大學學報》，（2011 年第 2 期），頁 34。

〔註 91〕趙倩：〈語義取象對詞義演變的影響——以「牙、齒」為例〉，《西華師範大學學報（哲學社會科學版）》，（2010 年第 6 期），頁 63。

表 5-4-1　華語「牙」釋義及詞例

	釋　義	詞　例
1	人或動物口腔中，用來研磨、咀嚼食物的器官	如：「門牙」、「齒牙動搖」
2	象牙的簡稱	南朝宋·鮑照〈代淮南王〉詩二首之一：「琉璃藥碗牙作盤，金鼎玉匕合神丹。」
3	買賣時居中的介紹人	如：「牙人」、「牙郎」、「牙商」、「牙婆」、「牙行」。《水滸傳》第三七回：「兄弟張順，他卻如今自在江州做賣魚牙子。」
4	官署、衙門	《資治通鑑·卷二〇七·唐紀二十三·中宗神龍元年》：「北門、南牙，同心協力，以誅凶豎。」

現代華語辭典對「牙」的定義，是指位於人及動物口腔中幫助研磨、咀嚼食物的器官，而在者則「牙」可指稱，趙倩〔註92〕研究指出：

> 過去人們對「牙、齒」的辨析以段玉裁的說法為代表。但段並未明確證明「牙」是槽牙，只說明「牙較大於齒」的事實。從認知角度看，槽牙位於口腔深處，按照認知特性，詞義應顯現槽牙粗壯方正的形貌或是咀嚼的功能，但在「牙」的引申義並無此特徵。故「牙」的意象並非槽牙。

在趙倩以「牙」為聲符，將讀音相同相近、意義相關的同族詞歸納後，找出主要、共同的語義特徵，結果顯示出這些詞都隱含著「細尖」的特徵，或指「尖利、聳、狹」等，這些所指都是「銳形尖角」的意象。以這些論點可推翻段玉裁於說文中對於「牙」的誤解，段玉裁〔註93〕：「牙，牡齒也。象上下相錯之形，凡牙之屬皆從牙。壯齒者，齒之大者也。統言之皆稱齒、稱牙。」從中得知前當唇者稱「齒」，後在輔車者稱「牙」，牙較大於「齒」，但段玉裁並未明確說明「牙」為何是「槽牙」指說明了「牙較大於齒」在前稱「齒」，在後稱「牙」。李慧在考察語義中提到〔註94〕：「『牙』的本義探源，有三點：一、『牙』為狀齒說。二、『牙』為牡齒說。三、『牙』為犬齒說。『牙』的本義為犬齒、獸之獠牙。」綜合所見，可知「牙」為口腔中最為顯現的部分，外型特

〔註92〕趙倩：〈語義取象對詞義演變的影響——以「牙、齒」為例〉，《西華師範大學學報（哲學社會科學版）》，（2010年第6期），頁62。

〔註93〕清代段玉裁《說文解字注》。

〔註94〕李慧：《古漢語「牙」、「齒」類器官詞的認知研究》，（吉林：延邊大學碩士學位論文，2010年），頁6～8。

徵是細長尖銳，功能在於撕裂食物用，具有尖銳的特點，能幫助生物獵食、咀嚼食物，才能延續生命。根據「牙」延伸出的隱喻特性能分成隱喻與轉喻兩部分來探討。

（一）隱喻類型

「牙」具有尖銳、細長的外觀特點，無論是犬牙、槽牙、門牙甚至是牙齒都可以用「牙」來稱呼，「牙」在現代常用詞彙中已經很難看出「牙」原始的真正取象特徵，在特定的詞彙當中能也看出「牙」的限制性，主要表現在詞彙選擇及語義的搭配上。

如「齜牙咧嘴、張牙舞爪」等組合是不能以「齒」替代的。關於「牙」的隱喻情形，趙倩〔註 95〕與李慧〔註 96〕兩人在語義探討中，所指的內容大同小異，趙倩就認知角度將隱喻的生成方式寫出，李慧則無談到，另外趙學德〔註 97〕文章題目雖有提到「牙、齒」的語義認知研究，但在內容中對於「牙」之隱喻僅有泛論而無實例。以下將結合上述學者、Lakoff & Johnson〔註 98〕的理論為基本定「牙」隱喻的部分分為實體隱喻及空間方位隱喻兩類來看。

1. 實體隱喻

實體隱喻當中，最容易隱喻的情形就是以外型、特性來隱喻，「牙」的外型細長、尖銳，根據出現的詞彙現象以及該詞彙本身的意思會延伸出不一樣的隱喻效果，「牙」的實體隱喻中分包括：

（1）形狀相似隱喻：所見語料不多，詞彙僅有六則，即可「虎牙」、「犬牙」、「狼牙」、「簷牙」、「狼牙棒」、「狼牙拍」。如「虎牙」、「犬牙」隱喻犬齒冠尖銳；「簷牙」隱喻簷際翹出如牙的部分。李慧提到〔註 99〕：「根據牙尖銳細長的形貌，隱喻引申之，凡與牙器官形貌方面相近者，皆有可能用牙來構詞

〔註 95〕趙倩：〈語義取象對詞義演變的影響——以「牙、齒」為例〉，《西華師範大學學報（哲學社會科學版）》，（2010 年第 6 期），頁 63。

〔註 96〕李慧：《古漢語「牙」、「齒」類器官詞的認知研究》，（吉林：延邊大學碩士學位論文，2010 年），頁 17。

〔註 97〕趙學德：〈人體詞「牙、齒」和「tooth」語義轉移的認知研究〉，《西安外國語大學學報》，（2011 年第 2 期），頁 34。

〔註 98〕Lakoff & Johnson 著，周世箴譯：《我們賴以生存的譬喻》，（臺北：聯經出版社，2006 年）。

〔註 99〕李慧：《古漢語「牙」、「齒」類器官詞的認知研究》，（吉林：延邊大學碩士學位論文，2010 年），頁 25。

表示。」這邊的詞彙皆具有尖銳細長的外型，或外觀像是牙的是基於「外型相似」的實體隱喻。

（2）性質相似的隱喻，所見如下：

表 5-4-2　華語「牙」性質相似

乳牙	牙將	牙牌〔註 100〕	爪牙官	犬牙相制	伯牙鼓琴	伯牙絕絃
牙旗	牙祭	牙儈〔註 101〕	打牙祭	犬牙交錯	犬牙相臨	牙籤錦軸
牙官	牙城	塞牙縫	老掉牙	犬牙相錯	以牙還牙	鋸牙鉤爪

其中如「牙櫱」隱喻事物的端始。「牙」在古代還有「官」的意思，用來指官署、衙門，因此隱喻出了「牙官、牙將、牙牌、牙城、爪牙官」等隱喻性詞語，皆是與官府相關的詞彙。李慧在性質相似喻提到〔註 102〕：

> 「牙」為草木發芽，又喻事物的發生、開始，幼小之意。這些由牙本義義項具有尖銳細小的特質，剛好與草木之初生芽葉的細小尖銳契合，以其性質隱喻如：童牙：謂幼小。牙兒：小孩子。牙官：副武官，亦泛指下屬小官。牙櫱：草木新生的枝芽，指產生、萌生。

因幼小、萌生的「芽」與「牙」性質相似，由此隱喻到人、官或事情……等方面。另外如「犬牙相錯、犬牙相制」隱喻相互牽制，「犬牙交錯」狗的牙齒上下參差不齊，隱喻「錯綜複雜」。

2. 空間方位隱喻

華語「牙」的空間方位隱喻詞彙收錄不多，所見如「牙道」、「牙門」、「尾牙」、「牙盤日」。可將「空間方位隱喻」分兩類來看：

（1）維度空間隱喻：李慧提到〔註 103〕：

> 一般來說，物質實體都具有可見的形貌特徵或空間位置關係，因而在人們的認知系統中容易認知到人體器官和這些事物之間所具備一定的「相似性」，產生出兩廂小屋因其所居之位突出而謂之「牙門」。

〔註 100〕官吏出入官門時佩戴的象牙製識別牌。

〔註 101〕居間買賣的人。《二刻拍案驚奇》卷一六：「我家出入銀兩，置買田產，大半是大勝寺高公做牙儈。」也稱為「經紀」。

〔註 102〕李慧：《古漢語「牙」、「齒」類器官詞的認知研究》，（吉林：延邊大學碩士學位論文，2010 年），頁 25。

〔註 103〕李慧：《古漢語「牙」、「齒」類器官詞的認知研究》，（吉林：延邊大學碩士學位論文，2010 年），頁 40。

由上可知，如「牙門」一詞指官吏辦公的地方，「衙門〔註 104〕」本作「牙門」，原本是軍營中樹立「牙旗」（飾有象牙的軍旗）之軍門，象徵將領的威嚴，往往是主帥辦公之處，後文官也效仿之，這名稱至南北朝期間已經出現〔註 105〕。其他還有如如「牙道」隱喻官府開鑿的道路。

（1）**時間隱喻**：如臺灣民間習俗中的「尾牙〔註 106〕」隱喻農曆十二月十六日，「頭牙」隱喻農曆二月初二，「牙盤日」則隱喻祭神日。這邊的時間喻指的都是特定的日子。

綜合上述，華語「牙」的隱喻現象歸出兩種類型、四種情形，表現如下：

1. **實體隱喻**：共出現兩種情形：

（1）**形狀相似隱喻**：如「虎牙、犬牙」隱喻犬齒冠尖銳，又如「簷牙」隱喻簷際翹出如牙的部分。

（2）**性質相似隱喻**：如「犬牙相錯」隱喻相互牽制，「犬牙交錯」隱喻錯綜複雜。

2. **空間方位隱喻**：共出現兩種情形，表現如下：

（1）**維度空間**：如「牙道」隱喻官府開鑿之路，「牙門」官吏辦公處。

（2）**時間隱喻**：如「牙盤日」隱喻祭神日，「頭牙、尾牙」隱喻祭拜土地公之日。

（二）轉喻類型

華語「牙」轉喻類型共出現三種類型，表現如下。

1. 部分代全體轉喻

依照連金發的轉喻所指〔註 107〕，「牙」作為人的身體中一個器官，也可以其

〔註 104〕衙門是古代官署的一種俗稱，就是官吏辦公、辦事的地方。如《廣韻》上載：「衙，衙府也。」衙府就是官署。據宋朝錢易《南部新書·庚》上記載：「近俗尚武，是以通呼公府、公門為牙門，字稱訛變轉為衙。」因此，衙門原作「牙門」，訛誤變易後才稱為「衙門」。資料來源：成語圖書館 https://ppt.cc/fnm1Qx 檢索日期：2021年 05 月 19 日。

〔註 105〕《北史·卷 26·宋世良傳》：「每日牙門虛寂，無復訴訟者，謂之神門。」

〔註 106〕做牙，又稱牙祭、尾牙、做禡，是指傳統中，每個月兩次的土地神祭祀活動，因民間認為土地神是地方的財神，能夠保佑商家生意興隆，高朋滿座，客似雲來。尾牙又稱「尾禡」或「美禡」。在華人傳統上，是一年裏最後一次祭拜土地神的日子。

〔註 107〕連金發：〈臺灣閩南語「頭」的構詞方式〉，殷允美、楊懿麗、詹惠珍（編），《第五屆中國境內語言暨語言學國際研討會論文集》。（臺北：中研院語言所籌備處，1999年）。

轉喻代替整體的人，如：

表 5-4-3　華語「牙」轉喻為人

爪牙	牙推	牙家〔註 108〕	牙槌〔註 109〕	房牙子〔註 110〕	沒牙虎兒	青面獠牙	張牙舞爪

李慧談到〔註 111〕：

> 人體器官或部位作為行為活動的發出者，事物體性的事件主體，在認知框架中最為顯著，所以常常直接替代行為活動本身，產生以部分代整體的轉喻現象。猶如「爪牙」使得客觀事物變成了人的一部份。

這邊提到的「爪牙」為動物的尖爪和利牙，因可尖爪和利牙可以用來抵禦外敵、戰鬥，轉喻到人身上，用來指「勇士」，此外還能指「惡人的下屬〔註 112〕」；「房牙子」轉喻房屋介紹人；「沒牙虎兒」轉喻強悍的女人。較為特別的是「牙推、牙槌」用來轉喻對占卜算命的術士及江湖醫生的稱呼，將人牙的凸顯出來，轉喻代替為人。

此外，還有不少以「牙」的特徵轉喻人的外貌，而外貌又屬於人的一部份，故屬部分（牙——外表）代全體（人）的轉喻，如「青面獠牙」為臉色青綠，長牙外露，轉喻人的面貌凶惡可怕，再如轉喻人的行為狀態「張牙舞爪」指人張揚作勢，猖狂凶惡的樣子，不論是外表、行為狀態，其指稱的主體都是「人」。

2. 全體代部分轉喻

僅出現一種類型，即以「牙」轉喻說出的「話語」。

〔註 108〕居間協助買賣，從中抽取利潤的商號或個人。

〔註 109〕對占卜算命的術士及江湖醫生的稱呼。元・石君寶《秋胡戲妻》第二折：「怕不待要請太醫，看脈息，著甚麼做藥錢調治，赤緊的當村裡都是些打當的牙槌。」也作「牙推」。

〔註 110〕房屋介紹人。

〔註 111〕李慧：《古漢語「牙」、「齒」類器官詞的認知研究》，（吉林：延邊大學碩士學位論文，2010 年），頁 40。

〔註 112〕比喻仗勢欺人的走狗。《史記・卷一二二・酷吏傳・張湯傳》：「是以湯雖文深意忌不專平，然得此聲譽，而刻深吏多為爪牙用者，依於文學之士。」

表 5-4-4　華語「牙」轉喻話語

嗑牙	磨牙	閒磕牙	拾人牙慧	鬥牙鬥齒	能牙利爪
牙慧	牙後慧	借齒牙〔註 113〕	伶牙俐齒	鬥牙拌齒	牙縫高低

上表有許多以「牙」轉喻「言語」能力的部分。如「牙慧、牙後慧」轉喻別人說過的言論、見解，進而延伸出「拾人牙慧」轉喻蹈襲他人的「言論」或主張；「閒磕牙」轉喻閒談。趙學德提到〔註 114〕：「動物打鬥過程中，最常用牙齒使勁撕咬作為『武器』的『牙』作為戰爭，又從動物概念映射到人概念域。」如「嗑牙、磕牙、課牙」轉喻指談笑鬥嘴，消磨時間。

李慧指出〔註 115〕：「『牙』的功能引申義重在『咬、嚙』，從牙的功能上講為食肉類動物的武器，是用來撕裂食生肉等食物的重要器官。」藉由轉喻的投射經由「牙」形成「武器」與他人「辯論（戰鬥）」，又如「鬥牙拌齒、鬥牙鬥齒」隱喻互相爭吵，「能牙利爪」轉喻能言善道，精明能幹。

3. 部分代部分轉喻

華語「牙」在「部分代部分」轉喻出現兩種情形，表現如下。

（1）「牙」轉喻原因或結果，收錄詞語所見不多，筆者所見僅有「咬緊牙關」、「笑掉大牙」、「雀角鼠牙〔註 116〕」。如「雀角鼠牙」因「雀、鼠〔註 117〕」指強暴者，「角牙」為小事，原意是因為強暴者的欺淩而引起爭訟，使之打官司的事，故用此轉喻引起爭訟。

「笑掉大牙」轉喻行為荒謬，極為可笑，是誇飾持續大笑造成牙齒掉落的結果，再如「咬緊牙關」轉喻忍受痛苦而堅持到底，因痛苦造成將上下牙齒緊咬，以努力撐過去其中具有因果相代的「轉喻」。

〔註 113〕比喻借用他人的言辭。金．元好問〈自題中州集後〉詩五首之二：「北人不拾江西唾，未要曾郎借齒牙。」

〔註 114〕趙學德：〈人體詞「牙、齒」和「tooth」語義轉移的認知研究〉，《西安外國語大學學報》，（2011 年第 2 期），頁 34。

〔註 115〕李慧：《古漢語「牙」、「齒」類器官詞的認知研究》，（吉林：延邊大學碩士學位論文，2010 年），頁 30。

〔註 116〕以強權暴力欺凌，引起爭訟。語本《詩經．召南．行露》：「誰謂雀無角？何以穿我屋？……誰謂鼠無牙？何以穿我墉？」後比喻因小事而爭訟。《幼學瓊林．卷四．訟獄類》：「與人搆訟，曰鼠牙雀角之爭。罪人訴冤，有搶地籲天之慘。」也作「鼠牙雀角」、「雀鼠」。

〔註 117〕鳥雀和老鼠。比喻微不足道或品類低下的人。《後漢書．卷八〇．文苑傳下．禰衡傳》：「禰衡豎子，孤殺之猶雀鼠耳。」唐．李商隱〈行次西郊作一百韻〉：「城空雀鼠死，人去豺狼喧。」

（2）「牙」轉喻情感，收錄詞語所見不多，筆者所見僅有「咬牙」、「齜牙」、「打牙戰」、「牙癢癢」、「咬牙切齒」。如以「咬牙、齜牙」轉喻憤怒，「打牙戰」本為上下兩道齒列碰擊作聲，在此因為害怕而轉喻顫抖；又「牙癢癢」轉喻切齒憤恨。趙學德提到〔註 118〕：

> 生理基礎決定著情感是如何概念化的，情感必然在人體各器官部位上得到生理反應和表現，與牙齒有關的生理反應能突顯人的神態，如英語中有「grind one's teeth」對應於漢語的「咬牙切齒」，表達痛恨的情感。

由上可知，經牙齒的反映能夠傳達人的神情，如「咬牙切齒」轉喻憤怒。

綜合上述「牙」的轉喻現象，可歸出兩種類型、四種情形，詞彙表現如下：

1. **部分代全體轉喻**：僅有「**轉喻為人**」。如「爪牙」轉喻勇士、「房牙子」轉喻房屋介紹人。

2. **全體代部分轉喻**：僅有「**轉喻話語**」。藉由「牙」轉喻為「話語」。如「磕牙」轉喻閒談；「鬥牙鬥齒」轉喻爭吵。

3. 部分代部分轉喻：共出現兩種類型：

（1）**轉喻原因或結果**：「雀角鼠牙」轉喻引起爭訟，「笑掉大牙」轉喻行為荒謬。

（2）**轉喻情感**：如「打牙戰」轉喻顫抖；「牙癢癢」轉喻憤恨。

二、閩南語「牙」的隱喻探討

依照辭典為教育部《臺灣閩南語常用詞辭典》，關於「牙」的說明如下表：

表 5-4-5　閩南語「牙」釋義及詞例

	釋　義	詞　例
1	人和動物口腔內咀嚼研磨的器官	例：虎牙 hóo gê、象牙 tshiūnn gê
2	商家在農曆每月初二、十六日備牲禮祭拜土地公和孤魂野鬼等，祈求生意興隆，稱為「做牙」	例：今仔日十六，有真濟生理人做牙。Kin-á-jit tsa̍p-la̍k, ū tsin tsē sing-lí-lâng tsò-gê.（今天十六號，有很多生意人備牲祭拜土地公和孤魂野鬼。）

〔註 118〕趙學德：〈人體詞「牙、齒」和「tooth」語義轉移的認知研究〉，《西安外國語大學學報》，(2011 年第 2 期)，頁 34。

由上述定義分析閩南語中「牙」詞彙有隱喻類型、轉喻兩種類型，可看出有「空間方位隱喻」中的「時間隱喻」，以及「部分代全體」中的「轉喻為人」。

表 5-4-6　閩南語「牙」隱喻現象

隱　喻			轉　喻
空間方位隱喻			部分代全體
時間隱喻			轉喻為人
尾牙	頭牙	做牙	青面獠牙

上表中，可分成隱喻與轉喻兩類，表現如下：

（一）隱喻類型

僅出現「空間方位隱喻」中的「時間隱喻」。「牙」為土地公生日。鍾溫清指出〔註 119〕：

> 俗稱「土地公生」。我國以農立國，一向重視土地。古付的人，以為有土地，才能種植五穀，才能養活人類，因此對於土地常懷感激之情，久之，亲將土地當作神明，加以祭拜。本省民間，一年中除正月外，每月初 2、16 日，都有祭祀「土地公」的習俗；拜過土地公後，就設宴慰勞佣人，或舉家聚飲。2 月初 2 這一天為「頭牙」，12 月 16 日為「尾牙」「頭牙」就是最初一次的「牙祭」，「尾牙」是最後的「牙祭」。

農曆年後第一次祭祀土地公，隱喻「頭牙」，農曆十二月十六日為一年當中最後一次做牙，隱喻「尾牙」。又如「做牙〔註 120〕」轉喻農曆每逢初二、十六日的時間點。

（二）轉喻類型

「部分代全體」中的「轉喻為人」。如「青面獠牙」轉喻人的臉色青綠，長牙外露，面貌凶惡可怕。

〔註 119〕鍾溫清：《瑞芳鎮誌·宗教禮俗篇》，（臺北：臺北縣瑞芳鎮公所，2002 年），頁 41。

〔註 120〕臺灣則流傳一個民間說法，古代買賣交易皆會在每月的月朔、月望擇一地點進行，稱為「互市」。在互市時人們會以肉類祭拜市場的「福神」（即今日的土地公），祭畢，則以祭祀用的肉類烹飪，設宴款待職員與客人，用以聯絡客戶感情並慰勞職員、傭人的辛勞，這樣的行事稱之為「互祭」。後將「互」訛寫成「牙」，故稱為「牙祭」。資料來源：維基百科 https://ppt.cc/fvuQGx 檢索日期：2021 年 05 月 19 日。

第五節 「齒」身體詞

上節提到「牙」、「齒」兩字同義字的區別，「牙」外型較為尖銳、細長，位於前排易看到；「齒」則是排比之意，位於後排不易顯現，趙倩提到〔註 121〕：

> 「齒」出現的語言環境，除了具有泛指牙齒的中性，指陳列意義之外，還常常暗含多顆牙齒排列在一起的「整體性」概念。如以「齒如齊貝」指牙齒如編排的海貝般潔白整齊。

《說文解字・齒部》：「齒，口斷骨也。象口齒之形。」「斷」指牙齦，「口斷骨」即牙齒。「齒」的古文字形描繪的是兩排細密整齊的牙齒並排在口中，正是一個人張嘴時候對牙齒產生的最直觀的形貌意象，可以知道齒並不侷限於前排的「門牙」。李慧也說〔註 122〕：

> 「齒」是一個象形字，後來加了個聲符「止」成為形聲字，從其古文形體上看是狀口中諸齒貌，而絕非僅指門齒。許慎所解釋的「齒」泛指所有的牙齒，絕非僅特指人的門牙，而是概指人的牙齒。

且總結上節「牙」及本節「齒」的主要區別在於：「齒」的語義來自於多顆牙齒有順序排列因此特點，主要表達的有「整齊、排列」之意；趙學德指出〔註 123〕：

> 從語源學角度進行依定的闡釋：「牙」與「齒」最初是有分別的，古代「牙」即今臼齒；「齒」即今門牙；唐代「牙」已可作牙齒的統稱，現代口語中「牙」還能單用，但「齒」不能單用而成為一個不自由語素。

「牙」的語義主要是生長於前側，能夠撕裂、咬斷食物的單顆牙齒，表達的外型特徵是「尖銳、細長」，在李慧、趙倩、趙學德等人研究中皆認為許慎說文中的牙、齒本義有誤，「牙」應指在前單顆細長尖銳的牙齒，「齒」應指在後數顆排列整齊的牙齒。

在敘述「研究範疇」時提到：「齒」的隱喻詞彙有不少是以其他字詞與「齒」

〔註 121〕趙倩：〈語義取象對詞義演變的影響——以「牙、齒」為例〉，《西華師範大學學報（哲學社會科學版）》，（2010 年第 6 期），頁 63。

〔註 122〕李慧：《古漢語「牙」、「齒」類器官詞的認知研究》，（吉林：延邊大學碩士學位論文，2010 年），頁 9。

〔註 123〕趙學德：《人體詞語語義轉移的認知研究》，（上海：復旦大學博士學位論文，2010 年），頁 83。

搭配所形成的隱喻，而並非「齒」本身具有隱喻現象，例如「眷齒」表隱喻「眷顧舉用」，「沒齒」表隱喻「終身、永遠」，「嚼齒」表隱喻「痛恨、憤慨」，這些「動詞＋身體詞」的述賓結構形成與「齒」相關的詞語，因為也具有隱喻性，且非與此一器官搭配必有其搭配義存在，因此本文以為這些「齒」部相關詞語也應納入討論之中。

一、華語「齒」的隱喻探討

據教育部《重編國語辭典修訂本》，「齒」解釋如下表：

表 5-5-1　華語「齒」釋義及詞例

	釋　義	詞　例
1	人和動物嘴裡咀嚼的器官	如：「乳齒」、「恆齒」、「齒牙動搖」
2	排列像牙齒的東西	如：「鋸齒」
3	年齡	如：「齒德俱增」。《左傳．文公元年》：「子上曰：『君之齒未也，而又多愛，黜乃亂也。』」晉．杜預．注：「齒，年也。」
4	並列	《左傳．隱公十一年》：「寡人若朝于薛，不敢與諸任齒。」晉．杜預．注：「齒，列也。」
5	說、談	如：「齒及」。南朝宋．劉義慶《世說新語．簡傲》：「傲主人非禮也，以貴驕人非道也，失此二者，不足齒，人傖耳。」

現代華語辭典對「齒」的定義，除了人和動物口中咀嚼食物的器官，多出了「排列」之意，此外還可用來指「年齡」。趙倩提及〔註 124〕：

> 「不足掛齒」的出處「齒牙」連用，凝固為成語時選擇了「齒」非「牙」，說明在人們的心理意象中，可以「掛」或「放置」東西的應該是群體的「齒」而不是單顆的「牙」。

趙學德則說〔註 125〕：「在中國古代，牙齒一直是判斷女性美的標準之一，潔白整齊的牙齒是美人的標誌，詞義取象在形貌特徵。如：脣紅齒白。」在隱喻具有美貌之意時會以「脣紅齒白、明眸皓齒」為喻，隱喻其牙齒潔白之美，若

〔註 124〕趙倩：〈語義取象對詞義演變的影響——以「牙、齒」為例〉，《西華師範大學學報（哲學社會科學版）》，（2010 年第 6 期），頁 63。

〔註 125〕趙學德：〈人體詞「牙、齒」和「tooth」語義轉移的認知研究〉，《西安外國語大學學報》，（2011 年第 2 期），頁 34。

以「牙」代「齒」就會失去整排牙齒，具有整齊有序的外觀美感，便不能映射至美好的外貌上。反之，用來形容獠牙的外露、猙獰之樣，有「長嘴獠牙、青面獠牙」隱喻，若將「牙」換「齒」，無尖銳的牙來隱喻其外表，也會喪失了可怕的樣子，可見「牙」、「齒」特性不同基於其特點所形成的詞語表義重點亦有所不同。

整理上述結果，可知「齒」為口腔中不易看出、隱藏在後的地方，其外型為多顆整齊排列，具有陳列、多而整齊之意，以下分隱喻與轉喻兩部分探討。

（一）隱喻類型

在此之前已經將「牙」、「齒」兩者從古至今的變化差異清楚說明，在使用、搭配詞彙時，「牙」和「齒」都各有其固定用法，前者「牙」多指單一存在且具有尖銳細長之性質；後者「齒」則為多數並存且具有整齊排列的特點，二者除了本義之外，也透過隱喻的特性映射延伸造出不同的詞彙而有了更多的隱喻義存在。

從趙倩與李慧兩人在隱喻的例證中可以看出：以上所列舉的隱喻，是根據「齒」排列有序的外觀特徵所映射而來，著重於「排列」的特點，這樣的共性形成了「齒」的強烈特徵隱喻義。又因為人的牙齒具有幫助發音和咀嚼食物的功能，人們容易被此功能特點所吸引。李慧指出〔註126〕：「『齒』的語義取象是來自兩排牙齒次第排列的整體意象，整體性是其主要特點。」華語「齒」隱喻僅出現**「實體隱喻」中的「性質相似喻」**。最常出現的現象就是以外型、特性來隱喻所指事物，已知「齒」存在著由多數排列一起的外觀特性，表現如下：

表 5-5-2　華語「齒」性質相似

掛齒	馬齒	不齒〔註127〕	脣齒相依	共相脣齒	不足掛齒	不足齒及
齊齒	脣齒	不足齒	脣齒之邦	脣亡齒寒	尊年尚齒	令人不齒

「齒」於內側「脣」在外側，兩者都位於口中，二者有著密切的關係，因此上表中如「脣齒相依」、「脣亡齒寒」皆隱喻彼此關係密切，邦交國也稱「脣齒之邦」。又因「齒」具有「排列」之意，以其相似性映射至「不齒」則隱喻羞與為伍，反之「齊齒」則隱喻並列、同列。

〔註126〕李慧：《古漢語「牙」、「齒」類器官詞的認知研究》，（吉林：延邊大學碩士學位論文，2010年），頁20。

〔註127〕羞與為伍。如：「他的作為，令人不齒。」

（二）轉喻類型

依謝健雄〔註 128〕所言，華語「齒」的轉喻所見如下。

1. 部分代全體轉喻

僅出現「轉喻為人」一類，表現如下：

表 5-5-3　華語「齒」轉喻為人

暮齒	壯齒	齒尊	朱脣皓齒	馬齒徒長	資淺齒少
鐵齒	齯齒	皓齒	明眸皓齒	齠年稚齒	尊年尚齒
孺齒	幼齒	尚齒	脣紅齒白	齒若編貝	分班序齒

「齒」作為人的一部份，可以因其特徵代表人的外表，這也是常見的轉喻類型，如「明眸皓齒」轉喻女子容貌美麗，亦借指美女；「朱脣皓齒」脣紅齒白，轉喻美人面貌姣好；「齒若編貝」轉喻人的牙齒如編排的海貝般潔白整齊。

上表中比較特別的是常以「齒」轉喻年齡，如「齯齒」轉喻高壽、「壯齒」轉喻三十至四十歲之間，「齠年稚齒」轉喻孩童，這邊都是指「人」的年齡，先轉喻「年齡」再進一步「轉喻」在此年齡的「人」。其他如「暮齒」轉喻指暮年、老年、晚年。趙學德指出〔註 129〕：「牙齒隨著年齡的變化不斷改變，人的年齡用牙齒借代，古時年齡被稱為『年齒』，老年稱為『老齒、暮齒』；壯年、童年『幼齒、弱齒』。」可見在關於「齒」的轉喻中，有許多用來轉喻人的情形。較為特別的是「馬齒徒長、馬齒徒增」年歲徒增而毫無建樹，先以「馬齒」轉人的年齡，再隱喻隨著歲月時間增加，卻毫無成就，屬於先轉喻再隱喻的情形。

2. 全體代部分轉喻

僅出現「轉喻話語」一類，所見詞語如：「啟齒」、「發皓齒」、「不置齒頰」、「不足齒數」、「不足齒及」、「不好啟齒」。以「齒」轉喻「話語」。如「啟齒」轉喻開口「說話」；由此進行衍生形成四字成語，如「不好啟齒」轉喻不好意思開口「說話」。

3. 部分代部分轉喻

共出現兩種情形，因語料所見不多，便一併探討，如下：

〔註 128〕謝健雄：〈當代臺灣漢語慣用轉喻：認知語言學取徑〉，《人文暨社會科學期刊》，（2008 年第 1 期）。

〔註 129〕趙學德：〈人體詞「牙、齒」和「tooth」語義轉移的認知研究〉，《西安外國語大學學報》，（2011 年第 2 期），頁 34。

表 5-5-4　華語「齒」部分代部分

<table>
<tr><th colspan="20">轉喻原因或結果</th></tr>
<tr><td colspan="4">齒冷</td><td colspan="4">齒頰留香</td><td colspan="4">不足掛齒</td><td colspan="4">沒齒難忘</td><td colspan="4">沒齒難泯</td></tr>
<tr><th colspan="20">轉喻情感</th></tr>
<tr><td colspan="5">齒擊</td><td colspan="5">切齒</td><td colspan="5">拊膺切齒</td><td colspan="5">痛心切齒</td></tr>
</table>

上表中可將部分代部分轉喻分為兩類，表現如下。

（1）**轉喻原因或結果**：「齒冷」轉喻讓人恥笑，「令人齒冷」轉喻因齷齪的人品或不道德的行為而讓人鄙視；「齒頰留香」轉喻食物味道鮮美，令人回味無窮，因食物美味，因此殘留在口中，即使經過了一段時間，還是能夠回憶。再如「不足掛齒」轉喻不值得一談，又如「沒齒不忘」、「沒齒難泯」轉喻到老了都永遠難以忘記。

（2）**轉喻情感**：如「切齒」轉喻極其憤怒，「齒擊」為牙齒相撞擊，轉喻恐懼，人在害怕時身體會發抖、牙齒上下碰撞，藉此體現不安、驚慌之樣。

二、閩南語「齒」的隱喻探討

依照辭典為教育部《臺灣閩南語常用詞辭典》，關於「齒」的說明如下表：

表 5-5-5　閩南語「齒」釋義及詞例

	釋　義	詞　例
1	牙齒	例：蛀齒 tsiù-khí（蛀牙）、門齒 mn̂g-khí
2	計算數量單位	例：落一齒喙齒。Lak tsit khí tshuì-khí.（掉了一顆牙齒。）

依上述定義，閩南語「齒」除指牙齒與計算單位而無其他意思。以下分析閩南語「齒」的隱喻、轉喻類型。

表 5-5-6　閩南語「齒」隱喻現象

<table>
<tr><td rowspan="2">隱喻類別</td><td>隱喻</td><td colspan="3">轉　喻</td></tr>
<tr><td>實體隱喻</td><td colspan="2">部分代全體</td><td>部分代部分</td></tr>
<tr><td>隱喻情形</td><td>形狀相似</td><td colspan="2">轉喻為人</td><td>轉喻因果或結果</td></tr>
<tr><td>詞彙</td><td>角齒</td><td>幼齒</td><td>鐵齒</td><td>屎梧齒</td></tr>
</table>

上表中，閩南語「齒」的隱喻及轉喻類型，表現如下：

（一）隱喻類型

僅出現「**實體隱喻**」中的「**形狀相似喻**」，例子如「角齒」隱喻犬齒、虎牙，即狗的牙齒。

（二）轉喻類型

共出現兩種類型：

1. 部分代全體轉喻

僅出現「**轉喻為人**」，如「幼齒」轉喻年紀小或技能生疏的人，而「鐵齒」指倔強嘴硬不信邪的人，以「齒」作為身體的一部份代替整體的「人」。

2. 部分代部分

僅出現「**轉喻原因或結果**」。如「屎桮齒（sái-pue-khí）」指早期沒有衛生紙的時代，用來刮屁股的竹片。

三、日語「歯」的隱喻研究

華語中的「齒」在日語漢字寫作「歯」用字有所不同，在本文中除在解釋日語慣用語以「歯」用字，探討文字皆以華語「齒」，以下不再論述用字差異。

日語 Weblio 辭典詳細介紹「歯」的意涵如圖 5-1，其定義如下表：

表 5-5-7　日語「歯」釋義及詞例

	釋　義	詞　例
1	鳥類以外の脊椎動物の口の中にあって、食物の保持・咀嚼（そしゃく）や攻撃・防御に関与する硬い器官。人間では言語の発声にも関与し、乳歯が生え換わると永久歯が出る。 （堅硬的器官，位於鳥類以外的脊椎動物的口中，作為食物的保存、咀嚼、攻擊和防禦。在人類中，參與語言的發聲，當乳牙掉落時恆牙長出。）	「歯が抜ける」 「白い歯を見せて笑う」
2	器具・機械の縁に並ぶ細かい刻み目。 （儀器和機器邊緣的精細刻度）	「のこぎりの歯」 「櫛（くし）の歯が欠ける」
3	下駄や足駄の臺につけて土を踏む板。 （踩在日式木屐下的木板，圖 5-2）	「下駄の歯を入れる」
4	写真植字で、文字間または行間の単位。一歯は一級と同じで、4 分の 1 ミリ。（照片中，字元或行之間的單位。一齒等於一級，為四分之一毫米。）	

圖 5-1 「歯」〔註 130〕　　　圖 5-2 「下駄」〔註 131〕

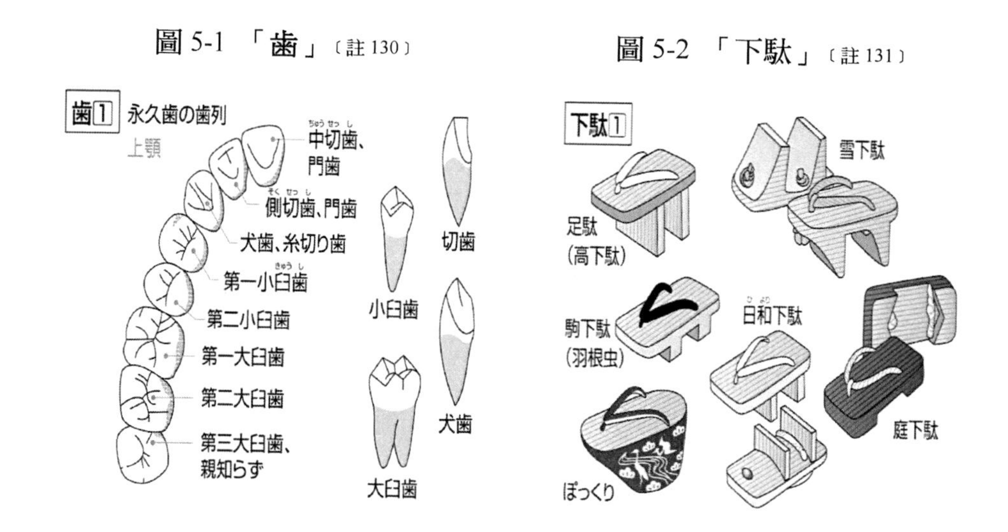

日語解釋共有三則，第一則指脊椎動物都有的器官，用來保存、咀嚼食物，如圖 5-1 日語的「歯」相應的是華語的「牙齒」二字，其作用包含了「牙」具的有攻擊性以及「齒」的防禦功能，是具堅硬性質的器官；第二則在講器具及機器旁邊的刻度；第三則指放在地上當作踏墊的木板如圖 5-2，將鞋底板高起支撐的兩塊木板稱為「歯」；第四則為照片使用的單位，其中釋義 2、3、4 皆是華語所沒有的。以下將日語「歯」的慣用語分為隱喻與轉喻兩類探討。

（一）隱喻類型

「性質相似」的實體隱喻，如下：

表 5-5-8　日語「歯」隱喻

性質相似			
慣用語	釋　義	慣用語	釋　義
歯に合う	合得來	歯亡び舌存す	剛者易亡，柔者常存
歯の抜けたよう	殘缺不全	奥歯に剣	心含敵意卻不顯露
奥歯に物が挟まる	拐彎抹角	櫛の歯が欠けたよう	感覺好像少了什麼

上表中如「歯に合う」隱喻人之間合得來，同華語「齒亡舌存」日語寫作「歯亡び舌存す」，表示隱喻剛者易亡，而柔者常存，以柔為貴。又如「奥歯

〔註 130〕圖片出處：Weblio：https://www.weblio.jp/ 搜尋：「歯」。檢索日期：2021 年 04 月 24 日。

〔註 131〕圖片出處：Weblio：https://www.weblio.jp/ 搜尋：「下駄」。檢索日期：2021 年 05 月 19 日。

に剣」隱喻心含敵意而不顯露，懷恨在心。

（二）轉喻類型

「歯」在日語慣用語中轉喻類型，僅出現「全體代部分」及「部分代部分」類轉喻，因所見慣用語較少便一併探討，表現如下。

表 5-5-9　日語「歯」轉喻

全體代部分——轉喻話語			
慣用語	釋　義	慣用語	釋　義
歯に衣着せぬ	有話直說	奥歯に衣着せる	拐彎抹角
部分代部分——轉喻原因或結果			
慣用語	釋　義	慣用語	釋　義
歯を食いしばる	咬緊牙關	歯を没す	死亡
歯牙にもかけない	不屑一顧		
部分代部分——轉喻情感			
慣用語	釋　義	慣用語	釋　義
歯を噛む	悔恨	歯が浮く	聽到討厭的聲音讓人不舒服
切歯扼腕	憤怒、扼腕	歯の根が合わない	寒冷、害怕

上表中，閩南語「齒」的隱喻及轉喻類型，表現如下：

1. 全體代部分轉喻

僅出現「**轉喻話語**」。指言語。有一組特別的慣用語以「歯に衣着せぬ（牙齒無衣）」、「奥歯に衣着せる（牙齒穿衣）」轉喻，將牙齒穿衣的意象，轉喻講話時直接或委婉，穿上衣服等同戴上面具，有衣服掩飾說話修飾；反之，沒穿衣則表示講話直接的關係來轉喻出與「說話」是直接還是委婉的內容。

2. 部分代部分轉喻

共有兩種類型：

（1）**轉喻原因或結果**：如「歯を没す〔註 132〕」轉喻老死、死亡，因人隨著年紀增長，牙齒使用久了會損壞、掉落，見牙齒沒了是「因」轉喻死亡是推知的結果。又如「歯を食いしばる」，轉喻一如華語中的「咬緊牙關」，「歯牙にもかけない」轉喻不足掛齒。

〔註 132〕《「論語」憲問から》命が尽きる。死ぬ。

（2）**轉喻情感**：如「歯を噛む」轉喻憤怒，「切歯扼腕」轉喻發怒，「歯の根が合わない」轉喻寒冷或害怕。

以上為本章所探討「口部」身體詞的內容，包含了「嘴、口、舌、牙、齒」，綜合本文隱喻詞彙的研究成果，比較華、閩、日三種語言異於其他語言各方面的探討及特色表現，依照語言的不同，發現三種自有的特殊詞彙現象如下：

（一）華語特殊「口」部身體詞

1. 華語當中「嘴」的隱喻中，較為特別的如「自打嘴巴」轉喻人的言行前後矛盾，如打了自己嘴。

2. 相較於「嘴」，「口」較為特別的是用來指事物重要之處、鋒刃之處，如以「風口」隱喻風特別大的地方、「刀口」隱喻十分緊要或危險的地方，故華語中常以「錢用在刀口上」隱喻錢用在合適的地方。

3. 華語當中也常以以「口」、「嘴」轉喻為「生存」，因「口嘴」具有「通過飲食器官攝取食物」的功能而「維持生命」，因此常以「口」轉喻支撐自己或家庭以維持生活，如「糊口」、「養家活口」等。

4. 華語常以「齒」轉喻年齡，如「齯齒」轉喻老年、「壯齒」轉喻中年、「齠年稚齒」轉喻孩童。

5. 再者又因「齒」與「脣」兩者都位於「口」中，二者有著密切的關係，以「脣齒相依、脣亡齒寒」隱喻彼此關係密切。

（二）閩南語特殊「口」部身體詞

1. 閩南語「口」的隱喻當中，較特別的是用「口」來委婉隱喻「肛門」的詞彙，如「糞口」隱喻排泄出「糞」的出入口、「尻川口」隱喻屁股的出入口，以間接委婉說的方式說出性器、生殖器，委婉語多用隱喻是隱喻最大的特點之一。

（三）日語特殊「口」部身體詞

1. 日語「口」的隱喻中，有「最早」、「第一」之義，相當於華語中的「頭」。

2. 日本的文化思維中，將進食的動作作為消化時間順序來看，口為最早消化的器官，故有了「糸口（線的頭）」、「宵の口（剛天黑）、秋の口（入秋、初秋）」，又如以「口火を切る」也隱喻為「開頭、第一砲」，在古時候「點火」是用於點燃火繩槍的火，在現代日語則語境改變，隱喻為創造開始事情的第一個機會。

3. 此外又隱喻「嚴守祕密」一義，華語以「守口如瓶」將「口」映射為像瓶口一樣封得嚴緊；日語當中則以「口が腐っても（即使嘴巴腐爛也不說）、口が裂けても（即使嘴巴腐裂開也不說）」轉喻口風很緊。

4. 又如華語中「禍從口出」一詞，日語有對應的慣用語如「口は禍の門、口は禍のもと」，較特別的日語慣用語為「口から高野」，因不經意的一句話，必須到高野山出家去，轉喻因說話不慎導致於出家的結果。再如「口に年貢はかからない」，以說話不用年貢轉喻為吹牛不用繳稅，用以諷刺人喜歡誇口說大話的人，同閩南語的「臭彈免納稅金」。

5. 至於「歯」的轉喻中，類似於用來轉喻講話時是直接或委婉表達，會以「歯に衣着せぬ（牙齒無衣）」、「奥歯に衣着せる（牙齒穿衣）」轉喻，穿上衣服等同戴上面具，有衣服掩飾表示說話能有修飾，若無著裝則指講話直接不假修飾。